凤凰师轩
FENGHUANG SHIXUAN

行知工程
教育探索者书系

鲁派名校系列

让每个学生都幸福

——最能润泽生命的学校文化建设

RANG MEIGE XUESHENG DOU XINGFU
ZUI NENG RUNZE SHENGMING DE XUEXIAO WENHUA JIANSHE

谢建伟 张新喜 等◎著

参与编写人员：徐淑萍 刘福艳 郑明岩 解相花

江蘇教育出版社

图书在版编目（CIP）数据

让每个学生都幸福：最能润泽生命的学校文化建设/谢建伟，张新喜等著．—南京：江苏教育出版社，2014.5

ISBN 978-7-5499-4017-2

Ⅰ.①让… Ⅱ.①谢…②张… Ⅲ.①小学—校园文化—建设—研究—诸城市 Ⅳ.①G627

中国版本图书馆 CIP 数据核字（2014）第 079590 号

书　　名	让每个学生都幸福——最能润泽生命的学校文化建设
作　　者	谢建伟　张新喜
责任编辑	午新生　雷利军　王　莹
出版发行	凤凰出版传媒股份有限公司
	江苏教育出版社（南京市湖南路 1 号 A 楼　邮编 210009）
苏教网址	http：//www.1088.com.cn
照　　排	润星之源文化有限公司
印　　刷	三河市华润印刷有限公司
厂　　址	三河市杨庄镇杨庄村
开　　本	787 毫米×1092 毫米　1/16
印　　张	16.75
字　　数	283 千字
版　　次	2014 年 5 月第 1 版　2014 年 5 月第 1 次印刷
书　　号	ISBN 978-7-5499-4017-2
定　　价	30.00 元
网店地址	http：//jsfhjy.taobao.com
邮购电话	025-85406265，85400774　短信　02585420909
E - mail	jsep@vip.163.com
盗版举报	025-83658579

引 论

包容在幸福快乐中

文化是什么?《易经》说:“观乎天文,以察时变,观乎人文,以化成天下。”钱穆先生说:“文化即是人生。”维特根斯坦则相信:“早期的文化将变成一堆瓦砾,最后变成一堆尘土,但精神将萦绕着尘土。”人是文化的根本所在。文化又因其传承历史、延展未来,故拥有历久弥新的厚重与沧桑。

在山东省诸城市实验小学,其幸福快乐的学校文化却平常似空气,时刻充盈在师生呼吸之间,使师生如沐春风。缘何?因为我们懂得,只要具备了幸福快乐的能力,学生就拥有了心灵的诺亚方舟,无论何种境遇,皆能处之泰然。

那么,这种幸福快乐的学校文化是怎样创生继而发展的呢?

创办于1984年的诸城市实验小学经过一代一代人的开拓进取,用汗水和智慧凝聚了“自主、活泼、乐学、进取”的校风,树立了“为每一位孩子的成长和幸福奠基”的办学理念。每年的开学典礼上,学校总会从发展历程中撷取几个故事,提起几位前辈,推崇“幸福由努力和负责中来”的精神,与师生温习共享,让传统相承、精神发扬。

学校是一个大家庭,和谐为第一要务。为实现“周而不比,以和为贵”的目标,学校领导、教师、学生、后勤服务人员、家长等各群体内部及相互之间相互协调,重在异质因素的共处共存、团结互助,由此形成合力,实现学校发展目标与师生成长的和谐统一。和谐是幸福快乐的前提。当然,和谐并不意味着否定个性。教育者、教育对象、教育内容、教育环境交互影响,构成了一个五彩缤纷、生机勃勃的生态环境。不同的空间里都有不同的生命在张扬,可谓百家争鸣、百花齐放。学校用和而不同的胸怀包容、厚待每一个人,让人人都有成长的空间、人人都有展示的舞台。在这样的土地上,幸福快乐的学校文化才能生根、发芽。

学校能够获得长远的发展,关键在于教师。若教师不发展,学生就没有发展，学校也不可能有发展。有名师，而后才能有名校。教师文化是学校文化的一个重要方面，又是学校文化发展的动力。学校以校训“幸福由努力和负责中来”为引领，通过引路子、架梯子、搭台子促进教师成长，本着“特色培养、扬长避短、典型带动”的原则，打造和而不同的教师队伍，让有特色的优秀教师成为名师，同时帮助发展相对较慢的教师跟上，引领教师成为不同领域、不同层次、各具特色的名师。倡导教师把微笑带进课堂，把激情融入教育，打造“仁爱、敬业、创新”的教风。引领教师以仁爱化人，打造真心、真情、真诚关爱学生的仁爱之风。激励教师内外兼修、品位与品格双赢，工作上尽职、尽责，积极干事创业，生活上健康、快乐，品味美好生活。教师相互欣赏、携手共进，为做一名幸福快乐的教师、培养幸福快乐的学生而努力。

为增强课程对学校及学生的适应性，学校积极促进三级课程的校本化实施，以“课程整合自主化，高效课堂个性化”引领教师进行课程改革，开发具有地方特色和学校特点的校本课程，形成了必修课程、选修课程和社团课程共存的校本课程体系。课堂教学以“三勤四让五环节”为总纲领，催生了精彩纷呈的个性化高效课堂，形成了独特的办学特色。老师们都已明确，课堂教学不仅是为了学生知识的丰富，更为了学生精神境界的提升；不仅是为学生的将来做准备，还为当下学习生活的幸福快乐做铺垫。因此，尊重、互动、快乐成了实小课堂的突出特征。教师人人有课程意识，人人有自主精神，“课程整合自主化，高效课堂个性化”逐渐在教师的自觉中升华，形成了学校独特的课程文化。

积极发挥学生在学校文化建设中的作用，是学校回归教育核心价值观的举措。学生是学校教育的主体，“皮之不存，毛将焉附。”离开了学生的活动，学校的文化就会失去其创造性、继承性。学校文化建设是否有成效，不仅要看它对学生的影响程度，更要看学生参与建设的程度。因此，学校充分发挥学生的主体能动性，成立了 60 多个学生社团，以“校园四节”为平台，开展丰富多彩的校园活动、社会实践活动，满足学生交流、展示、发展的需要。在活动中，学生各展其能，各得其乐，在体验中完善道德感，丰富价值观，让个性彰显、生命拔节，形成了“尚德、修文、强身”的学风，并成为每个学生的自觉行动。

现代后勤服务也是学校文化体系中不可或缺的结构性因素。学校倡导“高效、奉献、和谐、幸福”的服务文化，促进生活老师、后勤服务人员坚持以人为本的服务理念，主动适应学校的发展变化，转变观念，增强服务质量，不断满足师生不同层次和类别的要求。在我们看来，服务文化可以从以下三个方面来理解：一是工作上高效快捷、勇于担当；二是服务上主动热情、乐于奉献；三是关系上和谐融洽、敢于创新。服务文化既注重个性化服务、细节服务，又具有人本精神和文化内涵。

只有优秀的学校文化才能孕育出优秀的学校教育，优秀的学校教育才能创生出优秀的学校文化。诸城市实验小学的文化对内聚合人心、塑造人格，对外彰显校誉、铸造校品，使学校有了发展的核心竞争力。2013年3月30～31日，“全国小学学校文化建设和特色办学现场会”在学校成功举办，学校的“幸福快乐教育”受到了各级领导及与会代表的高度赞赏，《中国教育报》对其文化建设的做法做了专题报道（《让生命在幸福快乐中绽放》）。学校被评为全国文化名校。

“幸福快乐教育”作为学校的品牌，早已深入人心，成为师生的追求。它深深地刻在从学校走出的每个人的成长轨迹及心中，无论学生们走到哪里，都会在不经意间从言行举止中流露出来，成为他们生命的底色。教师、学生可以离开校园，但永远离不去的，是学校精神；永远忘不掉的，是学校文化。维特根斯坦的判断，在这里找得到了答案。

目录

第一章 精神文化

——“大爱育人，责任于行”的凝聚

学校的精神文化是从学校群体共同的心理和行为中体现出来的理念、价值体系、心理特征及精神价值传统，是从长期的教育教学实践中慢慢积淀起来的。它是学校文化的核心，决定着学校的思维方式和工作态度，决定着学校的校风、学风和教风，归根到底决定并制约着学校文化系统的取向和性质。也是学校办学传统与办学经验的积淀，植根于其悠久的历史进程与深厚的校园文化内涵之上，是全体师生员工认同的一种群体意识，是学校的一种教育场，是学校的“精、气、神”。它赋予学校个性魅力，是学校群体凝聚力、向心力和战斗力的“核动力”。然而，学校的精神文化不是自发形成的，而是需要精心的培育、长期的积淀，并与时俱进。这是一个艰难的孕育过程，我们以“大爱”为核心价值观，增强师生的责任意识，在长期的历史积淀与反思凝练中形成了内化于每个人心中的精神文化。

一、 仁爱培育核心价值观

（一）教育大师的启示

这是远在春秋时代的课堂：“莫春者，春服既成，冠者五六人，童子六七人，浴乎沂，风乎舞雩，咏而归。”阳光普照着大地，泗水河边桃红柳绿，草色青青。孔子携弟子数人围坐于河边，伴着习习的春风和优美的琴声，畅谈水之德行、水之志向、水之情义、水之善施教化。他们时而抚琴低吟，时而高谈阔论，时而侧耳倾听，时而手舞足蹈，一番为人之道在不知不觉中化入弟子们的内心深处。这便是“万世师表”孔子的精神智慧，他把一次枯燥乏味的道德说教融入一次春游活动，既让学生欣赏了泗水河边生机盎然的春色，又营造了师生围聚同乐的氛围，情意浓浓，其乐融融。作为人师，孔子是充满智慧的、和蔼可亲的、循循善诱的，一次看似随意的谈话却营造了一个和谐愉悦的教育情境。这种幸福快乐教育的氛围，源于他对仁爱的追求。以仁爱化人，意在普施仁爱，幸福大众，《学而》中有“君子务本，本立而道生，孝悌也者，其为仁之本与”之言。孔子强调，仁之本在于“孝悌”。“巧言令色，鲜矣仁。”“弟子入则孝，出则悌，谨而信，泛爱众，而亲仁。”这些都是针对如何做人提出的，如果能做到这些，就找到了幸福的根基。“有教无类”“因材施教”“不愤不启、不悱不发，举一隅不以三隅反，则不复也”等都从教育方法层面诠释着乐学之道、人之幸福之理。虽然历史在发展，时代在变化，但是孔子那闪烁着仁爱光芒的乐感文化仍然有着鲜活的生命力，时至今日，人们仍在践行着。诸城市实验小学一直在探索教育的幸福，早在20世纪80年代，就提出了“为每一位孩子的成长和幸福奠基”的教育理念，主张教育要为学生的成长和将来的幸福打好基础。

教育是一种生活，更是一种弥漫着幸福快乐的生活。陶行知先生赋予了教育以生活的意义，他主张“生活即教育”“社会即学校”“教学做合一”“在做中学”。他认为，学校教育要做到理论和实践相结合，在生活实践中感受、体验和升华。所谓“纸上得来终觉浅，绝知此事要躬行”说的就是这个道理。陶行知先生所在的晓庄试验乡村师范学校，在他和各个老师的指导下，学生自己开荒，自己建茅屋，要想做什么事，就读什么书，他们还走出校门参加村里的农协会和打倒土豪劣绅的斗争，这样就把学校教育与社会生活及生产劳动结合在一起了。其目的是培养学生的实际才干和创新能力，把学生培养成有农夫的身手、有科学的头脑、有改造社会精神的乡村教师。由于生活教育理论符合中国国情，所以对当前进行的教育改革仍然有借鉴作用。新课标中提到的“做中学”等体验教育的源头也是陶行知先生的“生活教育观”。从生活教育的理念看，教育就是挖掘生活、发现生活，用生活来教育人、发展人，为人的幸福奠基。而校园是学生生活的主要场所，我们为什么不能在校园生活中加入幸福快乐的酵母，让教育生活更加美妙呢？

苏霍姆林斯基说过：“在教学大纲和教科书中，规定了给予学生各种知识，却没有规定给予学生最重要的东西，这就是：幸福。”校园是学生成长的摇篮，是他们童年中记忆最深刻的地方。让学校成为学生天天向往的地方，若他们来到学校就欢呼雀跃，而不是愁眉苦脸，这样的学校才是理想中的好学校。

如果要给学生找一个向往学校的理由，那肯定是学校的生活幸福与快乐。什么样的学校能让学生感到幸福快乐呢？有学者认为，首先是让所有的学生获得成功，体验成长的快乐。学校是为学生而存在的，是为了促进学生的健康成长与发展而存在的。学校的使命就是让学生成功、成长，让所有的教师体验到作为生活者的幸福和职业的内在尊严。我们知道，学校是教师工作的地方，是教师的生命活动得以展开的地方。关注教师的校园生活质量、关注教师生活的幸福指数，是以人为本精神的最重要的体现。“一所学校，如果它的教师感到很苦、很累，不能够感受到生活的幸福和美好，不能够感受到职业的内在尊严，学生要取得成功也是不大可能的。”因为优质教育一定是建立在师生共同的既善又好的生活之上的。教师只有能够感受到生活是充满希望、充满阳光的，感受到工作是一种享受而不是一种负担，是自我实现的过程而不是单纯的付出，他才能创造出温暖生命的课堂，才可能为学生提供幸福快乐的教育。于是，学校在办学理念中加入了对教师和学生当下幸福生活的关注，提出了“发展教师，幸福学生，和谐校园”理念。

教育大师们对教育本质的认识，为我们的教育指明了方向。幸福快乐是学校管理的最高目标，是教师教学的最高境界，是学生成长的最佳方式。教师要在学校实施的“仁政”下生活，要在“仁政”下播撒“仁爱”。也就是说，在教育生活中，通过教师的努力，每个学生都能在幸福快乐中成长，认识到受教育的过程就是一个沐浴春天阳光雨露的过程，从而在将来形成追寻幸福快乐的能力，而教师既能带领学生追寻幸福快乐，也能享受自身的职业幸福。

（二）现实的思考

面对现实，现状却不容乐观：我们进行了一次有关“幸福感”的问卷调查，请学生罗列几件让自己感到幸福或不太幸福的事，同时请五、六年级的学生对“幸福感”这个词发表看法。学校1～6年级的3000多名学生参加了调查。现摘录部分学生的调查报告：

在现实生活当中，我很少能感受到幸福，每天都是提心吊胆的，担心自己因为一件事没有做好而被老师批评，或者挨家长的骂，感觉做任何事都没有幸福感。（四年级某位女生）

我根本就没有时间玩。从上幼儿园起，每个周末，妈妈都会带我去学英语。我的妈妈是一名护士，平时工作很忙，但对我的学习从不马虎。二年级的第一次考试，我的语文考了95分，数学考了89分，这立即引起了妈妈的重视。她特地给我买了2本数学辅导书、1本语文辅导书。做完家庭作业后，我还要额外做妈妈布置的作业。我很想妈妈和我一起玩，陪我

下象棋，可她总是说要我好好学习，争取下次考试语文和数学成绩都考到95分以上。（三年级俊俊）

我觉得自己既幸福，又有点不幸福，我好纠结啊！每次考试拿到高分都会有“奖励”，要什么妈妈都会买；小提琴拉得很棒，经常得到别人的表扬；从三年级开始就是班长，在老师、同学眼中自己是“小模范”……这些让我感到很幸福，但维持这些荣耀又让我觉得好累，我必须时刻提醒自己，要做到最好。（五年级涵涵）

家长经常在我耳边唠叨升中学的事，外公和外婆也经常拿我的成绩说事儿或拿我和别人比。我觉得，幸福并不是家长想的每门功课都考得很好，而是我们渴望的自由。我不想变成笼中的小鸟，我想要自己决定课外时间做什么，而现在时间已被上课外辅导班和做作业占满，我真的不希望这样。并且我不想让家长把成绩放在第一位，而是让快乐占最重要的位置，如果每次家长都把我和别人对比，我真的会很郁闷。（六年级某位男生）

小学生“幸福感”缺失的症结在哪里？

学业是影响学生幸福指数的因素，这次调查也暴露出了学习成绩对学生心理体验的重要作用。在让学生说出“幸福”与“不幸福”的事时，毫无例外，学习成绩成为一项最硬性的指标，快乐与否、幸福与否，似乎都系在这里。

我们看到，在“幸福的事”与“不幸福的事”排名前十位的事由中，不论低年级，还是中、高年级，反馈结果惊人地相似，“成绩好”位列“幸福的事”第一名，低年级500人中有466人认为成绩好就是幸福的，中、高年级700人中则有650人持此观点；而“成绩不好”位列“不幸福的事”第一名，低年级500人中有452人认为成绩不好就不幸福，中高年级800人中则有792人持此观点。

成绩，成为学生幸福与否的“开关”。四年级的一位男生说：“幸福的事就是考试考得好，不幸福的事就是考试考得差。”三年级一位女生说：“让我感到特别不快乐的事是考试考砸了。”一年级一位男生说：“数学考了99分，差1分就100分了。这让我感到不快乐。”

而86.6%的教师觉得目前工作压力大。最大的压力来自于学生的考试成绩，其次为教育科研和班级管理。学生情况复杂，良莠不齐，难管理，成绩难提高。

现今的教育并没有完全摆脱应试教育的局面。“素质教育惊天动地地喊在嘴上，应试教育扎扎实实地抓在手上。”升学考试制度决定了学生平日里为考试而学习，老师为应试而教学。家长要的是成绩，学生要的是快乐，而社会要的是素质，可怜的老师夹在中间，无所适从。

曾有个小和尚问师父：“我们在小庙里总受世人薄遇，希望何在?”老和尚以寒冬盖被取暖为例淡然开释：“棉被虽凉，人若先暖热被子，被则保持温暖。世人就像棉被，你我只要一心向善，终究会暖热棉被，世人也会给我们温暖。”这则故事颇有禅意，呼吁我们做个有温度的人，温暖他人，温暖自己。这种引领迷茫者前行的智慧就是正能量。如何以这样的正能量引领学校的发展、引领师生走向幸福快乐呢？我们做出了判断，“文化立校，以文化人”，以文化塑造学校的灵魂，彰显学校的活力，陶冶师生的情操，规范师生的行为，激发全体师生对学校幸福快乐办学理念的认同及作为学校一员的使命感和归属感，从而形成强烈的向心力、凝聚力。

天津市北辰区普育学校梁峰校长说过：“一所学校没有教学成绩，立刻就得灭亡，一所学校只有教学成绩，早晚都得灭亡。”如何在升学考试制度下，探索素质教育的新路子，在成绩与素质之间寻找新的契合点，让教师教得幸福，学生学得快乐，寻找学海无涯“乐”作舟的新境界?

于是，“幸福快乐教育”成为学校的核心教育理念，“文化立校”成为学校发展的一大战略。打造一种文化是可能的，但仅仅是可能而已，文化的产生与形成需要开放、长期，甚至是不规则的历练，经历自然的筛选而凝聚。如何凝聚学校文化，以期达到“幸福快乐教育”的目的呢？学校传承了多年来积淀的大气厚重、兼容并包的多元文化，又从日常的教育故事中搜索到了答案。

（三）故事启迪智慧

讲述“我与学生的故事”，是学校培训教师时的保留节目。每年暑假，老师们都会整理一学期以来的教育故事，选择自己最喜欢的一个轮流讲给全校老师听。焦建和老师的一番话至今还萦绕在老师们的耳旁：“爱孩子，爱每一个孩子，不因为他长得漂亮而爱他，也不因为他学习成绩优秀而爱他，而是无条件地爱每一个孩子!”我们把这些故事结集成册，编成了校本教材《师爱无尘》《赞美如歌》。它们成为学校宝贵的精神财富，也成为每个老师手里的珍藏本。这些源于教育生活的故事，细细碎碎、真真切切、感人肺腑，记录着老师们在教育道路上的深深浅浅的脚印，述说着老师们博爱无边的教育情怀。每每翻阅，如品茗茶，如饮甘露，酣畅之余总有一份感动涌上心头，那感动，任凭岁月流逝，如陈酿一般，愈久愈香！

难忘郑明岩老师“手织包”里的爱的味道。

抽屉里的手织包

在我办公室的抽屉里，一直珍藏着一个手织的钱包，尽管手工粗糙，尽管陈旧，但我却视之如宝。办公室的同事开玩笑问我：“这是定情物？”

刚接过一个六年级班级。一开始，一切平安无事。正暗暗窃喜：这些学生哪里像上一任班主任介绍的那么可怕呀！但没出一周，那个叫杨帆的学生便开始“崭露头角”了：不做作业，课堂上不是打瞌睡就是出怪声。下了课，不绝于耳的是学生的告状声：“老师，杨帆打我！”“老师，杨帆骂我！”“老师……”“老师……”

这还了得，我就不信治不了你。每次疾言厉色，每次他也低眉顺眼。看到他改过的样子，我沾沾自喜：哪有不怕厉害老师的学生。但不出一天，他又原形毕露。我不得不循环往复地做关于他的工作。如此持续了一个月，他非但没改，反而变本加厉。我无计可施了。

我使出了所有老师常用的“杀手锏”——叫家长！

家长来了，是一个彪悍的中年男子。

“您是杨帆的家长？”我从教室走出来，谢天谢地，“救兵”终于来了。

他漠然地点了点头。

“没礼貌！”我心里有点不高兴。

“你知道杨帆在学校的表现吗？”

“知道！”他的冷漠激怒了我。

“知道你也不管！”

“管！”

“管？你怎么管的？杨帆，你出来！”

杨帆从教室慢慢腾腾地挪出来。

“这是谁？”

他怯怯地看看这个男人，并没有回答我。

“说话呀！你在班里的本事呢？你打同学、骂同学不是挺威风的吗？今天当着你爸爸的面再表演呀！”我顾自发泄一个月来所受的委屈，这样的孩子家长怎么也不管呀？

杨帆爸爸铁青着脸。突然，他抓住了杨帆的衣领，像拎小鸡一样将他拎起来，一记耳光响亮地打在了杨帆的脸上，顿时，稚嫩的脸上鼓起一道道红色的手印。杨帆昂着头，一副视死如归的样子。

我惊呆了。竟然还有这么不讲道理的家长！

“你怎么可以打孩子？我叫你来不是让你打给我看的呀！”

没等我反应过来，他又飞起一脚将杨帆踢倒在地，接着又在杨帆瘦细的腿上连踩了两脚，看那样似乎踩断了才解气。

我连忙挡在了他们父子中间。

“你怎么能这样？太过分了！”我把杨帆拉了起来。他依旧倔强地瞪着爸爸，一副宁死不屈的样子。

“老师，你别管。今天老子打死他。”

“你这样怎么能教育好孩子呢？”

“老师，你也看到了。我怎么打他，他都是这个死样子，从来不告饶，也不掉个眼泪。在家用棍子打他都不管用。家门不幸呀！”

“你怎么可以这样说孩子呢！你走吧！”

杨帆斜着眼送走了爸爸。一脸的仇恨。

“杨帆，疼吗？”

他没看我。

我心疼地想摸摸他的脸，他扭过头不让我摸。我拍了拍他身上的土说：“对不起，杨帆，早知道这样，老师就不叫你爸爸来了。”

他还是没有吱声。

“老师能看看你的腿吗？”

他后退了两步。

“让老师看看，没事的话老师就放心了。如果有事，老师领你去医院。”我轻轻地提起他的裤脚，这次他没有躲我。红红的印记，像一条鞭子抽打着我的心。我的眼泪忍不住流了出来。

我抚摸着他的腿：“还疼吗？杨帆，是老师不好，早知道你爸爸这样打你，老师……”

我抬起头，杨帆的眼里也似乎闪动着泪花。

“杨帆，对不起，老师以后再也不会叫你家长了，你听话，好吗？”我捧起他的脸。“还疼吗？以后不要这样倔强了，好吗？”

泪水湿透了我的脸，杨帆的眼里也噙满了泪。他使劲点了点头。

后来，杨帆一点点地变了，看着他的转变，我打心眼里为他高兴。杨帆毕业了，他不好意思地送给我一个他亲手织的钱包。看到这个钱包，发生的一切似乎又浮现在了眼前……

杜叶军老师用善良和真诚牵起孩子的手。

执子之手

“因为爱着你的爱，因为梦着你的梦，所以悲伤着你的悲伤，幸福着你的幸福……”因为被一群纯真的孩子称作“老师”，所以肩上便有了一份沉重的责任。这份责任不仅来自于老师对知识的传授，更来自于作为一个老师还承载着几十个生命的成长。

记得一年级接新生时，都开学好几天了，我们班又来了一名新同学，叫梁文哲。他是一个有点腼腆的小男孩，而且年龄有点小。面对父母将要离去，梁文哲只是听着妈妈交代的话不住地点头，可怎么也不松开妈妈的手。妈妈走一步，他就紧跟上一步，父母连哄带吓，他还是不肯走进教室。我对家长说：“你们放心地走吧，孩子我会照顾好的。”我顺势牵过了梁文哲的小手。看到父母走远了，他仿佛觉得特别无助，找各种理由不进教室。他说：“教室里满满的全是人，已经坐不下了。”我回答：“屋子里不是坐满了，而是快坐满了，还有一个最好的位子是留给最懂事的孩子的，如果你今天还不进去，那位子可真的就没有了。”他又说：“我一个人也不认识，一个朋友也没有。”我笑着问：“你现在是不是已经认识我了?”他认真地点了点头。我说：“我就是你的朋友啊，不认识他们没关系，只要认识我一个就够了，你有什么困难都可以找我啊!”他的眼睛瞪得大大的，再无话说了，我们顺利地走进了教室。之后，他对环境慢慢地熟悉了，每次遇到我还是腼腆一笑，我也会回他一个会意的微笑。

作为一个教师，应该用善良、宽容、真诚去感染每一个学生。一个关爱的眼神、一句信任的鼓励，都可以赢得学生的信赖，使他们感受到自我的存在，懂得去努力，从而体验到学习和成功的乐趣。

“捧着一颗心来，不带半根草去”，陶行知先生的真知灼见，言犹在耳，我深知一位教师的责任，也深感做一位教师的光荣。也许牵了你的手，今生注定一起走；所以安心牵你们的手，不去想该不该回头……

张弘老师从改变自我开始，开启学生的智慧之门。

改变，从我开始

常言道：“冷静是智慧的源泉，急躁是无能的表现，耐心是育才的前提，粗暴是教育的大敌。”这话一点也不假。

记得那是一个星期五的早晨，我在检查学生的家庭作业时，发现有5个同学没做，还有几个同学作业少写了，有好几个学生作业写得马虎，我一看这情景，火气陡然而生，我来到没有写作业的几个学生面前，大声吼道：“你们不做作业，还要本子干什么?”随手把作业本扔在地上，同学们被我这突如其来的举动惊呆了，教室里鸦雀无声。望着那几个慑于老师的震怒而紧张呆滞的面孔，我不禁后悔起来。高压之下草木难荫，难道除了暴躁外，别无他法？苏联著名教育家马卡连柯因愤怒之际失手打了一个调皮孩子一耳光后曾经感叹自己“从教育家的绳索上失足跌落下来”。我此时觉得自己刚才的行动正是愚蠢、无能的表现，与自己的教师身份是多么不相符啊！虽然我已后悔刚才的行为，但碍于“面子”，我还是把学生训了一顿。

下午有两节作文课，题目是《我的老师》，可能早晨发生的事离写作文的时间比较近，学生并没有忘记，于是有的学生在作文中写道：“张老师对我们可严啦，有几个同学没有写作业，她不仅狠狠地批评了他们，还把他们的作业本扔在地上……”看到这里我又羞愧又悔恨。

其实，我这次震怒并没有把学生“震”住，没过几天又有几位学生没有完成作业。我觉得用这种简单粗暴的方法教育学生，是失败的。于是，在布置家庭作业的问题上，我进行了认真的思索。在班会课上，我检讨了自己的做法。学生看到我检讨自己的过错，眼里流露出惊喜的神情，这种神情全是对老师的信任和尊敬，那几位经常不做作业的学生眼里满含着泪水。在此基础上，我又引导学生讨论了几个问题：(1) 为什么要做家庭作业？(2) 家庭作业包括哪些内容？你最喜欢哪些作业形式？(3) 我们可以采用哪些方法来完成家庭作业？学生各抒己见，滔滔不绝。通过讨论，学生加深了对完成家庭作业的认识，特别是对家庭作业的内容这一问题很感兴趣，尤其是对课外阅读、课外活动等。每天我都主动征求学生的意见：今天我们做什么家庭作业呢？由于长期和我合作，学生就摸清了我布置家庭作业的规律，如学新课前首先预习课文，学新课后可围绕课后问题来复习和巩固。由于作业是他们自己布置的，做作业的时间也不超过半小时，学生对做家庭作业越来越感兴趣。我还定期搞作业交流，如比一比谁的作业写得最工整、谁的作业最有创意等。交流作业是学生最高兴的时刻。当然，偶尔也有个别学生完不成作业，这时我也不再发火，而是主动原谅他们，把自觉性还给他们，把耐心留给自己。因为我体会到了，只有巧妙地去影响学生，才能开启学生的智慧之门。

我们不难发现，所有的故事、所有的感动都源于教师的仁爱与责任。每一个故事、每一个人都在诠释着教师的大爱育人。

每逢教师节，学校都会隆重评选表彰各类先进，用他们的故事感染、激励身边的人。提起王勤玲老师，我们首先会想到那是一株“清雅的百合”。“用智慧经营班级，让仁爱点亮人生”是她的名片。

她的故事不仅在学校广为流传，还被诸城电视台拍成纪录片，在全市范围内掀起学习她的热潮。

她是个普普通通的班主任，从1981年踏上工作岗位那天起，在这个岗位上一站就是30多年。

每天早上，她第一个到教室，把门窗打开，等候学生的到来；课间10分钟，她和学生一起做游戏、谈心；生活上，她关心学生，无微不至，时时提醒他们注意安全、注意健康；学生病了，她总要买上东西亲自去看望；对家庭困难的学生，她经常解囊相助，给他们以慈母般的温暖。

“兢兢业业做事，认认真真做人，明明白白对己，诚诚恳恳待人”是她做人的准则。30多年来，她始终保持着一颗平常心，抱着认真的态度去做每件事，以自己的淡定和从容将班级治理得活泼有序。岁月不知不觉中染白了她的两鬓，但她无怨无悔。她是家长和学生公认的“爱心好妈妈”，也被评为“全国百名优秀班主任之星”。

一名普普通通的小学班主任，是什么，让她赢得了这么高的赞誉和声望？

1. 严爱相济，无微不至

有一则寓言：北风和南风比试，看谁能把行人身上的大衣脱掉。北风首先发威，行人为了抵御北风侵袭，把大衣裹得紧紧的。南风则徐徐吹拂，顿时，行人觉得春暖衣厚，始则解开纽扣，继而脱掉大衣。从教30多年来，王勤玲老师一直做着那“南风”。你从来看不到她生气的样子，听不到她大声说话的声音，她总是和风细雨，笑容可掬，把班级经营得活泼有序、团结向上。班里有一个学生叫小凯，为了让同学跟他玩，他经常拿家长的零花钱请同学吃饭、游玩，还给同学买游戏卡。有一次，他竟然拿了家长的1700元钱分给了8名同学。为了让小凯认识到自己行为的危害性，王勤玲老师搜集了相关的故事与案例讲给他听，与他进行心与心的交流，使他自己感悟到这种行为如果不及时改正，将来就有可能走上违法犯罪的道路。要想让同学们喜欢，就必须诚实正直，培养自己高尚的人格魅力，一个品德高尚、勇于进取的人，人人都会喜欢的。在她耐心的教育下，小凯表示今后一定好好学习，做一个合格的小学生，赢得同学们的友谊。同时，她找到班上那些接受过小凯钱物的同学聊天，让他们懂得“君子爱财，取之有道”的道理，不要随便贪别人的小便宜，鼓励他们主动找小凯同学玩，让他感受到同学的温暖，让他懂得真正的友谊不是用金钱换来的。同学之间不是比谁的钱多，要比谁的学习成绩好、比谁为班集体做的贡献大。在她的耐心教育与努力下，小凯改正了缺点，学习也进步了。

后来，小凯在作文中写道："我的老师对我特别好，但又特别严厉，她容忍了我的过错，却从不包庇我，让我时时刻刻提醒自己做一个正直的人、诚实的人"。"严""爱"相济成为她的教育风格，"让学生成长、成人、成才"是她的教育追求。

当学生在比赛中因输了而情绪低落时，她适时对其进行心理疏导，让学生学会面对生活中的酸甜苦辣，在竞争中学会竞争。还记得2010年的那场篮球比赛，王勤玲老师的班级在预赛中的两场输得特别惨，学生情绪极其低落，参赛队员难以接受，哭着跑到水龙头下用凉水冲头，王老师看在眼里、急在心里。但她仍然是笑容可掬的样子，对所有的同学进行了表扬，说："球场上的同学生龙活虎，一招一式，表现非常出色，啦啦队的同学一直到最后都在为场上的同学加油助威，这种为班级着想的精神令我非常感动。"

看到同学们的情绪渐渐平稳下来，王勤玲老师又和风细雨地为学生分析：今天为什么会输？今天为什么会输得那么难看？接下来的几场，该怎么办？学生至今记着王老师的话："要总结经验教训，要懂得配合，要有团队意识。也许还会输，输的比分可能会更多，但不要害怕，更不能泄气，害怕和放弃是最容易的事，要学会面对。要学会如何在竞争中学习竞争，这才是最棒的。"几天后的第二轮比赛，王勤玲老师的班级反败为胜！

作为班主任，她观察细致，敏锐细腻，每次都能准确把握学生心灵的脉搏，动之以情，晓之以理，为学生心智的成长保驾护航。

王勤玲老师说："从事班主任工作30多年了，我体会到没有爱就没有教育，对学生的关爱是一切教育工作的基础。巧妙地运用自己的智慧，不动声色，严爱相济是班主任工作的最高境界。工作中，我创新实践了班主任工作三个机制，即教师细微关爱机制、班级自我管理机制和学生因材施教机制。"

2. 博观约取，厚积薄发

扎实的专业知识和丰富的实践经验是干好教育工作的基础。工作中，王勤玲老师时刻要求自己做一个学习型、研究型的教师。她阅读了大量的教育教学理论以及相关书籍，自费购买了很多与自身专业有关的书籍，如《小学课堂教学案例》《小学教学设计》《成功素质教育》等，如饥似渴地从中汲取营养，并将其运用到自己的教学实践之中。工作中，她勤钻研、善思考、细研究，不断地提升自己、丰富自己。她撰写的《如何提高课堂教学的有效性》和《新课程下的识字教学探究》获国家级论文一等奖；论文《小学日记教学浅谈》获山东省优秀成果三等奖；《农村小学普通话教学初探》获诸城市一等奖；论文《浅议写“教学后记”的多重性》在《诸城日报》上发表。作为语文老师，王勤玲老师致力于营造书香课堂，让学生懂得“腹有诗书气自华”。通过教学改革，她节省出大量的课堂时间，让课外书走进课堂。她经常说：“读书是一种人性的修养，可以开阔人的视野。从小养成良好的阅读习惯，给学生一个良好的思想和情感启蒙，是塑造学生美好心灵的最佳途径，也是给学生一生的幸福奠基。”她告诉学生：“阅读习惯的培养是日复一日‘文火慢炖’出来的！而优秀的阅读品质一旦形成，也将如影随形伴随人的一生，令人受益无穷。”她经常给家长和学生推荐适合其年龄段阅读的书目，并经常组织学生进行读书交流活动。

3. 桃李不言，下自成蹊

多年来，她勤奋敬业，爱岗爱生，创新实干，所带的班级班风优良，师生彼此关爱，学生思想积极向上。她所带班级的语文学科和其他学科考试成绩均名列级部前茅。她的教育教学成绩和班主任工作创新得到学校、家长和社会的广泛认可，她先后被表彰为诸城市级优秀教师、教学工作先进个人、教学能手、优秀班主任、潍坊市级优秀教师、优秀班主任，2011年12月，被评为“全国百名优秀班主任之星”。看着一届届教出的凝聚自己心血的学生走出校园，奔赴四方，成为社会的有用之才，她感到甚是欣慰和自豪。

近观眼前满目春，放眼远处春更浓。从教30余年，在这充满酸甜苦辣的人生道路上，作为一名辛勤的园丁、一个普普通通的班主任，她以平常心做着平常事，犹如一株清雅的百合，不为取悦偶然路过的行人，只为那一张张充满天真稚气的笑脸。看着孩子们的成长变化，看着他们变得懂事成熟，她体会到了一种特有的幸福与快乐。

她坚信：只要自己俯下身子，用智慧耕耘，用爱心浇灌，那小小的幼苗一定会长成参天大树，成为中华民族伟大复兴的栋梁之材！

这是她对孩子们的期盼，也是她毕生的追求。

王勤玲老师并没有做过一件惊天动地的大事，她所做的只是用平凡的小事，而这些小事无不是对爱与责任精心的诠释。她让我们再一次明确“幸福快乐根植于爱与责任”。

教育的根本是教师的仁爱，但仅仅有爱是远远不够的，责任感、幸福快乐至关重要。爱是责任的源泉，责任是爱的显现。行动最关键，教师只有把爱与责任融入到日常学习和生活的点点滴滴中，努力去实践，才会有成就，有了成就，幸福快乐才会有根基。因此，“大爱育人，责任于行”成为学校精神文化的核心。学校用爱与责任统领各项工作，让师生在责任的驱使下，产生一种崇高的使命感和归属感，过一种负责任的幸福快乐生活。

二、 责任创生学校精神

(一) 幸福由努力和负责中来

现在的孩子多是独生子女，他们的物质生活相对较好，且看下面的生活画面：

画面一：早上上学的路上，爷爷、奶奶一手拎着书包，一手拿着孩子的早点，亦步亦趋地跟在孩子身边，而孩子则心安理得地蹦着、跳着，不时张嘴吃一口早点。

画面二：一位三年级学生有一天忘带课本了，老师问：“你的课本呢?”学生回答：“妈妈没给我装上。”

这样的画面我们早已经司空见惯，一些明明应该是由学生个人承担的责任可都由成年人承包过来，诸如此类对孩子过分宠爱和“越俎代庖”的家长可以说是举不胜举。

可孩子的感受是怎样的呢？在学生幸福感调查中，五（6）班一位男生写道：“父母给予了我们快乐，给予了我们衣服、食品，虽然这在我们眼中可能算不上幸福的事，但也许是生在福中不知福。”

再看两项汇总情况，这是我们从做过的一份有关学生的责任意识调查问卷中抽取的：

1. 学生做作业的情况：有56%的学生做作业的习惯存在问题。其中，48%的学生会边做作业边玩，拖拖拉拉，8%的学生做作业完全不动脑筋，马马虎虎。

2. 学生做家务的情况：87%的学生不主动帮家长做力所能及的简单家务，其中31%的学生基本不做家务。

由此可见，目前小学生的责任意识比较薄弱，自我意识比较强，很少考虑他人和集体，对班级集体漠不关心，做事缺乏恒心和毅力，学习马虎，依赖型强，推脱责任，抗挫折能力差……所有这些导致学生的幸福指数不高，只知道接受别人的关心，而不知道关心他人，置身关爱之中却感觉不到爱，感觉不到幸福快乐。究其原因，一是当今社会思想多元化，以及道德认知和选择的价值取向越来越复杂，成年人责任意识的淡薄对孩子产生了直接的影响；二是现在的孩子多数是独生子女，家长多溺爱；三是学校重视学生对知识的学习，忽视了对学生责任意识和责任行为的培养。

《国家中长期教育改革和发展规划纲要（2010～2020年）》明确指出："坚持以人为本、全面实施素质教育是教育改革发展的战略主题，是贯彻党的教育方针的时代要求，其核心是解决好培养什么人、怎样培养人的重大问题，重点是面向全体学生、促进学生全面发展，着力提高学生服务国家服务人民的社会责任感、勇于探索的创新精神和善于解决问题的实践能力。"它以"服务国家、服务人民的社会责任感"作为素质教育的重点，有着深刻的现实意义。

培养学生的幸福感，应先从确立社会责任感开始，引导学生用主人的眼光来观察世界，要让他们形成一种最高尚的需要——需要他人，让他们的精神世界真正充实起来。要告诉他们，这世界上发生的一切都与自己有关。路边的小草在春天发出了第一个嫩芽，一条河流流过了一片土地，一场遥远的战争……他们的心越能体会他人的痛苦与快乐，心灵就会变得越细腻、越敏感、越高尚，随之而来的是对幸福的珍视。

为什么要特别强调培养学生的社会责任感？因为社会责任感是所有品德中影响力最大，也是最基本、人们最需具备的品质，是德育的核心要求。马克思说："你生活在这里，就有规定，就有责任。""爱国也好，创造也罢，都必须以责任和习惯为基础。"温家宝也说过："事不避难，勇于担当"。"匹夫"无责，怎能"兴国"呢？而幸福又从哪里来呢？快乐有成是以勇于担当、努力进取为支撑的。因此，可以说，努力与负责是幸福的真谛，幸福就是来自于这样的正能量。结合学校的校史、校情和当下的发展状况，学校提出"幸福，由努力和负责中来"，并以此作为校训。

学校注重从传统文化中汲取责任的力量。传统文化承载着深厚的民族精神与民族气节，我们继承和弘扬传统文化精髓，培养学生对国家、民族的历史使命感和社会责任感。学生不仅熟诵《三字经》《弟子规》等国学经典，而且真正践行它的内涵。从"长太息以掩涕兮，哀民生之多艰"的屈原到从在易水河边慷慨赴死的荆轲，再到写下"人生自古谁无死，留取丹心照汗青”而舍生取义的文天祥，他们无不具有神圣的责任感，都可以引导学生做一个心怀天下、有责任感和使命感的人。

我们还设置了专门的责任教育长廊，以此为阵地开展丰富多彩的主题实践活动。如每年都推出的“四个一”活动：倡导人人亲手为父母洗一次脚；为父母递上一杯温暖的茶水；给父母送上一句温馨的话；帮父母做一件力所能及的家务。

同时，鼓励学生积极参与社会实践活动。每一次活动都让家长以不同的方式进行反馈。这些做法很受学生和家长的欢迎，学生每付出一次爱心，就会体验到付出的欢乐，明白了对亲情、对社会的担当是自己义不容辞的责任。如“我为城市来美容”综合实践活动，学校组织学生积极参加社区清洁卫生、环境保护和公益宣传，学生通过体验和感受，提高了与人合作的能力，学会了担当。这是四年级（3）班林森同学的日记：

近几年来，诸城的经济发展蒸蒸日上，林立的高楼、宽阔的街道为日新月异的城市增添了靓丽。可是，五花八门的小广告、漫天飞舞的废纸与塑料袋，犹如洁净美丽脸庞上的灰尘，遮住了城市的美貌。于是，我们班决定开展“我为城市来美容”活动。一放寒假，我们各“雏鹰小队”就分社区包片，开始了清除小广告、捡拾废纸与塑料袋等清洁城市垃圾的活动。虽然天寒风烈，但是同学们干得热火朝天。我们的做法感染了许多居民和路过的叔叔阿姨，他们也情不自禁地加入“城市美容师”的队伍，为可爱的城市清洁美容。

责任意识还体现在日常的教学和管理中，让学生做自主管理的小主人。

首先，做学校管理的小主人。从纪律到卫生、学校执勤，从学生守则的制订到学校校刊、校本教材的编写策划和内容确定，我们都采取让学生写提案的形式来广泛听取学生的意见，增强学生的主人翁意识。“少年文明岗”的队员天天检查和督导，学生在自觉遵守、自我约束的氛围中潜移默化地进行着自我教育。《文明礼仪伴我行》《实小天地》等校刊和校本教材留下了学生的足迹。我们的“潍坊市‘345’优质高效课堂暨小学语文主题学习现场会”的主题活动专题片则完全从学生的视角进行拍摄，旁白也完全由学生来完成。

其次，做班级管理和学习的主角。在学科学习和班级管理方面，学生也由原来的被动听话转变为主动参与。从课堂的主动学习到积极探究，从作业的布置到自我评价，学生都发生了很大的变化。课堂上，教师完全以学生为主体，学生是学习的主人。

在班级管理方面，班主任逐渐放权给学生。通过每天晨会课讲一个小故事或“说天下”（讲国内外新闻），每个学生都有机会成为主角；每两周一次的自主班会课上，学生自愿报名当主持人，并负责内容的编排、主持稿的撰写；实行的班长值周和小组长轮换制，让每一个学生都有展示才能和得到锻炼的机会，让他们在角色变换中学会管理、学会组织活动、学当班级小主人。根据学生的年龄特点和兴趣爱好，我们建立了学习互助岗、板报宣传岗、卫生监督岗、安全巡查岗、课外兴趣岗等，力求让每一个学生都能在班级管理中找到自己满意的位置，使全班没有“闲人”和“客人”，做到人人有事干，事事有人管，从而充分发挥学生的表现欲，调动他们的积极性、创造性，让每一个学生品尝到为集体、为他人尽责的辛苦和幸福，从而学会尊重他人，关心他人，维护集体利益，养成自觉投入的好习惯。

一位班主任在班级管理的反思中这样写道：“学生由‘明哲保身，但求无过’的局外人变成了‘舍我其谁’的参与者。在不知不觉中，他们完成了由‘看客’到‘主角’的转变。”

下面是董尚芳老师班新学期第一阶段的总结表彰活动主持词，由班主任做总策划，杨心语、王文浩两位班长撰稿，陈炯超制作课件。

四年级上学期第一阶段总结表彰活动主持词

（2013 年 10 月 30 日）

总策划：董尚芳老师

主持人：杨心语　王文浩（替补：孙欣怡　王俊超）

颁奖人：徐一诺　赵书敏　黄振轩（替补：范宁宇　杨本昭）

课件播放：陈炯超（替补：刘袁硕）

照相：董尚芳老师（替补：王昶沣）

（打开情境音乐《献给爱丽丝》）

男：尊敬的老师，亲爱的同学们——

齐：大家好！

女：按照约定，我们迎来了新学年第一次这样的聚会。

男：我们的心情依然无比兴奋和激动。

女：就是在这样的聚会上，我们懂得了成长要脚踏实地。

男：就是在这样的活动中，我们体验着进步的欢欣，享受着努力换来的荣誉和小小的奖励。

女：这些奖赏虽然不起眼，但一次次激励了我们，坚定了我们“好好学习，天天向上；不做卑怯，拒绝平庸，崇尚高贵”的信念。

（暂停情境音乐《献给爱丽丝》，打开情境音乐《梦想起航》）

男：我宣布，四年级（9）班上学期第一阶段的总结表彰活动现在开始！

女：首先，让我们齐唱班歌《梦想起航》。全体起立，领唱上前！

男：请坐！同学们，还记得我们的班诗《写在一片荷叶上》吗？请臧倩、王文浩同学带领大家朗诵。（打开音乐《出水莲》）（关闭音乐《出水莲》，打开音乐《寂静的山林》）

女：本次总结表彰，我们本着公平、公正、全员参与的原则，依次评出了优胜合作小组、最佳合作伙伴、文明守纪之星、作业之星、学习标兵、礼仪之星、卫生之星、练字能手、科技能手、进步之星和优秀小老师11个奖项。

男：同学们都知道，我们班一向是把小组和个人绑定在一起进行评价，获得积分的。因此，小组的荣誉也就是我们个人的荣誉，它考验的是每个同学的团队精神和集体荣誉感。经过9月和10月两个月来的加加减减，各个小组获得了不同的积分，产生了8个优胜合作小组，他们是冠军合作小组——王露璇小组，明星合作小组——陈炯超小组、杨心语小组、陶梁宇小组、张添硕小组、王文君小组、赵浩如小组、孙欣怡小组。掌声祝贺他们！请组长带领，分别上台领取荣誉证书，并合影留念。

女：在我们班里，总有这样一些同学，他们无论到了哪个小组，跟谁成了同桌，总能做到跟别人和谐相处、共同进步，从不做后进生、绊脚石，因此，他们被誉为“最佳合作伙伴”。这次评出的最佳学习合作伙伴就是孙欣怡、李昊昕、王俊博、徐一诺、赵浩如、孙誉轩、潘晓菲、王姿文、范宁宇、赵梓竹、赵书敏、郑斐、鹿博闻、刘丹、陈炯超、王业茹、李欣燃、邱晓艺、杨心语、李松洋、郑心怡、杜睿、王文君、臧倩、张添硕、徐金玉、王文浩、王俊超、刘袁硕，掌声祝贺他们！请这些同学上台领取证书，并合影留念。

男：“讲文明，守纪律”，是优秀小学生的重要标准，下面我宣布本次获得“文明守纪之星”的同学是邱晓艺、王业茹、王俊超、范宁宇、陈炯超、王文浩、宋丹玉、赵浩如、李欣然、孙誉轩、张添硕、徐金玉、杨心语、孙欣怡、赵书敏、王文君、臧倩、杜睿、刘丹、郑心怡、郑斐。掌声祝贺他们！请这些同学上台领取证书并合影留念！

女：任何时候，只要你是学生，首先就要做到认真按时完成作业。这是我们的责任，也是我们应尽的义务。做作业不仅可以巩固我们所学的知识，还能提高我们的实践能力。在完成作业的过程中，丢三落四、应付了事，是对自己的学习不负责任的表现。开学以来的这两个月里，在作业方面做得特别好的同学被评为了“作业之星”，他们是杨心语、李松洋、徐一诺、张添硕、郑斐、孙欣怡、李昊昕、刘袁硕、陈炯超、李欣然、王文君、臧倩、周劲宇、王露璇、郑心怡、范宁宇、赵梓竹、周恒宇、王文浩、邱晓艺、王业茹、赵书敏、鹿博闻、赵浩如、孙誉轩、潘晓菲。掌声祝贺他们！请这些同学上台领取证书并合影留念！

男：本次评比，我们还根据语文、数学、英语三科的单元检测成绩，选出了“语文学习标兵”有杨心语、邱晓艺、孙誉轩、陈炯超、孙欣怡、郑斐、陶梁宇、王业茹、刘袁硕、张添硕、杜睿、赵浩如、臧倩、李松洋、李欣然、赵梓竹、徐金玉、郑心怡、李昊昕、孙硕利。

女：“数学学习标兵”有臧倩、王文浩、陈炯超、王俊超、郝嘉宝、孙欣怡、徐一诺、张添硕、徐金玉、范宁宇、杨心语、郑心怡、邱晓艺、王露璇、杜睿、潘晓菲、李昊昕、周恒宇、鹿博闻、王业茹、孙誉轩、赵书敏。

男：“英语学习标兵”有徐金玉、杨本昭、杨心语、刘袁硕、陈炯超、孙欣怡、邱晓艺、张添硕、臧倩、郝嘉宝、周劲宇、赵浩如、孙誉轩、赵梓竹、王业茹、王露璇、李昊昕、鹿博闻、宁彦凯、陶梁宇。

掌声祝贺他们！请分别上台领取荣誉证书并合影留念！

女：礼貌是文明的外衣。一声礼貌的问候、一句真诚的话语，都会温暖人心，彰显做人的素质。为此，我们把在这方面做得好的同学评为了“礼仪之星”：杨心语、陈炯超、王业茹、王文君、王文浩、范宁宇、孙欣怡、邱晓艺、赵书敏、郑心怡、臧倩、刘袁硕、赵梓竹。掌声祝贺他们！请这些同学上台合影留念！

男：讲卫生，少生病。这是众所周知的道理。可是大家知道吗？讲卫生也体现着一个国家的国民素质，体现着一个人的教养。从小讲卫生，养成讲卫生的好习惯，是我们少年儿童应尽的义务。为此，本次还由卫生组长评出了“卫生之星”：李欣然、张添硕、周恒宇、刘百汇、王昶沣、王姿文、徐金玉、宋丹玉、冯贞翔、李亚轩、臧倩、赵书敏、黄振轩、王昊冉、张庆洋、刘靖莹、李昊昕、陈炯超、范宁宇、赵浩如、王俊博、潘晓菲、王文君、杜睿、刘鸿玮、刘丹、王业茹、王俊超、姜彦、郑子健。感谢他们为维护班集体卫生做出的贡献，同时也希望大家时时注意自己的个人卫生。请这些同学上台领取证书并合影留念！

女：汉字是中华民族传统文化的重要组成部分，写好汉字是每一个中国人的责任和义务。一个人如果能练一手好字，他将终生受益！为此，我们评出了“练字能手”，他们是李松洋、杨心语、张添硕、徐金玉、李昊昕、孙欣怡、徐一诺、孙誉轩、赵浩如、李欣然、陈炯超、陶梁宇、周恒宇、王俊超、邱晓艺、王业茹、郑心怡、莫菲、王文君、臧倩、周劲宇、郑斐、宁彦凯、赵书敏、王文浩、张庆洋、黄振轩、鹿博闻、王俊博、赵梓竹、范宁宇、马英哲、郝嘉宝。掌声祝贺他们！请上台领取证书并合影留念。

男：十月份是我们学校的科技活动月，学校举行了科幻画、科技小制作、科技手抄报、科技小发明、科学小论文的评选，下面这些同学的作品得到了班级的推荐：

女：科幻画类有李松洋、刘袁硕、孙誉轩、赵浩如、周劲宇、赵书敏、黄振轩、王俊博、刘丹、赵喆、张庆洋、郑心怡。

男：科技小制作类有刘袁硕、邱晓艺、李亚轩、莫菲、李亚轩、陈炯超。

女：科技手抄报类有孙欣怡、赵喆、杨心语、王露璇、赵浩如、王昶沣、潘晓菲。

男：科技小发明类有鹿博闻、孙誉轩、张添硕、陈炯超。

女：科学小论文类有杜睿、赵梓竹、王业茹。

女：如果他们的上报作品在学校里获奖，将是双倍的班级奖励。希望大家能像他们一样积极参加学校组织的各种活动，事实证明：懒惰将一事无成，敷衍将让你白费工夫。要想成功，就要克服懒惰的心和敷衍做事的态度。

男：请这些同学分别上台领取证书并合影留念。

男：与以往相比，这两个月来，有的同学有了明显的进步，被评为了“进步之星”，他们是冯高致、张凤翔、李亚轩、桂书玉、吴海源、张越、刘丹、王露璇、郑斐、王姿文、郑子健、孙硕利、姜彦、王俊博。掌声祝贺他们！希望你们再接再厉！请上台领取证书并合影留念！

女：新学期，在批改作业方面，我们还采取了大家都来当小老师的办法，有同伴互相批阅，有组长批阅，有副组长批阅，有课代表批阅，在此基础上，再由老师批阅。老师在批阅的过程中，发现这些同学特别认真负责，被评为了本次的“优秀小老师”，他们是杨心语、李欣然、王露璇、张添硕、赵梓竹、范宁宇、李昊昕、孙誉轩、陈炯超、孙欣怡、陶梁宇、赵浩如、臧倩、李松洋、郑心怡、周恒宇、鹿博闻、潘晓菲、王文君、周劲宇、刘丹，掌声祝贺他们！请上台领取证书并合影留念。

男：她虽然是我们的小老师，但也经常从我们身上和我们这里学到很多东西呢！让我们一起向这些小老师致敬！

女：如果说，这也是一堂课，下课的铃声响了，我们也要跟老师说“再见”。

男：如果说，这也是一种课程，那这课程是“活”的，因为它不仅以活动的方式呈现给我们，同时也打动了我们的心。同学们说，是吗？

女：生命是一场拼搏！

男：在拼搏中不断完善！

女：在此，董老师还让我们代表她，转达她一如既往的心愿，那就是希望我们

（齐）好好学习，天天向上；拒绝平庸，崇尚高贵！同学们，加油！（播放舞曲《梦想的天空》）

学生积极主动地参与到各种活动和管理之中，在实践中体验，在体验中感悟，在感悟中升华，全面理解了担当责任的内涵，知道了“责任”两字的分量，从而内化为自身品质，真正体验到“幸福由努力和负责中来”的真谛。

（二）学校精神文化博观约取

“大爱育人，责任于行”成为学校精神文化的核心。在这一核心的引领下，学校营造了“自主、活泼、乐学、进取”的校风、“仁爱、敬业、创新”的教风、“尚德、修文、强身”的学风；确立了“培育书香人、文明人、自信人、快乐人”的办学目标，这是学校办学传统与办学经验的文化积淀，为学校的精神文化建设提升了精、气、神。

学校精心设计环境文化，处处彰显精神理念，围绕精神文化的核心设计了校徽、校旗，创作了校歌《我们幸福快乐成长》，利用校刊、校园广播站、校园网等文化载体加强建设，形成学校的“教育场”，让广大师生接受这种精神文化的熏陶，耳濡目染，口诵心惟，逐渐形成自己的文化自觉。

校旗、校徽是学校精神和办学理念的标志。学校从广大师生中广泛征

集设计方案，要求以校训为核心，从不同方面反映学校形象，最后请专家修正确定。校徽图案由“ZS”和上方的红色实心圆组成。其中的“ZS”是诸城市实验小学汉语拼音的缩写，既像两只雏鹰自由翱翔，又像一棵幼苗茁壮成长，意喻少年儿童在实验小学的优质教育环境中幸福、快乐、健康地成长。“ZS”图案合起来组成“X”形，意喻学生团结向上。整个图案又像双手托起一轮火红色的朝阳，意喻少年在辛勤园丁们的精心培育下朝气蓬勃、充满希望，奔向光辉灿烂的明天。

校旗来源于美术老师逄建广的设计。旗面为蓝色，象征知识的海洋与蔚蓝的天空，意喻师生在知识的海洋中遨游奋进，也意味着学校、师生的未来就像蔚蓝的天空一样广阔灿烂。旗面图案与校徽一致。最下面的英文名字清秀明朗，与上面的中文、校徽相呼应，和谐美观，富有时代气息。整幅校旗设计精致而不失大气，颜色鲜明而不失稳重，象征学校全体师生与时俱进、幸福快乐、朝气蓬勃的风采。

校歌歌词来自朱秀华老师主笔的诗歌《我们幸福快乐成长》，由学校音乐教师郑莲叶谱曲，整首曲子活泼欢快，富有儿童气息，从孩子的视角反映了如诗如画的校园生活，给人以感染和激励。庆祝会上，《我们幸福快乐成长》经常作为压轴歌曲，把庆祝活动推向高潮。

其实，征集过程本身就是一个内化精神文化的过程。我们经常利用集体活动，展校徽、升校旗、唱校歌，外树形象内强素质，从而发挥其应有的导向、激励和育人作用。

（三）班级文化殊途同归

学校是班级存在的大背景，任何班级都不能孤立于学校之外而独立存在，班级文化和理念的确定要以学校文化为背景。班级文化是校园文化的有机组成部分，在一定程度上会影响校园文化的发展。班级文化又是班级这个“小社会”里的“社会环境”，影响着每个学生及整个班集体的发展趋势及学习前景。因此，学校把握住精神文化的核心理念，并将其融于全面、系统、持续的班级文化建设过程，让学校精神化归现实，在每个学生心中弥散。

1. 独特的班级文化

班级文化是一个班级的灵魂，是一个班级的使命、价值观、愿景的集中整合与体现。学校借助“星级完美教室”评选与展示活动，促进班级文化建设的进程。借助这一抓手，各班根据班级特点、教师特长和学生实际逐渐建立了一套属于自己的形象符号系统，包括班名、共同的愿景、象征标志、英雄与榜样、班风、班训、班诗、班歌等。

通常情况下，班级是用数字来命名的，如一（3）班、二（4）班等，或者如雷夫的“第56号教室”。用数字作为教室和班级的代号，无疑是最简单的，但也是最枯燥、机械和重复的。如果把格式化的数字符号，通过具象化的命名，转化为一种精神意向，赋予班级一种精神力量，那班名就会成为班级成员的自我镜像，成为班级文化的具体承载与体现。

例如，一年级（4）班起名为“小蜜蜂”班。师生共读童话故事《三座房子里的小蜜蜂》，都被小蜜蜂的精神感动，它跑尽千里路，博采万朵花，把酿制的蜂蜜贡献给人类。它们具有齐心协力、团结合作的团队精神，吃苦耐劳、忘我无私的奉献精神，坚强勇敢、执着追求的进取精神。老师和孩子们都想像小蜜蜂一样聪明、活泼、团结、勤劳，在学习上你追我赶，在活动中尽显风采。所以，一年级（4）班有了一个共同的镜像——小蜜蜂，“小蜜蜂”班由此而来。

班歌是与班级愿景、精神气质相吻合的歌曲，可以是班级成员自己创作或请人创作的，也可以选用现成的歌曲，或者对现成的歌曲稍加改编。“丑小鸭”班的班歌《快乐的丑小鸭》就是根据《蓝精灵之歌》改编的。

班诗，与班歌相同，也是与班级愿景、名称等和谐协调的诗歌，可以由师生共同创作，也可以选用现成的诗歌，如“小蜗牛”班的班诗就是《小蜗牛》，激励学生不怕慢，只怕站，只要心怀梦想，执着前行，总会遇到属于自己的风景。

班训是用简洁明了、寓意深刻的语言阐明班级的价值追求。班训的文字可以成为班徽的有机组成部分，也可以印制在班旗上。如：

一年级（7）班　班级文化

班名：丑小鸭班

班级愿景：56只善良谦虚的丑小鸭，怀着美丽的梦想，走到了一起。让我们共风雨，同成长，用执着去迎接磨难与历练，默默无闻的丑小鸭终有一天会变成翩然绚丽的白天鹅，从这里起飞，飞向属于自己的天地！

班风：好好学习　天天向上

班训：勿以恶小而为之，勿以善小而不为

班诗：《丑小鸭与白天鹅》

云儿白白，是我美梦的衣裳；花儿艳艳，是我微笑的脸庞；

露珠闪闪，是我燃起的希望；歌儿嘹亮，是我自豪的歌唱。

湖边的风景那么美丽；灰色的倒影在水面涟漪；
曾在墙角隐藏自己；曾因冷落默默哭泣。
我张开双手，试着飞翔；
我放开喉咙，试着歌唱。
迎着不断的风雨，闯过无数的崎岖，
丑小鸭摇晃着身体，追寻着自己的美丽。
风吹雨打不放弃，寒来暑往不停息，
大风刮走了旧衣，大雨把心灵洗涤，
冰雪带来了白衣，阳光温暖着大地。
我一天天坚强，一天天长大，
我努力努力变化，我不再不再是丑小鸭。
我要展翅飞翔，飞向蔚蓝的天空，
我是快乐的小天使。
我要，乘风而起，成为美丽的白天鹅！

班歌：《快乐的丑小鸭》

在那实验小学美丽校园里有一群丑小鸭，他们活泼又聪明；他们快乐又机灵，他们自由自在畅游在那美丽的校园，他们团结友爱相互都关心。

哦，勤奋的丑小鸭！哦，快乐的丑小鸭！嘎嘎嘎嘎嘎嘎——他们唱歌跳舞快乐多欢欣。

该班级文化建构从学生喜欢的童话故事《丑小鸭》开始，树立成为“白天鹅”的美丽梦想，其核心指向：成长需要过程，蜕变需要努力。

这些都是在师生的共同生活中逐渐建构起来的，这是一个以教师为引导者、以学生为主体的自我书写过程。学校每个班利用半年时间，引领学生参与班级文化构建过程，熟知其内涵，受到其鼓舞。

现在，走进学校，总会在不经意间被吸引：“金童”班的美妙器乐合奏，“青竹儿”班的孝亲文化，“雪精灵”班的“心灵之约”，“妙音阁”班、“竹节轩”班、“蓝精灵”班、“毛虫”班、“快乐小屋”……64个班级，64间小屋，64个不同的班级文化形象。每个班都有明确的愿景、独特的班风、班训、班诗、班歌……学生每天通过不同的形式对接高尚的心灵，吟班诗、唱班歌、诵美文成为学生的必修课。每逢集体活动，学生都会唱班歌，展示班集体的风貌，激发出昂扬向上的精神和力量。

班级文化就像一个无形的磁场，指引着学生前进，它“润物无声”，滋润着学生。所以，在学校，不仅班主任高度重视班级文化建设，学校也为班级文化的建设提供一切有利的条件，帮助师生总结、归纳班级的特点，创建班级文化的各种模型，使每一种文化类型都能起到及时而长久的效果。

（四）共同的班级生活

对于班级文化，学生不仅能知晓，还能在行动、细节中彰显，通过言行举止等行为方式表现出来，使其成为一种“活”的文化，不断生长和壮大。晨诵、午读、暮醒作为学生钟爱的行为方式，为班级文化的成长提供了肥沃的土壤。

1. **晨诵——与黎明共舞**

每天早晨的7：35，实验小学的师生便开启了美好的一天：在优美的音乐中开始晨诵，唤醒沉睡了一夜的心灵，迎接一个美好的早晨。各班依据班级精神文化、学生特点，结合传统文化开发出适合学生朗诵的晨诵课程，使晨诵课程系列化、规范化、个性化。童谣、《三字经》、儿童诗、《弟子规》、古诗词和《笠翁对韵》等，都被学生演绎得有声有色，每个学生都建立了晨诵本，将自己喜欢的诗歌积累下来，并进行仿写。每年的读书节，学校都会举行大型晨诵展示比赛，学生在诵读中感悟、积累，在经典中涵咏、成长。

“蒲公英”班朱秀华老师开发的晨诵课程主题为“四季之旅”。“早起的鸟儿有虫吃。”这是“蒲公英”班的学生耳熟能详的一句话，晨诵课程成了他们共同的期待。他们相约于“秋之意、冬之语、春之色、夏之情”的诗歌美文里，有对“苹果为秋天而低垂”的敬畏，有对“风一更，雪一更，聒碎乡心梦不成”的家国之思，也有对“要耕种了的紫云英地”的期许和向往，更有对“绿树阴浓夏日长，楼台倒影入池塘”夏日风光的喜爱。就这样，从《苹果为秋天而低垂》《秋思》《秋词》直至《六月二十七日望湖楼醉书》《山亭夏日》，一首首古韵今风如相约的友人走进了学生的生活，这些鲜活而丰富的文字用它们生生不已的生命力向学生诠释了四季的意义，也让他们爱上了诗歌，爱上了一年四季里的每个日子，从而结识了李白、杜甫、苏轼、顾城、圣野、金波、艾米莉·狄金森、金子美玲、泰戈尔等这些古今中外伟大的诗人。

在欣赏学生的晨诵本时，朱老师这样写道：

翻开学生的晨诵本，里面全是精心思就的名字：“我的早晨”“宝贝王国”“诗意天空”“像鸟儿鸣唱”“吟诵黎明”“诗海采贝”……正如金子美玲在《草的名字》所说：“那都是我取的名字，给我喜欢的草取我喜欢的名字。”学生也在给自己的晨诵起着自己喜欢的名字。一行行诗句，一篇篇诗章，他们在认真书写，也在用生命吟唱。并不算短的 20 分钟晨诵时间，在学生眼里却是转瞬即逝，他们仍会感到意犹未尽，于是用自己的想象、联想和创造提笔写下属于自己的诗行：“即使我是春天弱不禁风的小草，也要笑对微风，给大地带来一点绿意；即使我是生长在藤蔓下的小树，仍要冲破束缚，茁壮成长，给夏日劳累的人们带来一丝清凉……”聚沙成塔，在吟诵中，在书写中，师生忘情期间，生命也逐渐变得富有诗意、丰盈与厚重。

顾城说，走了那么远，我们去寻找一盏灯。在吟诵中，在歌唱中，让生命美好与尊贵，这是真正的四季之旅，也是对四年级（7）班每个生命最真切的祝福。

朱秀华老师用“四季之旅”编织的美好生活在每个学生、每个家长中传递……

程馨同学的妈妈在一次家长会上深情地讲述了自己亲历的场景：

那是一次家长开放日，我早早地来到了教室。原本 7：35 分才开始的晨诵，孩子们赶在 7：30 前就已经等在教室里了，而他们的朱老师来得更早，这是多么温馨的场景，一起等待那个美好时刻的来临！晨诵中，朱老师并没有进行刻意的要求，但要求孩子们从对诗歌内容的理解开始。学生有时弄懂一个词、一句诗很难，有时几乎是磕磕绊绊才能明白，甚至还需要老师的一再启发和指导。但经过这样一个过程，学生豁然开朗。看看孩子们脸上那份攻克难关后的喜悦和自豪，我知道，老师这样做是值得的。各种形式的朗诵也让晨诵变得活泼而生动，领诵的孩子多了起来，连那些一贯喜好“沉默”的小家伙也都争先恐后地举起了小手……那声音，整个教室孩子们的声音，有时还包括老师的声音，或低沉或高昂，都如音乐般自然流淌，这是诗歌的魅力，这才是真正的诗意朗读——用全部的感情去理解、去体会、去吟诵。这才是真正的与黎明共舞！

2. 师生共享午读时光

午读时间到了，校园里洋溢着一片书香。星期一，三至六年级正在进行“看谁读书读得快”活动，整个教学楼里静悄悄的，“沙沙”的翻书声和窗外麻雀声相映成趣。队员们刚开始还有些紧张，生怕自己落在了别人的后面，再后来，他们慢慢地走进了书的世界。一、二年级的小同学们，也在静静地听老师讲童话故事。“必读书目读书卡”会真实地记录他们每个人的读书轨迹。星期三是“读读、说说、议议”活动，“丑小鸭”班喜欢在这段时间里轮流朗诵，诵读各种精彩的片段；“三味书屋”班的同学们则喜欢让老师讲故事；“翰墨”班的同学则喜欢在老师的带领下，饶有兴致地上网浏览和阅读。星期五的“你读你的，我读我的”活动，学生可自由选择读书书目。学校广播台播放着舒缓动听的音乐，队员们有的读童话、读笑话，还有的读着自费订阅的报刊。“自选书目读书卡”也会及时记载学生的收获。“一个人的阅读史就是他的精神发育史”，午读确保了学生在校内读书的时间。

3. 一日一省吾身

曾子曰：“吾日三省吾身，为人谋而不忠乎？与朋友交而不信乎？传不习乎。”他以此剖析自己、反省自己、修炼自己的德行。在诸城市实验小学，每个班每天下午都有暮醒时间，这已成为学生生活中的重要仪式。

下午4：10～4：30，全体学生聚集在各自的教室里，场景异彩纷呈：有的学生对照班风、班训反思一天的生活：做得怎么样？我有什么收获？什么事情触动了我？我应该如何改进存在的小问题？有的小班长进行班级点评，如应该发扬什么，存在哪些问题；有的学生伏案疾书，书写当天的暮省日记；有的学生参与交流，在讨论中碰撞思想，升华心灵……每月一次的暮省大会以级部为单位组织，情景剧表演、品位少年号召、感恩父母、老师的呼唤等内容形式各不相同的集中教育活动，让学生在安安静静的思考中离开学校。“小主人”班的曹梦雪同学在暮醒日记中反思自己班的纪律现状，号召同学们严谨、自律，人人以小主人的姿态维护班级纪律。如下：

2012年5月16日　星期三　晴

六年级（6）班　曹梦雪

我们班的纪律一向不好，只要老师一离开教室，教室内立刻就像炸开了锅一样热闹。不管老师苦口婆心地教育我们多少次，下了课，班里照旧一团乱。

我们班的纪律可以说无可救药了，因为老师已经多次为这方面进行改革，希望能让班级焕然一新。可没过多久，改革再次失败。每当上音乐或美术等课时，同学们就会纷纷“褪色”，原形毕露，继续“张牙舞爪”。尤其是在上英语课的时候，无论惹恼老师多少次，被老师教育多少次，同学们依旧死性不改！

我希望同学们可以自觉一些，不要总是被老师说着骂着才改过。不管上任何课，都要认真、严谨，做好每一件事情，人人争当小主人班的小主人！

此时无声胜有声，李函委同学则反思自己的英语学习，改过的决心已落在了纸上，也刻到了心上：

糟糕的英语成绩

2012年5月23日　星期三　晴

六年级（6）班　李函委

要说今天最难忘的，还是发英语试卷时的情景。

铃铃铃，上课铃响了，同学们回教室坐好，拿起书来读，可再一看英语老师，手里拿着昨天的试卷，杀气重重，我不禁打了一个冷战，心想：完了，肯定又没考好。可是，我们读了一遍又一遍课文，还是不见老师喊停，就这样，过了一会儿，老师叫来了两个科代表，发下了这次的试卷，我一拿到试卷，连看都不看，就放进了桌洞里。偷偷地一看，天哪！再看看其他人，都考得不怎么样，我不禁又松了一口气。而老师呢，似乎也没那么可怕，只是让我们看一下、改一下，把试卷又收了上去。老师没有说一句批评的话，想想这些日子的表现，让我的心里更难受，我暗下决心，一定要迎头赶上！

这些庄重的仪式感唤醒了每一个人，直到把班级文化的精髓播散到他们每个人的心里。在桑戴克的视野中，文化是一个渐进的、错综复杂的和常常不规则的发展。所以，打造一种文化是可能的，但仅仅是可能而已，文化的产生与形成需要一种开放、长期，甚至是不规则的历练，经历自然的筛选而凝聚。

在诸城市实验小学，五彩斑斓的班级文化正是由一个核心价值观而引领着，其目的以最自然的状态指向了幸福快乐。

“各美其美，美人之美，美美与共，天下大同”是费孝通对他的“文化自觉”理论所做的高度概括。费孝认为，生活在一定文化历史圈子的人对其文化有自知之明，并对其发展历程和未来有充分的认识，换言之，就是文化自觉。有了文化自觉，学校的生命力才历久弥新。

三、学校形象由此而树立

每每看到学生娴熟的琴法、听到学生嘹亮的歌声、看着学生浓墨飘香的字画、望着大课间活动场上一个个龙腾虎跃的身姿和兴趣小组锣鼓喧天的节目表演……我们无愧，这才是幸福快乐的教育，这才是我们想要的书香人、文明人、自信人、快乐人。

（一）你们是山东的骄傲，更是诸城的骄傲

2012年7月24日，北京人民大会堂内珠歌翠舞，欢声笑语，国家领导人、著名艺术家代表以及来自全国各地的近千名青少年欢聚一堂。高高的领奖台上傲然挺立的是诸城市实验小学的18名参赛选手，他们参加的美术、软硬笔书法、钢琴、声乐、表演9个个人项目和一个群舞全部获得金奖。全国第十届人大常委会副委员长顾秀莲走上台，为他们颁奖，高高竖起大拇指说："你们是山东的骄傲，更是诸城的骄傲！"诸城市实验小学也被授予"全国青少年艺术人才培训基地"的称号。

在第四届星光校园"全国中小学音乐舞蹈优秀获奖作品会演"中，诸城市实验小学留下了浓墨重彩的一笔，这是学校长期坚持"幸福快乐教育"的结果。在民主、平等、和谐、轻松的氛围中，学生自主、活泼、乐学、进取，快乐成长，全面发展。每年有2000多人次的学生在县级以上文艺、书画、体育、科技、电脑绘画等项目的比赛中获奖或在相应级别的报刊上发表作品。

（二）书法艺术教育成为学校的名片

学校长期以来重视书法艺术教育，现已形成了鲜明的特色，基本实现了写字无差生的目标。

2012年5月，学校的"书法教育校园传承研究"作为全国教育科学"十二五"规划教育部重点课题"非物质文化遗产校园传承研究"子课题立项。胡睫、朱奕洁、玄鸿锐、于越、孔誉等一大批书画名生脱颖而出，初步形成了其个性化成长的专长。胡婕同学的书画作品现在已悬挂在全国人大常委朱永新教授、诸城市人民政府许传平副市长、诸城市教育局李庆平局长的办公室内，得到了领导和教育专家的肯定和赏识。

《超然诗书画》刊登了学校60幅学生书画作品。学生的作品也经常被作为礼物送给前来参观学习的各级领导。诸城电视台、《潍坊教育》报等先后报道了学校书法名生的突出事迹。国家级刊物《时代纵横》对学校"非物质文化遗产书法教育校园传承研究"给予了高度评价。国家教育行政学院副院长牛文起来学校调研，高度评价学校"有灵气"，整个学校就是一本"活的教科书"，是实实在在的奠基人生的教育，并欣然题词："弘扬书法艺术，凸显办学特色"。国家副总督学、中国教育学会常务副会长

郭永福先生，文化部中国文化信息协会副秘书长、非物质文化遗产校园传承研究总课题组副组长黄俭先生等领导来学校调研，对学校书法艺术教育的做法给予了高度评价。郭永福副会长还为学校欣然题词：“做中国人，传文明火；植文化根，铸华夏魂”。山东教育电视台进行了跟踪报道。

（三）课程改革成效显著

为加强课程的适应性，促进学生幸福快乐地成长，学校积极推进国家课程的校本化实施，大胆进行课程整合，提出了“课程整合自主化，高效课堂个性化”的口号，鼓励教师对国家课程进行再加工、再创造，在学校文化基础上进行融合与建构，使其更符合学生、学校的特点和需要。各学科集集体智慧，立足学科间、学科内、学科外三个层面进行整合，开发了各科执行课程，提高了备课质量，减轻了学生的课业负担。执行课程不是一般意义上的由教师被动执行的课程，而是由教师自主开发的可以执行的课程。课程开发的主体是离学生最近的教师，课程自然也就离学生最近。因此，学生的兴趣、能力、成绩不断提升，幸福感不断增强，特色化教师课程不断涌现……

这是郑莲叶老师的一节数学课。郑老师在黑板上飞速板画，多彩的海洋生物眨眼间“游”到了黑板上，严肃的课堂气氛顿时活跃起来。学生的注意力被吸引了，大家端坐在座位上显得很兴奋，有的发出唏嘘声，有的小声赞叹：“哇，真漂亮！”老师引导学生观察黑板，说出海洋动物的数量和方位，学生学得津津有味，乐此不疲，教学目标在教师的引导下不知不觉地就实现了。最后，学生唱起了老师根据授课内容编写的童谣，和着《数鸭子》的曲子，复习了旧识，巩固了新知，放松了身心，真是一举多得！

郑莲叶老师是一个酷爱艺术的数学老师，兼着本班的音乐课。“我有一个梦想，我希望每一个学生的身上都洋溢着艺术的气息。”她每年创作100余首校园歌曲，其中多首获得国家级奖项。她将数学与音乐、美术相整合，开创了“画、唱、赏、演”教学法，由欣赏情境到融入情境，让学生自然发现问题，有兴趣地解决问题。通过音乐欣赏以及创编表演等活动，舒展学生的身心，活跃他们的思维，培养其审美能力。通过画、折、做等操作活动，学生轻松愉快地学习、领会新知识。2013年，学校开发了童谣课程，郑老师率先将童谣引进数学教学中，取得了很好的教学效果。

李莉的家长说：“孩子以前就怕上数学课，现在每天都盼着上数学课。

孩子真是遇上好老师了。”

郑老师在她的教育随笔中写道：“苏霍姆林斯基说过：‘教育如果没有美，没有艺术，那是不可思议的。’其实，教育只要有了艺术，一切都会变得妙不可言。学校开展的课程整合给了我发挥的空间和舞台。”

《孝经》走进了语文课中。教导主任万丽华老师对《孝经》情有独钟，一直将“孝”文化融入到语文教学和班级管理中，用《孝经》来教育孩子。他们班的孩子从一年级开始就一直坚持做孝亲作业，并且将这种对家人的孝延伸到对社会的爱。这些活动与语文的综合实践课相结合，也为学生的习作提供了素材。通过几年的孝道学习，学生发生了不小的变化，若父母身体不适就精心照料他们，主动提出看望爷爷奶奶，深深感染了家长；家长的言传身教也在影响着孩子，形成了可喜的亲子共进的局面。

他们班举行的敬老活动也深深感染着每一位家长。李小桐的妈妈写道：“在老师的倡议和组织下，我和女儿定期去敬老院看望孤寡老人。老师说要‘老吾老以及人之老’。在现场，当听到老师领唱《孝敬父母》这首歌曲时，我不知道孩子的感触有多深，反正我是忍不住哭了。以前在新闻报道中看到有人做这些事时，有时会觉得矫情，甚至觉得有作秀的嫌疑，但真去了才知道，老人们是多么需要被关心！有的老人一直低着头抹眼泪，临走的时候拉着孩子的手舍不得松开。整个过程震撼了我的心灵。”

褚金霞老师立志于让学生提前阅读、大量阅读。为了激发学生的识字兴趣、扩大识字量，为提前阅读打好基础，她在低年级实施了识字考级制，开发了十二级识字考级教材。在课堂上，她带领学生学会识字的方法，鼓励他们在生活中识字，在阅读中识字，并随时发“识字大王奖章”，定期举行识字考级，为考级过关的学生发相应的考级证书。在她们班，有1/3的孩子在3年内就认会了小学阶段要求会认的所有的字，阅读量也大大超出了课程标准的要求。“书籍是培育我们的良师，无需鞭笞和棍打，不用言语和训斥，不收学费，也不拘形式。我喜欢。”三年级的杨倩在日记中如是说。

整合式语文主题教学、体育与传统游戏的整合、综合实践与各学科的整合等等，都受到了学生和家长的欢迎。

教育部基础教育课程教材发展中心评价处处长莫景祺先生来学校，对课程资源三级整合的研究给予了充分的肯定，并有针对性地进行了指导。他认为，这种基于重新建构课程体系的做法方向正确、前瞻性强，具有重要的实践意义。

学校将这一做法在山东省普通中小学“1751”改革创新工程义务教育段暨国家课程校本化现场研讨会上做了介绍，受到张志勇厅长和省课程中心李秀伟主任的好评。学校被评为山东省教学示范学校、潍坊市课堂教学改革示范学校、首批潍坊市“轻负担，高质量”先进学校、诸城市课堂教学改革特色学校等。《中国教育报》《大众日报》等多家报刊及媒体曾先后报道学校课改的实施情况。

（四）学校有个小记者团

社会上经常会传递着这样的信息“实验小学有个不错的小记者团”，在医院、在新郎股份有限公司、在各个商场超市，甚至是市政府机关，诸城市实验小学的小记者团也是闻名遐迩。是的，配合着走班社团活动的开展，学校的小记者采访团活动确实办得有声有色。每到星期六，辅导老师就会带着一帮队员举着队旗，带着话筒、录音机、摄像机，一路走来，那阵势真令人感到佩服。当然，在采访的过程中，学生也会碰到困难。一次，学生在 5 月 10 日护士节那天前往诸城市人民医院采访。不知道是因为学校学生名气不够大，还是因为医院的护士们也“认生”，他们很是不配合，不是东躲西藏，就是推说没空。学生被弄得没有办法，只好向老师求救。老师故意耸耸肩膀，说：“自己动脑筋想想吧！”最后他们经过商议，决定先找院长，诚恳地向院长说明来意，请求领导的理解和配合，在院长的支持下，他们终于圆满完成任务。也就是这一次，让队员们深深地体会到原来当记者不仅好玩，也真的能锻炼人。

2013 年 5 月，中央电视台少儿频道“芝麻开门”栏目摄制组走进诸城恐龙世界，探秘诸城恐龙，感受震撼神奇，体验快乐之旅。节目以诸城丰富的恐龙化石资源作为切入点，展现诸城地区白垩纪时期恐龙时代的磅礴场面。通过与爱好恐龙的小朋友以游戏的方式和主持人互动，学生更深层地了解了诸城恐龙的震撼规模和丰富属种。学校推出的 6 名小记者团的成员全部入选，节目组分别深入诸城龙立方、诸城恐龙化石长廊、诸城中国暴龙馆等三处景点进行拍摄。在拍摄过程中，学生有礼有节、活泼灵动、精言妙语，不时赢得阵阵喝彩，令拍摄组的工作人员刮目相看：“一所县级小学的记者团，竟然能培育出这么有灵气的学生！”

“我一直就喜欢恐龙，家里有很多关于恐龙的书籍。这次芝麻哥哥来到诸城录节目，选我参加“芝麻开门”节目，与同学们一起做游戏，我特别开心。这次活动不仅让我学到了很多恐龙知识，而且增加了我的勇气！”

实验小学三年级学生申子睿自豪地说。"'芝麻开门'节目组来诸城恐龙世界录制节目，为学校的学生提供了展示风采的舞台，不仅让学生们锻炼了自我，学到了知识，培养了他们知恐龙、爱家乡的热情，对自己身为龙城人而感到自豪和骄傲。同时，更激发出他们的学习积极性，也更坚定了我们将学校小记者团开展到底的决心!"学校的领导由衷地说。

为丰富校园文化生活、适应学生个性发展的需求，学校实行了"走班"教学。"走班"活动根据学生的需求开课，从学生中来，到学生中去，让学生拥有一份个性化的课程表，实现了特长教育、个性化教育，让每个学生都体会到做学生的幸福感，因此受到学生、家长以及社会各界的高度赞赏。小记者团的成立，也是为了让学生能够充分接触社会，体验生活，扩大生活积累，开启能力天窗，现在也真正成了彰显学校特色的一个亮点。

（五）学校成为全国文化名校

以幸福快乐教育为核心，学校精心构建了精神文化、环境文化、制度文化、课程文化、行为文化、信息文化六大文化体系，为每位师生的成长和幸福奠基，打造学校发展的核心竞争力。

2013年3月29日～31日，"全国小学学校文化与办学特色现场会及首届和谐杯'七说'说课比赛"在学校成功举办。本次活动以学校文化建设搭台，让"七说"说课大赛唱戏，推动课程改革以及学校内涵发展。来自全国各地的教育专家和650多名代表参加了本次活动。会上，学校领导做了题为"根植幸福快乐教育沃土，滋养师生幸福快乐人生"的经验介绍。与会代表考察、观摩了学校文化建设的成果，30多位小解说员语言得体、落落大方，10多位学校小记者机灵睿智、有礼有节，社团活动场面紧张、热烈，给与会代表以极大的鼓舞与震撼，纷纷赞叹学校走出了一条符合素质教育的新路子。正如社团活动中的学生说的："走班活动，不但丰富了我们的课余生活，发展了我们的兴趣爱好，还让我们发现了自己身上的闪光点，感受到了在集体活动中的快乐和自信!"

一位天津的参观者在自己的博客里这样写道："社团活动时间一到，校园里就沸腾起来了，孩子们纷纷打破班级界限，快乐'走班'，到自己喜欢的社团内学习、活动，脸上溢满兴奋，内心充满愉悦。近一个小时的时间，整个校园里乐声悠扬，歌声飘荡，书声琅琅，一派团结紧张、活泼兴奋的学习景观。走进每一个社团，看着孩子们在玩中学、在学中玩，看着他们开心的笑脸，你会真正体会到孩子们心灵的舒展与成长的快乐。”

很多与会代表频频地问：“是什么让你们学校的师生有这么饱满的热情?”“是什么，让一所县级小学成为全国文化名校?”毋庸置疑，这来自于幸福快乐文化的浸润和实施，来自于师生对幸福快乐教育的共同追求。学校精神文化的影响，决定了学校师生的心理定势，使他们在不知不觉中形成了一致的态度、共同的行为方式。这种影响不是立竿见影、一蹴而就的，而是隐性的、长效的、综合的，常常是“有意栽花花不开，无心插柳柳成荫”。学校教育的真正价值就在于通过这种熏陶和感染，引领学生获取感受、体验情感、理解观点、生成智慧、积淀文化，最终形成自已丰富的精神世界。因此，学校教育的过程，也就是充分发挥学校精神、为师生的精神生命铺垫底子的过程。

（六）学校有一支优秀的干部、教师队伍

在学校文化的熏陶下，一大批优秀的干部、教师成长起来了。特级教师大量涌现，许多优秀的人才早已成为各个学校的领导者。有人说：“诸城市实验小学是培育名校长的摇篮。”的确，明诚学校校长徐洁、府前街小学业务校长闫燕、科信小学业务校长黄宗红、西郊学校业务校长李伟，都是从实验小学走出去的。还有人说：“诸城市实验小学有一支优秀的教师队伍。”“诸城市实验小学的教师不用扬鞭自奋蹄。”的确，学校涌现出了一大批课堂教学、班级管理以及文学、艺术、体育、科技等方面的名师，现有全国百名班主任之星、省教学能手、潍坊市级优秀教师、教学能手等近 50 人。《新教育报》上，先后刊登了学校 13 名教师的课改事迹，她们是纪永梅、董凤兰、李伟、黄宗红、郑明岩、刘福艳、解相花、孙桂萍、林在霞、王泽贞、周绪梅、郭琳琳、杜叶军，受到了师生、家长、社会各界的赞誉。

“用心”一路同行

董凤兰

我是一名数学教师。在近 20 年的教学生涯中，我始终本着对工作负责、对学生负责的信念，尽职尽责做好教育教学工作。先后担任过数学教研组长、年级级部主任、教科室副主任，认真完成学校交给的各项工作任务，受到了学校领导和同事的一致好评。

一、坚持学习，提高素质

自参加工作以来，我始终把不断提高自身素质作为挑战自我的目标，

坚持学习《教师法》《潍坊市教师职业道德行为规范“十不准”》等，力求在思想上和行动上与教育路线、方针、政策保持高度一致。坚持为人师表，在工作中时时严格要求自己，自觉遵守纪律，规范自己的言行。

二、立足本职，教学创新

在近20年的教学生涯中，做一名受学生欢迎的教师一直是我的追求。我深入学习数学新课标，改变自身的教学观念、授课方式、课堂流程、讲解技巧、目标达成等。经过几年的尝试和总结，我形成了小学数学“一设、二问、三展示”的新型数学课教学法，总结了“找、列、说、提”四步解题策略，形成了小学数学解决问题的基本策略。

2011年4月，我执教的“异分母分数的加减法”受到李秀伟老师的赞赏，他评价我已经基本形成了自己的教学风格和模式。2012年2月，我执教的六年级“利息”一课，受到侯京友老师的称赞，他认为教学理念先进，注重营造以人为本的数学文化。2012年，小学数学“一设、二问、三展示”教学法获先后荣获诸城市教育教学创新一等奖和潍坊市教育教学创新三等奖。

三、团结同事，爱岗敬业

在工作中，我具有强烈的事业心和高度的责任感，工作中勤勤恳恳、任劳任怨，团结同事，乐于助人，积极参加各种集体活动，认真完成学校交给的各项工作任务。作为一名数学老师，在平日的教学中，我积极参与学校开展的各项教研活动，深入听课、评课，和老师们共同研究课堂教学方法。基于认真扎实的教学习惯和锐意改革的教学风格，我所带班级数学成绩均居级部前列。

作为班主任，我时常思考和总结管理班级的先进做法，认真做好每一天的班级工作。本着“先教学生做人，再教学生做学问”的教育理念，我培养学生良好的学习习惯、优秀的学习方法、不断创新的学习思维、扎实的知识基础，以及热爱生活、乐于助人、遵纪守法的良好思想品质。正是由于这种踏实的工作作风，我班的量化考核近几年名列全校前茅。

四、专业成长，初获成效

在教学改革的实践中，我不断更新教学理念，丰富了知识，提高了能力。

2012年，我的小学数学“一设、二问、三展示”教学法获潍坊市教育教学创新三等奖，并在《潍坊教研简报》上刊登；“找、列、说、提”解决问题四步策略在《中小学教育》期刊上发表，并在诸城教育科研网上交流；个人教学改革事迹在《新教育报》上刊登。

在“山东省小学教师远程研修”学习中，我两次担任小学数学学科的指导老师，被评为优秀指导老师；2012年2月，在寒假教师培训会上向全市小学数学教师做了经验介绍。

2011年，“一设、二问、三展示”教学法被推荐参评“潍坊教育教学金点子案例”，荣获二等奖；推荐参加潍坊市“轻负担、高质量”先进教师评选。2012年9月参加潍坊市“轻负担、高质量”论坛，并代表市区做了重点发言。

2012年被评为诸城市“巾帼建功”岗位明星，并参加了市妇联组织的“送课”活动，受到好评。

2011年10月，在《新教育报》组织的“课改名校联盟同课异构”教研活动中，讲授了“平行四边形的面积”一课，并做了教学法介绍；2011年11月，全市“小学数学名师精品课堂展示暨董凤兰‘一设、二问、三展示’教学法推介会”在学校召开。会议以展示“精品课堂”和“介绍教学模式”的形式，向全市推广了“一设、二问、三展示”教学法；2013年4月，参加王敏勤教授组织的天津河东区实验小学“教改大课堂”活动，讲授了“找规律”一课，受到王教授的称赞。2013年6月，参加中国课改节“说课”大赛，受到与会者的好评。

在教育教学中取得的这些成绩虽然只能代表过去，但这是我前进的动力，我会以更加积极的心态和努力的态度，完成今后的教育教学工作。

她，让数学课“活”起来

杜叶军

她是一名普通的数学老师，“让数学课‘活’起来”是她的教学目标；“学高为师，德高为范”是她的自律信条。她的课堂上充满欢乐、挑战；在她的课堂上，学生勤思考、会表达。认真工作、潜心研究一直是她的工作作风，并且在不断的学习实践中，她逐渐成长为研究型教师。她就是诸城市实验小学优秀教师——杜叶军。

在15年的从教生涯中，杜老师时时以一个优秀教师的标准要求自己，勤勤恳恳、兢兢业业，经过不懈的追求和探索逐渐形成了自己的课堂教学风格——活力课堂。她说，课堂不只是教和学，而是让你感受课堂生命的涌动和成长。因此，在杜老师充满生命活力的课堂上，师生全身心投入，学生获得多方面的满足和发展，教师个人的劳动也由此闪现出创造的光辉和人性的魅力。

她是如何让数学课"活"起来的呢?

一、有"乐",课堂就有了活力

杜老师经常利用唱儿歌、讲故事、猜谜语、设置悬念和说幽默的语言等形式,启动学生的情感系统,充分发挥情感因素在探索活动中的积极作用,使学生对学习活动保持极大的热情,勤于思考,勇于探索,在整个学习活动中始终保持激情与活力,积极、快乐地参与数学活动。

二、有"动",课堂就有了活力

杜老师的数学教学是数学活动的教学。她让学生自制模具或用实物动手操作、展演,让学生参与到课堂活动中来,在"动"中学,在"动"中体会、理解,亲身经历数学的探索,学生在探究中获得数学知识和技能,掌握数学思想和方法。

三、有"问",课堂就有了活力

爱因斯坦曾说过:"提出一个问题往往比解决一个问题更重要。"在实际教学中,杜老师积极引导学生"问"起来,让学生敢问;给学生提供问的机会;使学生善问;鼓励学生带着新问题走出课堂。杜老师深知"学贵有疑,小疑则小进,大疑则大进"的道理。因而,她让学生真正地"问"起来,使学生的素质得以全面发展。

四、有"争",课堂就有了活力

杜老师的课堂常常充满争论。通过争论,教师能了解学生当前的学习状态,让学生的思维高度运转,加深对知识的掌握。课堂上,学生独立地思考,敢想、敢说,不受约束地争辩、探究,充分展开想象的翅膀,"标新立异""异想天开"。在无拘无束的争论中,学生的思维碰撞出智慧的火花,给课堂教学注入生机。如杜老师在教学"圆的认识"时,设计了这样的情境:有20名同学(站成一排)做取花(花在队伍的前方中间位置)游戏,比谁最先拿到这朵花。杜老师说:"对于这样的比赛,请谈谈你的看法。"学生们各抒己见,有的说:"这个比赛不公平,排在中间的人肯定先拿到花。"有的说:"那可不一定,万一站在边上的同学跑得快呢?"同学们都认为这个比赛不公平。杜老师紧接着说:"要使比赛公平,请你设计一个方案,好吗?"只过了一会儿,学生就设计出"让这一排同学站成圆形,花放在圆的中心"的比赛方案。这样做,不仅渗透了圆心、半径、直径等知识,使学生获得了对圆的感性认识,更重要的是,激发了学生独立思考的积极性,锻炼了学生的思维,让他们的个性在课堂上得到了充分的张扬。

走近杜老师，你会发现，她无论做哪一项工作都是脚踏实地、尽心尽责，都是高标准、严要求。杜老师对工作认真，让每一位家长都目睹在眼里、感动在心里。一份春华，一份秋实，在教书育人的道路上，她付出的是汗水，收获的是一份份沉甸甸的果实。

（七）师生的幸福感日渐增强

最让学校引以为豪的是师生日渐增强的幸福感。具体说，“幸福由努力和负责中来”成为学生深度参与学习、教师愿意付出教学努力的动力。在这种心理情境中，师生积极主动地教与学，从教与学中体验到收获和进步的乐趣。

在我们学校，不少教师说：“在这里工作，我觉得有一种家的感觉，领导、同事亲如一家，大家都非常容易相处。”在学校，许多教师都有幸福快乐的感受。

“每一个孩子都是折断了翅膀的天使，来到人间就是有缺陷的，教育就是要弥补这个缺陷，帮孩子做回天使。过程中肯定会有痛苦，如果能在教育中加入‘仁、礼、德、智’这些幸福的酵母，就可以消除翅膀折断后的教育痛苦。所以我甘愿做天使的翅膀。”这是潍坊市师德标兵王炳芬老师的教育感言。她从来不伤害学生的自尊心，却能经常激发起学生做一个好孩子的愿望，这是真正的教育智慧。

潍坊市爱心妈妈、从事数学教学工作10余年的王泽贞老师，是一位感性十足的教师。诙谐幽默的语言、轻松愉快的教学方法，让她的课堂上时时传来欢快的笑声。“知识就应该在一种愉快轻松的氛围中获取，不然教育就失去其本身的意义。”王老师这样说道。

学校教导主任万丽华老师是潍坊市名师。在她的带领下，老师们努力探索素质教育的新途径，在教中研，在研中改，尊重与发展学生的人性和个性，将传统文化引进语文教学与班级管理，使师生生活在一种相互理解、尊重、关怀、帮助、信任的和谐氛围之中，提高了工作和学习效率，从而真正体验到了为人师的幸福感与自豪感。担责、阳光、睿智、仁爱，就是对她的真实写照。

作为动漫工作室的辅导教师，齐丙丽老师独具慧眼，把那些聪明、具有创新思维的学生召集在一起，民主合作、其乐融融。在她的指导下，学生们连续两年获得全省中小学动漫制作一等奖。

陈繁老师说：“在这里做老师，真幸福。我们能因事业而成功，能因生活而温暖，能因投身于教育而让生命精彩无限。”

“教学本质是从生活中来，到生活中去。”2011 年，日本地震核泄漏期间，科学老师李承新敏锐地抓住当今热点，引导学生们从大气环流、日本洋流的运动方向等科学知识分析，消除了学生心中那一份恐慌。课堂外，李老师喜欢与学生沟通，与学生像朋友一样交流对科学现象的心得与体会，分析、探寻真相。“他就是我们的良师益友。”这是学生们的感言。

“小课题研究让我体味到‘眼前一亮’‘心头一喜’的愉悦，很多问题都不再像想象中那么难了，我越来越有成就感，越来越喜欢小课题研究了。”王娟老师从小课题研究中体验到了教师的职业幸福感。

正如斯宾塞在《教育论》中所言：“野蛮产生野蛮，仁爱产生仁爱，这就是真理。你待儿童没有同情，他们就没有同情，而以应有的友情对待他们就是培养他们友情的手段。”幸福快乐的学校文化造就的必然是幸福快乐的师生。

2013 年 4 月 18～19 日，山东省小学习作教学优秀成果观摩研讨会议在学校召开，学校的主题习作及课程开发的典型做法又一次引起了关注。会上，陶继新先生应邀作了《近“道”写作，开启审美人生之门》的专题报告。会后，陶继新先生和谢建伟校长围绕学校的“幸福快乐教育”进行了一次精彩的对话，内容刊载在 2013 年 5 月 19 日的《中国教育报》上，题目为“让生命在幸福快乐中绽放”（见本书后面的“附录”部分）。

一所名校是靠精神站立起来的。靠精神站立起来的教育充满力量，这种力量深入师生的内心。当精神树立起来时，所有的努力都变成自觉、自动和自发的行为，无论是教师还是学生，每个人都倾其所能、倾其所力。在这样的努力中，人人充满奋斗的激情，充满体恤的关爱，也充满人性的光辉。有了这样的精神作为支撑，教育质量、学校声誉、社会评价，一切尽在“桃李不言，下自成蹊”中突破。这里有一种魔力，一种能够让教师工作到腰酸背痛但心里却不感疲惫的魔力；一种能够让学生“不待扬鞭自奋蹄”，从一个辉煌走向另一个辉煌而永不停止的魔力！

第二章

制度文化

——"以人为本，刚柔并济"的历练

教育是内生的革命，意味着学校自身的文化自觉，这是建立在具有发展性的制度创新基础上的共同愿景。制度是学校的文化契约，是学校管理者和师生共同遵守的契约。学校要生存、发展，离不开制度建设。制度与文化是一种相互依存的关系，制度是硬文化，文化是软制度；制度是文化的体现者和守护者，这样文化才能够得到真正的弘扬，制度的存续和影响同样会受到文化整体性的保护和滋养。哈佛大学荣誉校长陆登庭说："哈佛的成功主要是形成了一种明确的办学理念，一套系统的制度和机制，所以现在即使没有校长，哈佛一样可以正常运转。"由此可见，制度、机制在管理运行中的功能、作用和重要性。

多年来，学校坚持"以人为本"的管理思想，注重打造师生和谐发展的制度文化。在制度方面，一改过去学校负责制订规则、教师遵照做的老模式，走"从群众中来，到群众中去"的群众路线，让教师充分发表意见，充分参与讨论修改，然后再组织实施，并在实施中逐步完善。这种人性化制度形态的校园文化把"软文化"与"硬制度"融为一体，在人文精神的辉映下建章立制，用科学的规章制度保障人文关怀。教师在制订、讨论、修改的过程中明确了制度的重要性，懂得遵守制度的必要性，从而自觉守纪、严树师表。学校将制度作为刚性管理手段来规范教师行为，将情感作为柔性管理手段来凝聚教师心灵，刚柔并济，终致幸福快乐的理念在师生身上知行归一、气韵相合。

一、 组织： 成就一个学习共同体

学校是专门的学习机构和学习场所，学校发展的关键是人的发展，而一个快乐、高效、有创新能力的学习共同体是教师幸福快乐教育的核心。

（一）什么是学习共同体

20 世纪 80 年代，美国麻省理工学院的彼得·圣吉认为："学习型组织是一个不断创新、进步的组织。在其中，大家得以不断突破自己的能力上限，创造真心向往的结果，培养全新、前瞻而开阔的思考方式，全力实现共同的抱负，以及不断一起学习如何共同学习。”他还提出：“真正的学习，涉及人之所以为人这一意义的核心。透过学习，我们重新创造自我。透过学习，我们能够重新认识世界及我们跟他的关系，以及扩展创造未来的能量。事实上，我们从心底都深深地渴望这种真正的学习。这就是学习型共同体的真谛……让大家在组织内由工作中活出生命的意义……”

张声雄和林新发等将学习型共同体的精髓概括为三项追求、五项修炼。

三项追求是指民主、平等、合作、参与、创新的超越精神；校长、教师、学生与家长及社区协作互动的学习行为；目标一致、资源共享、机会均等、责任分担、成果互惠的激励机制。

五项修炼是指建立共同的愿景，即形成组织成员普遍认同的目标、价值观与信念，从而凝聚组织成员朝着组织的同一目标齐心协力，共同奋斗；协作互动学习，即通过学校与家庭、社会，共同参与、互相影响、分工合作，实现教育他人与自我教育效益的最大化；开放性思维，通过合作交流、充分沟通、资源共享、互助互惠改变个人的旧思维、习惯，启迪创新智慧与灵感；自我超越，通过个人与组织共同愿景之间差距所形成的“创造性的张力”，激发个人自我超越；系统思考，要求教师树立全局观念，运用系统的观念看待教育教学与学生、学校以及自我的发展，从动态发展的各种要素之间的交互影响和交互作用中寻求发展的契机。

由此看来，学习型组织首先是具有不断学习的能力、能持续发展的组织，具有明确的奋斗目标和远大的理想，学习能力强，富有创新精神，不断与时俱进。其次，学习型组织具有高度柔性，是扁平的、符合人性的，是让成员体会到工作中生命意义的组织，注重整个组织的发展，又注重个人的发展，具有高于个人绩效的综合绩效的特点。再次，学习型组织有长效的、健全的学习机制。学习型组织是大家共同的家园，它的气氛会影响到每个人的情绪和动力。

（二）创新校内组织机构

学校学习型组织的创建需要建立强有力的组织管理机构。学校管理效能的发挥是一个系统的工程，但其中起关键作用的是学校的组织架构。组织架构是否合理、科学直接关系到学校管理的实施及其效益，这是因为学校的组织架构规定了其内部设置哪些部门、部门的职责范围及部门与部门之间的关系等。其实，学校管理的运行是在校长的总体负责下，通过各部门管理职能的发挥而确保学校各项活动顺利进行。因此，科学、合理的学校组织架构是提升学校管理效能的需要。

学校组织架构还要与上级行政管理部门和教育业务机构的管理模式和工作机制相对应。作为一个相对独立的组织，学校在内部展开教育教学各项活动，要与外部建立各种必要的关系。

根据学校实际，学校依据“全员参与、逐级负责，赋职分权”的原则，实行教代会监督下的校长负责制，推行民主、开放、合作下的管理，减少管理环节，强化责权对等的管理机制。设立了四个相应的部门：教导处、教科室、德育处、总务处，分别由四个副校长分管。教导处负责学校教学工作，分管教师教育、业务培训、教学质量检测、学生健康成长情况、学习竞赛活动、教学评价、各级教研活动、教职工考核等工作。教科室负责学校教育科研、教育督导工作，分管新教育实验、城乡学校互助共同体工作。德育处负责学校德育工作，分管学校育人制度建设、教育宣传、艺体教育、少先队、学生安全管理、学生资助、师生日常执勤（除假期外）、校门口安保。家长委员会、校外教育基地等工作。总务处负责学校后勤工作，对学校的基础建设、校产维护维修、物资征订采购、学校卫生安全、用水用电管理等后勤服务工作负总责，分管午托工作、单位协调及办公室涉外工作、计划生育工作等。

各职能部门强化服务意识，职责分明、运转高效。学校三名校级领导各自分管两个年级，每个年级安排一名学校中层领导直接管理，既突出级部在管理中的主体地位，又能相互配合，协调发展。这样，形成了全覆盖、全方位的管理格局，每个部门职责清晰，相互协调、相互支持，做到职、责、权相对应。学校每一位管理人员和教师都能在组织架构内找到相应的位置。

按照行政团队结构模式，学校将全体教师按照学科、年级或者办公室的要求，分成相应的团队，即在学校发展中起关键作用的年级组、教研组，设置级部主任和教研组长。利用扁平化管理平台，连接校长室、职能部门与教师的管理。学校通过行政会议和网络对校长室、职能部门、级部主任和教研组长进行管理。

学校把有限的管理资源用于级部组和年级组中，促进校本研修、年级组研修、教研组研修的高效实施，积极打造学习型团队，有效提升教师专业化水平和师德素养。传统的组织架构对学校管理体制的理顺、教育教学工作的规范有序起了积极的作用。但随着教育改革的不断深化，尤其是对教师专业化要求的日益提高，传统的组织架构已难以适应学校教育发展的要求。学校要在打造学校文化、实施新课程中抢占优势，获得最佳效益，关键是建设一支善于学习、善于实践、善于创新的教师团队。扁平化的团队组织架构不同于科层式这种庞大而低效的组织形式，具有减少管理层次，压缩职能部门，建立紧凑、高效、灵活、富有弹性的组织形式等特征。这种组织架构因可以为教师提供较大的自主学习、自主合作、自主发展的空间，故有利于建设学习型组织和学习型团队。正是学习型组织和扁平式管理不断营造催人奋进的良好氛围，使学校各级组织内部形成对象不同、层次不一的组织化学习机制，促进教师在学习中工作、在工作中学习。同时，学校通过团队学习，不断发挥教师团队的智慧，形成教师的学习力和创新力，使其改善心智模式，养成系统思考的习惯，并逐步实现教师、团队和学校发展的共同愿景。

（三）形成“三位一体”的办学体系

学校与社会双向参与、互动发展的机制，是开展学校制度建设的一项重要内容。学校积极构建学校、社会与家庭“三位一体”的办学体系，建设学校与社会双向互动机制，整合利用学校和社会各类教育资源，注重学校资源和社会资源相互开放和共享，凝聚推动学校发展的社会力量。

首先，实现学校与所在社区家庭双向开放，坚持“平等双赢、教育共识、资源共享、法制规范、适时适度”的原则开展与社区的互动合作。让学校主动服务社区，参与社区文化建设，为社区居民提供教育和资源服务；让社区参与学校管理，支持和监督学校办学。社区积极为学生提供参加社会实践的场所和挖掘社区教育人才资源，为学校德育活动、社会实践、社团教育的开展推荐校外辅导员。学校利用社区资源，拓宽学校德育渠道，增强学生的爱国主义、集体主义、公民意识等，建立学校、家庭、社会一体化的大德育系统，提升德育的实效性和持续性。学校一直与诸诚市密州街道利群社区等保持了良好的协作关系。每年寒、暑假，学生都要到自己所在的社区参加社会实践活动，做到定时、定点、定人、定内容，使活动落到实处。30 多名优秀青年教师组成的“青年教师志愿者服务队”，服务于居民培训、联谊、专题家长会，与学生结成帮困助学对子。

其次，学校还不断丰富与社会合作的内容和方式。在校外，学校着力构建“社区文明服务岗”“警校、军校文明岗”“革命传统教育——王尽美纪念馆”“腾飞的诸城工业参观基地”“找寻灿烂的历史文化——博物馆、恐龙馆”“畅游青少年科技创新教育实践基地”“春蕾计划、希望工程真情回报”等教育基地，每学期都有计划地组织学生举行校外小实践、小考察、小服务、小奉献等活动，学生在校外活动中开阔了视野，增长了技能，练就了本领，了解了军人、工人、农民、科技工作者工作的辛劳，增强了责任感，学到了在校内和课堂上无法获取的知识，同时也净化了心灵，逐渐养成了勤劳俭朴、乐善好施等优秀品质，激发了民族自豪感和爱国热情，从而树立起刻苦学习、奋发有为、立志报国的雄心壮志。

学校与社会的双向互动工作，成为推动学校发展改革的强大合力，学校的整体工作也因此做到了决策正确、执行到位、监督有力、反馈及时，形成了一个精简、灵活、高效并充满活力的内部管理机制，确保学校的顺利发展。

实施教育的主要力量是学校的教师，因而，在促进学生发展的同时，还要关注教师的专业发展并保障其专业发展的空间。实践证明，学校只有改革和优化组织架构和团队建设，形成学习共同体，并且规范、有效地运作，才能为师生的共同发展营造良好的文化氛围，才更有利于激发师生发展进步的内在动力，实现学校发展的愿景。

二、产生：以规划确立领导力

通过调查研究，学校对现有的组织结构现状、工作流程、专业分工、年龄结构、学历结构、职称结构、当前员工队伍学习的积极性和主动性、整体性学习氛围、组织管理的质量和水平等进行了全面的评估，清楚地知道了学校组织和教职工缺乏的就是对工作的热情和对职业幸福感的体验。学校组织素质现状与学校的发展目标有一定的差距，需要在原有的基础上加以改进和完善。打铁还需自身硬，要想培养幸福快乐的学生，首先应该建成一支幸福快乐的教师队伍。学校广开言路，虚心和耐心听取教师的意见和建议。只有集大家的思考而形成的发展规划才能很好地引领学校沿着正确的方向前行。幸福快乐教育的核心是“以人为本”，管理的最高境界是“以文化人”。

“没有理想的生活，比死亡更可怕；没有理想的人生，仿佛鸿毛漂浮在空气中，不知道将往何处，更不知去往之地会有什么在等待？没有理想的人，前进的脚步将会停止，未来将会披上阴影。任何学校，无论领导多么杰出，若缺少未来的规划，势必渺茫而没有前途。”缺少目标，就很难凝聚人心，很难激发人的潜力和斗志。只有做出了规划，学校才会在发展中不断创新，在创新中不断接近目标。

所以学校做出了规划：致力于由刚性的制度管理向柔性的文化管理转型，并以制度文化的不断推进，形成学校发展的持续动力。学校要想成为名校，就应以制度建设为突破口，在文化建设和教学改革上做文章。

根据长远规划，结合组织中的岗位工作职责，学校分期实施项目管理，明确责任目标。下面是 2013 年 1 月学校确立的重点推进项目及责任分工（项目管理）。

1. 强化安全管理，巩固校园安全标准化建设成果。

完成时间：年内推进实施。

项目负责人：李子才。

2. 争创诸城市校本培训示范学校，激发教师自我发展的内驱力。

完成时间：年内推进实施。

项目负责人：徐淑萍　刘金荣。

3. 课堂教学模式实施“三级建模”。校级建模：一校一模；学科建模：一科多模；个人建模：一模多法。

完成时间：2013 年 1 月中旬完成“两级建模”，3 月中旬完成“三级建模”；年内推进实施。

项目负责人：徐淑萍。

4. 构建三至六年级习作训练课程结构体系，编写《主题习作》校本课程，并予以推介。

完成时间：2013 年 2 月下旬完成编写，4 月上旬予以推介，年内推进实施。

项目负责人：徐淑萍。

5. 加强学校重大问题研究和小课题行动研究，迎接各级科研部门课题验收。

完成时间：年内推进实施。

项目负责人：张新喜。

6. 构建学校“幸福快乐教育”核心文化体系，完善学校的精神文化、行为文化、制度文化、课程文化、物质文化、信息文化等六大文化建设，打造学校核心竞争力。

完成时间：2013 年 1 月中旬完成体系构建，年内推进实施。

项目负责人：张新喜。

7. 征集、谱写校园歌曲并在校内推广。

完成时间：2013 年 1 月下旬完成谱写，3 月在校园推广。

项目负责人：李子才。

8. 制作学校文化宣传专题片。

完成时间：2013 年 3 月中旬。

项目负责人：张新喜　郭金贵。

9. 改造餐室桌凳，将餐室改为“一室两用或多用”室，增加活动课专用教室；添置报告厅会议桌凳。

完成时间：2013 年 2 月下旬。

项目负责人：范祖军　刘金荣。

10. 拓展完善活动课程开展，三至六年级全部实行“走班”活动。

完成时间：2013 年 2 月下旬完善方案，年内推进实施。

项目负责人：李子才。

11. 探索组织校园大课间活动，打造快乐大课间活动“亮丽品牌”。

完成时间：2013 年 1 月下旬完成方案，3 月上旬完成训练，年内推进实施。

项目负责人：李子才。

12. 建设学校校史展室和成果展室，提升学校文化内涵。

完成时间：2013 年 3 月中旬。

项目负责人：张新喜。

13. 与天津市河东区实验小学、北辰区普育学校开展“教改大课堂”活动。

完成时间：2013 年 4 月开始，年内推进实施。

项目负责人：徐淑萍　张新喜。

14. 完成全部书法教育校本课程《书法艺术伴我成长》开发。

完成时间：2013 年 6 月。

项目负责人：李子才。

15. 打造完美教室校本特色。

完成时间：年内推进实施。

项目负责人：张新喜。

作为校长，要善于进行具体化的思考，分析形势，既要知道自己现在的位置，也要知道学校要往哪里去，所确立的目标对个人及团队来说都要有意义。领导必须和团队成员一起制订组织计划，再找出组织目标的优先顺序，而这个优先顺序必须根据学校的价值体系来排列，然后设定时间，拟定书面计划。

在和自己的团队成员一起制订计划时，管理者要把目标分解到每一个人，让每个人都有目标。有了目标导向，你会发现你和你的团队成员才会对实现的目标有浓厚的兴趣，也会全身心地投入。

美国著名教育家兰迪·思列塔认为："领导力的提升，是靠一生不断地确立目标，不断地实现目标而达到的。有效率的领导人努力把这个过程的技巧灌输到每个团队成员的心中。领导力的提升，是团队追求既定目标的过程。"

为了达到这个目标，我们始终在且行且思的路上。

三、形成：以制度确保管理力

陶行知先生认为，要建立科学的管理制度，就必须重视学校规章制度的制订。学校规章制度是"学校所立之大本"，是师生共同的约定。建立健全规范的学校制度，一则可以使教师逐渐摆脱"人治"，不再看领导的眼色行事，而是遵照制度行事；二则可以逐渐使学校的人际关系变得简约和谐起来；三则可以使教师在制度的基本框架下去进行各种活动，明白什么样的事情可以做、什么样的事情不可以做。

"没有规矩，不成方圆。"只有建立起完整的规章制度，师生的行为才能得以规范，才有可能建立良好的校风、教风、学风，也才能使学校各项工作得以顺利开展。在系统化、规范化、科学化的基础上，学校思考的是如何激励师生员工、如何有效地发挥其主动性。如果把制度当作紧箍咒、狼牙棒，制度建设就失去了其统一思想、规范行为、激励员工、形成合力的文化价值。没有群众基础、空洞而无操作依据的制度，只能是一纸空文，不仅不会为学校文化的建设起保障作用，反而会阻碍学校文化的发展。所以，学校鼓励教师积极参与学校管理，充分发挥学校教代会的职能，听取广大教师的意见和建议以建立符合教职工意愿的管理制度，以凝聚人心，也让制度更合理、更科学、更公平、更人性化。

（一）制度何以在修订中创新发展

制度修订体现连续性。任何制度的制订和使用都不可能是一成不变的。随着时代的发展，学校以原有的制度为基础，取其精华，去其糟粕，不断修订、完善，使其更好地在学校管理中发挥作用。学校在1995年制订了《实验小学制度实施纲要》（以下简称《纲要》），它是学校全局性、纲领性的文件，成为学校的“基本法”。由于该《纲要》宏观性、原则性较强，它的实施还需要制订相应的具体的规章制度，从而形成和谐一致、完整统一的规章制度体系。2001年，学校依据《教育部关于加强依法治校工作的若干意见》及相关的规范性文件，对学校的各项规章制度重新进行了修订，修订后的制度包括《德育工作管理制度》《教学工作管理制度》《队伍建设工作管理制度》《总务后勤工作管理制度》《学校安全工作管理制度》《体育卫生管理制度》等。修订后的制度虽然针对性强，但在实际使用过程中，我们发现，由于内容繁琐，应用起来不方便，并且随着教育事业的发展和教育教学改革的不断深入，一些原有的规章制度明显不能适应现实发展的需要。于是，2011年2月，学校在保留原有制度精华的基础上，根据“幸福快乐教育”的办学理念和努力创建学习型组织的目标，对原有的规章制度又进行了必要的整理和修订，废除了与学校发展不相符的旧制度，补充了部分新制度和内容，使修订后的学校规章制度更加完善、科学。

制度修订体现民主性。学校教代会作为教职工参与学校民主管理的基本形式，是学校管理体制中的重要组织部分。它与学校行政管理相辅相成、互相促进。教代会代表具有广泛性，教职工代表来自学校的各个方面，涵盖了学校各个层次的教职工。针对学校女教师多的特点，我们还提高了女教师代表的比例。教代会代表都是通过民主选举产生的。由各教研组教职工反复斟酌后，确定候选人名单，再由教职工通过差额选举，产生教代会正式代表。教代会的意见得到充分尊重。在制度修订之前，学校通过开展问卷调查、座谈会等形式和设立校长信箱、师德举报箱等了解教职工意见及工作中需要解决的实际问题，对教师提出的意见或建议进行登记、分类、整理。学校认真分析后形成初稿，再在教职工中征求意见，根据反馈的意见、建议，拟出制度修改稿后交教代会讨论、审议、通过。在这一过程中，教职工的意见得到充分的尊重，教代会充分行使其职权。制度建立在解决实际问题的基础上，确保能行得通、做得到。教职工亲身经历了由个人意见到形成决议的全过程，对制度形成的前因后果都很清楚，自然能接受各项制度，使制度执行起来更加顺利。

制度修订体现可操作性。修订后的制度内容具体、可操作性强。教师可以通过规章制度规范自己的行为，不断提高自身的素质和业务水平。为了真正使教职工人人心中有制度、时时处处按照规章制度去做、提高工作质量，学校编印了各项制度汇编本，发放到每个教师的手中。老师们通过集体学习和个人自学的形式，深入了解了规章制度的具体内容，不仅能做到工作中尽职尽责，而且能结合学校的总体目标确定个人的奋斗目标。汇编本中包括《教师日常管理制度》及德育、教学、体卫、安全等方面的管理制度，不仅有对教职工的常规要求、具体的工作要求，而且有学校对各部门的职责要求，从而形成强有力的制约机制，保证了学校各项工作的顺利进行。另外，学校还制订了各项工作奖励制度，鼓励教师在工作中不断创造佳绩。每学期末，学校各部门都要对照奖励办法总结教育教学成果，教师可对照奖励办法，总结自己一学期所取得的成绩。学校对于教师个人在工作中所取得的成绩对照奖励办法逐一落实，让教师感受收获的快乐与幸福。由于有明确的奖励制度，教职工工作的积极性和主动性极大地被调动起来，形成了积极进取、奋发向上的工作局面。新制度因要求明确、可行性强，使教师们在工作中进一步增强了责任感、使命感和荣誉感。他们热爱学校，关心学生，其工作得到了上级领导的肯定和家长的认可。通过实践，老师们深刻地感受到了规章制度的制订为自己高效地完成本职工作指明了方向。

（二）以育人为本的基本制度的意义

诸城市实验小学以育人为本的11项基本工作制度涵盖了师德建设、安全管理、教育关爱、学生发展、家校关系等方面的内容，突出了“以学生为主体，育人为本”的办学理念。它基于学校实际，形成的过程凝聚着广大教职员工的智慧。

首先，学校成立了以校长为组长的工作领导小组，增强了制度建设的思想认识。育人为本基本制度建设不仅是全面落实教育方针、推进办人民群众满意教育的重要举措，也是学校教育教学工作实际和学生健康快乐成长的需要。学校按照上级的文件精神和工作要求，从实际出发，成立诸城市实验小学育人为本基本制度拟定工作班子，通过召开领导班子、校委会成员以及全体教职工会议，深入学习和宣传育人为本基本制度建设的深刻含义，层层落实工作责任，细化工作目标。从校长到每一位教职工，人人明确了育人为本基本制度建设的必要性和重要意义。

其次，针对学校发展的规划，梳理学校已有的规章制度。看规章制度是否符合学校发展的需要、是否以鼓励与倡导为主、是否以促进教师与学生的健康发展为根本目的。哪些制度应该被废除？哪些制度应该被完善？原因是什么？针对这些问题，学校发放了调查问卷，在广大教职工中广泛征求意见。领导小组对 162 份调查问卷进行了整理，作为修订、完善各项规章制度的依据。

第三，细分工，详落实，形成初稿。将十一项制度按照工作内容分解到职能部门，如教师教育教学工作常规方面的制度就归属教导处修订，教师课题研究方面的制度就归属教科室修订……依据调查结果，各职能部门修订本相应的育人制度。为切实保证制度的实效性，修订各项制度时，都拟定了相应的较为完备的配套措施、具体规定以及各种操作表格等。各职能部门制度撰写人员反复修改，形成了《诸城市实验小学育人为本基本制度》初稿。

第四，民主议事，集体决策。初稿完成后，学校两次召开领导班子和校委会成员会议，反复逐条研究每一项制度的具体内容，全面发挥领导集体的智慧和作用。在制订制度时，以服务的心态，多使用富有人文性的语言，避免冰冷生硬的语言，使制度散发出人性的光辉。教职工暑假第一期培训班上，由分管干部带领教师全文认真学习，教职工以年级为单位，利用一天的时间进行详细的讨论，人们针对每一项制度提出建设性意见和建议 92 条。学校汇总后进一步整理、修订、完善。

第五，严格制度建设程序，定稿实施。修订完善后的制度在教代会上表决，各项制度的通过率均为 100%，育人为本十一项基本制度正式诞生。内容包括《全员育人导师制度》《学生安全全员目标责任制度》《家长参与学校管理评价制度》《家长、学生评议教师制度》《家长学校制度》《教师与家长经常沟通制度》《学情会商制度》《师德考核评议制度》《家庭经济困难学生应助尽助制度》《课间教师交接班制度》《学生违反校规校纪惩戒制度》。各项制度从教职工中来，到教职工中去。每位教职工都经历了由个人意见到形成决议的全过程，对制度形成的前因后果都很清楚，自然能接受各项制度，使制度执行更加顺利，效果也格外明显，为打造幸福快乐教育奠定了坚实的基础。因此，《实验小学育人为本十一项基本工作制度》作为典范在全市做了推广，经验让实小人更明确：民主化是制度产生的基石！

学校管理制度的形成经历了这样的过程：决策层对问题进行调研、认真分析，结合学校实际，拟出制度草案，向教职工征求意见，并根据情况的不同，决定征求意见的范围和形式，决策层根据反馈的信息修改完善并形成制度意见，由学校教代会审议后，再由全体教职工去执行。

(三)“程序化”安全管理制度的意义

在深入实施幸福快乐教育的过程中，学校树立“安全第一、预防为主、综合治理”的管理思想，把校园安全摆在整体工作的首位，严格实行学校安全工作“谁主管、谁负责”的管理体制，健全制度，落实责任，为教育教学工作的健康顺利进行和社会的安全稳定打下了良好的基础。在学校安全工作取得明显成效的同时，我们也清醒地意识到，学校安全形势仍不容乐观，安全隐患仍会出现，学校在预防和应对安全事故、校园暴力、不法侵害、交通事故、自然灾害等方面的能力有待进一步提高。

部分干部和教师受重教书轻育人、重教学轻安全思想的影响，对学校的安全管理工作只停留在口头上，开会布置安全工作时是掷地有声，但一旦落实起来行动却大打折扣，工作不到位。因此，学校在排查安全隐患的过程中，由分管校长负责，安全保卫科或总务处等相关部门牵头，组织部分人员对学校重点区域、环节进行检查，这种做法效率较低而且不够全面，存在着一些检查不到的死角。而往往就是这些被忽视了的隐患导致了事故的发生，然后再事后才去修补。这种事后型的管理模式是被动的，与构建平安和谐校园是相违背的。

由于学校安全工作点多、线长、面广，加之安全隐患排查整治是一个系统、复杂的工作。因此，加强对安全工作方法的研究，探索建立更科学的校园安全管理模式，将事后型安全管理模式转变为预防型的安全管理模式，让全体教职员工都积极参与安全管理，形成快捷高效的隐患排查整改机制，显得势在必行、意义重大。

经过反复调研，学校制订了“程序化”安全管理制度，健全了“全员目标、全员责任、全程管理”的安全管理体系，明确了每个岗位、每名教职工的工作职责和管理标准，形成了全员参与目标管理、人人都有安全责任、时时处处都要落实安全措施的安全工作长效机制。

该机制由基础检查、汇总上报、整改落实、跟踪督办、验收问责五部分组成，全体师生人人是隐患排查员，个个是安全监督岗，形成安全隐患排查治理的常态化工作机制。安全隐患日查成了学校每天的常规性工作，成为每名教职工每天到校后的第一件事，也是最重要的一件事。

基础检查。认真开展学校及周边环境的摸底排查等基础性工作，是全面掌握学校安全隐患基本情况、有针对性地消除隐患的基础和前提。每天清晨，学校干部必须按时到达各自的岗位，需要做的第一件事就是根据各自的职责分工，对自己负责的领域、人员进行全面细致的安全隐患基础摸排。安全隐患检查的力量犹如一张网，瞬时向全校铺开，覆盖校园的每一个角落，从而实现了检查全覆盖、无缝隙。上午第一节课正式上课前，学校要对校园安全隐患的基本情况全部摸清。

汇总上报。对汇总上报，我们采取自下而上的方式。上午第一节课正式上课前，负责基础摸排的每名教职工要将隐患情况立即上报各自所属的部门；各有关部门负责汇总整理后要在第一节课上课后的半小时以内报安全科；最后，由安全科对全校的安全隐患进行分类汇总，在第一节课上课后的一小时以内呈报给校长，同时记入安全隐患台账。这样，校长就能在最短的时间内掌握全校的安全隐患情况。

整改落实。对整改落实，我们则采取自上而下的方式。排查出的安全隐患由校长进行梳理分类，根据安全管理责任体系，校长下达整改指令，迅速进行任务分解。在校长的统一领导下，安全科牵头组织，学校各有关部门配合，全面开展校园安全隐患集中整治。对于校内的一般安全隐患，务必当天整改完成，整改由存在问题的部门或科室负责；对于校内的重大隐患，根据职责分工，确定主责部门和整改负责人，能当天整改的必须当天整改完成，不能当天整改的，要确定整改期限，限期整改；对于学生的问题，诸如特异体制、心理障碍、矛盾纠纷等，由学生所在班级的班主任负责，教务处负责督促落实；对于校园周边治安的问题，由安全科负责向有关部门汇报，积极协调并协助有关部门进行整治，确保校园周边安全。

跟踪督办。由安全科牵头，根据校长下达的整改指令，对有关部门的整改落实情况进行跟踪随访，在整改质量、时间上进行有效的督促，协调解决在整改过程中的问题，严格落实整改的要求，确保按时保质完成整改的任务。

验收问责。整改工作完成后，一般问题的整改由安全科负责检验整改效果，整治结果当天向校长反馈，做到今日事今日毕；重大问题的整改由校长、分管校长进行检查，听取整改情况汇报，检查整改效果。相关责任主体负责的安全隐患经检查整改合格者，即进行销号，宣布此项安全隐患彻底消除。对于不能按照要求整改的部门，根据责任追究办法和问责前置的有关规定进行责任追究，严格落实责任追究制度。

“程序化”安全管理制度，调动了全校师生的积极性，使学校安全隐患排查工作形成了全天候、全方位、全员化的良性格局，提高了预防、预警、预见能力，避免了各类安全事故的发生，从而实现了打造平安和谐校园的目标。学校养成了从制度层面思考问题的习惯，遇到问题时，不再是一味地发牢骚，而是思考如何以更健全的制度或机制来规范和提高管理质量、解决管理问题、深化管理，使学校走上科学的、可持续发展的道路。这种基于民主、以健全制度解决问题的方法，不正是创办人民满意教育的有效方法吗？

（四）学情会商制度的意义

为解决教学过程中教育目标整体性与教师分工单项性的矛盾，解决教师劳动个体性与学生成长综合性的矛盾，沟通全体任课教师的联系，及时获得反馈信息，充分发挥教育教学管理的综合协调作用，从而使班级中每个学生都能够得到全面发展的教育，学校建立并落实学情会商制度，内容如下：

诸城市实验小学学情会商制度

教育学生的前提是了解学生。落实学生主体地位和平等发展思想，全面关注每一位学生健康快乐成长，需要每一位教师进一步强化职业的敏锐性，增强事业心和责任意识，对学生实施爱的教育。为此，特制订本学情会商制度：

1. 学校以班级为单位建立“学情台账”，各班级为每位学生建立个人成长情况账户（分析记录表），由班主任负责管理使用。

2. 建立周学生情况会商制度。由班主任主持，每周召开一次本班学生成长导师会议，规模、形式灵活多样，时间可长可短，班主任面向导师详细分析本班学生的思想、学习、家庭等状况，导师对号入座，详细记录所包靠学生的情况，有针对性地开展工作。

3. 建立学校特异体质学生档案。每学期开学后一周内，由德育组负责摸底排查各班特异体质学生详细情况，并建立档案。对此类学生，在教育教学、校园活动、帮扶救助等方面予以特别的关注。

4. 建立特长生成长档案。特长生包括学习优秀生以及在文学、艺术、体育、科技等方方面面的素质发展是强项的学生。学校、班级、科任教师（学生成长导师）要分别建立相应职责范围内的特长生成长档案，跟踪了解此类学生的成长状况，做到优生优培，并及时在全校和相关媒体推介报道特长生发展成果，发挥优秀学生的辐射带动作用，促进全体学生共同进步和发展。

5. 学校校长办公会每周都要将学生管理工作作为重要内容进行专门研究，对特殊群体学生格外重视，采取有力的措施确保每一位学生在校内安全、健康、活泼、平等地成长。每学年初，以统计的八大类需特别关注群体学生为重点研究、关注和帮扶对象。

6. 学校要严格落实导师结对包靠学生制度，使每一个学生都受到不同形式、不同程度的热情关爱。要充分利用好希望工程、春蕾计划、爱心一日捐以及各种方式的社会救助，激发全体学生的生活热情、学习热情，增强学生的责任感和爱心意识，提高学生的幸福指数，办让家长和学生满意的教育。

7. 落实好领导包靠年级责任制。包靠年级领导要认真落实由学校审核印发的《一日工作常规》，熟悉掌握本级部班级管理、教师工作状态、教育教学情况、学生及家长的基本情况，重点解决各班中需特别关注的学生的实际困难，协调班级共同做好学生的转化教育工作。

“学情会商制度”“程序化”安全管理制度和“构建家校共育长效机制”先后荣获潍坊市人民政府优秀成果奖。学校还建立了全员岗位职责，即学校的每一个教职员工都有自己的岗位职责，并要求每个人都要明确自己的职责，增强责任感。

学校出台了《实验小学文明礼仪规范》《学生日常行为考评细则》《实验小学学生一日常规》等一系列规章制度，以强化对学生的养成教育。依托“文明监督岗”，实现学生自我管理，通过月度“优胜班级”评比活动，使学生的日常行为与班级荣誉紧紧相连，增强了学生的主人翁意识和集体责任感。

全面、扎实、有效地落实这些基本制度，丰富和提升了学校的教育内涵，促进了现代化学校建设，真正使学生体验幸福、教师获得发展、家长得到满意，办学取得更大效益。

制度建设的核心是以人为本、民主科学，让制度从师生中来，到师生中去，形成符合教职工意愿的管理制度，增强认同，凝聚人心。做到目标明确，措施具体，责任到人。还要让全体教师明晰科学管理就是严格管理、规范管理、精细管理、人文化管理。如此，才能实现三个层面上的和谐：成就教师的自我价值，促进学生和教师的和谐；实现学生成长的愿望，促进学生与学校的和谐；满足人民群众的需求，促进学校与社会的和谐。

四、成熟：以民主实现执行力

制度形成以后，作为一个冷静的管理者，千万不能有制度只是“写在纸上，挂在墙上”的思想，而要有“革命尚未成功，同志仍需努力”的思想准备，更要有“如何让制度真正内化”的不懈思考与实践。用好制度、践行制度、完善制度是管理者要重点思考的问题。

从管理的本质意义上来讲，管理就是服务，学校的制度管理尤其如此。这就要求学校管理者必须树立“管理就是服务”的管理理念，使这一理念在每个管理人员的管理意识里得到强化，进而得到认同，最后内化到具体的管理实践中去。作为学校的管理人员，必须时刻避免冷漠的态度和盛气凌人的作风。更重要的是，在具体的管理实践过程中，管理者应养成一种服务的意识和服务的习惯，践行、完善管理制度，切实保障学校的规范运行。

（一）率先垂范，严把制度落实关

制度是为了保障学校和师生的发展而制订的，所以严格执行制度是达到共同愿景的根本保证。“尊重原则，有效执行，才是管理的真谛。”制度上墙容易，但要变为人们的自觉行为仍需要一个过程。这不仅需要管理者率先垂范，更需要全体成员自觉维护制度的尊严。学校领导干部自己要首先敬畏制度，自觉接受师生的监督，强化制度的执行力。“其身正，不令而行；其身不正，虽令不从。”“德服为上，才服为次，力服为下。”从校长到班子成员，要道德高尚，胸襟开阔，表里如一，严格自律。要求教职工做到的，学校领导首先应做到，要求教职工不做的，学校领导坚决不做，敢于说“向我看齐”。时时处处都讲究一个“实”字，即讲话说理实实在在，待人接物真情实意，工作办事踏踏实实，对人对己老老实实。管理者不要单靠权力去管理，要有亲和力，和师生交朋友。

（二）民主评议，强化民主监督关

依法健全学校教职工代表大会制度，保证教职工代表大会的组织和运行符合规定，充分发挥其民主监督和参与学校管理的作用。民主评议干部是一项政策性较强的工作，程序一定要规范，步骤一定要清晰。学校在实施民主评议校领导工作时，先由校领导述职，再由教职工以无记名方式对行政领导班子从依法治教等方面进行全面测评，然后评议领导小组深入到各组，了解评议情况，及时汇总梳理。最后进行评议结果的反馈，扩大教职工对学校领导和管理部门的评议权、考核权。师德考核坚持问卷评教。全体学生及家长参与评价教师，根据教师工作制度、新课改理念、学生的幸福指数来设计问卷，考查教师对各项制度的落实情况。

附 1：诸城市实验小学民主评议校委会成员考核打分表

级部（组）：校委会成员　　　　　　　　　　　　2013. 07

项目及分值			谢建伟	李子才	徐淑萍	张新喜	范祖军	陈光景	闫梅清	刘金荣	逄建广	郑明岩	万丽华	郭金贵	管清利	纪永梅	王建云	李来玲	鞠新光	解相花	刘福艳	董凤兰
综合评议	依法治教	3 分																			
		3 分																			
		3 分																			
		3 分																			
		3 分																			
	爱岗敬业	2 分																			
		2 分																			
		2 分																			
		2 分																			
		2 分																			
		2 分																			
		2 分																			
		1 分																			
	热爱学生	5 分																			
		10 分																			
	严谨治学	3 分																			
		3 分																			
		2 分																			
		2 分																			
	团结协作	4 分																			
		3 分																			
		3 分																			
	尊重家长	5 分																			
		5 分																			
	廉洁从教	4 分																			
		3 分																			
		3 分																			
	为人师表	5 分																			
		5 分																			
		5 分																			
总　分																					

附 2：诸城市实验小学学生及家长评价学校、教师问卷

同学们，你的成长一定伴随着学校教育发展的脚步和老师们艰辛的劳动，相信在老师谆谆的教导和你自己的勤奋努力下，你又有了令人欣喜的发展。在你收获成绩、体验成功快乐的时刻，学校和老师也真诚地希望你

也给我们一个公正的评价。做得好的，请你肯定、欣赏；有问题的，请你敢于批评。谢谢。

一、评价问卷

1. 你感觉在我们学校上学幸福吗？

A. 幸福　　B. 比较幸福　　C. 没感觉

2. 你认为学校各项活动有没有意思，你喜欢参加吗？

A. 很有意思，积极参加　B. 一般　C. 没意思，不喜欢参加

3. 你认为你的班级和谐吗？

A. 风气正，很好　B. 风气较好，比较和谐　C. 风气不太正

4. 你们班每个学科课堂纪律怎么样？

A. 很好　　B. 比较好　　C. 比较差

5. 你喜欢给你任课的老师吗？

A. 喜欢　　B. 比较喜欢　　C. 不喜欢

6. 老师对你和每一名同学付出的爱心怎么样？

A. 很有爱心　　B. 一般　　C. 爱心不够

7. 你认为老师布置的家庭作业多吗？

A. 适中　　B. 多　　C. 少

8. 老师对你和同学们的作业批改得是否及时、认真？

A. 很认真　　B. 比较及时认真　　C. 做得不够

9. 老师教育你和同学们是否严格，有无粗暴和体罚行为？

A. 严格，不体罚　B. 严格，有时候体罚　C. 粗暴，耐心不够

10. 对每位老师的综合评价：

A. 很好　　B. 比较好　　C. 一般　　D. 较差

二、评价表

年级　　班　　　　学生评价表

任课教师	4	5	6	7	8	9	10. 综合评价
语文教师	a b c	a b c	a b c	a b c	a b c	a b c	a b c d
数学教师	a b c	a b c	a b c	a b c	a b c	a b c	a b c d
英语教师	a b c	a b c	a b c	a b c	a b c	a b c	a b c d
科学教师	a b c	a b c	a b c	a b c	a b c	a b c	a b c d
社会教师	a b c	a b c	a b c	a b c	a b c	a b c	a b c d
音乐教师	a b c	a b c	a b c	a b c	a b c	a b c	a b c d

续表

体育教师	a b c	a b c	a b c	a b c	a b c	a b c	a b c d
美术教师	a b c	a b c	a b c	a b c	a b c	a b c	a b c d
微机教师	a b c	a b c	a b c	a b c	a b c	a b c	a b c d
综合实践教师	a b c	a b c	a b c	a b c	a b c	a b c	a b c d
请写出你和家长对学校、老师的意见或建议							

说明：

1. 从第四个项目开始，请在“学生评价表”栏目内，将所选的评价项目的字母打“√”（请家长指导填写）。

2. 该表只写年级、班级，不写自己的名字。

3. 请三、四、五、六年级同学将该表于7月2日（周二）上午带到学校，请一、二年级学生将该表于7月3日（周三）上午带到学校，直接放在校门口相应年级的纸箱内。

（三）全员参与，加大制度执行力度

对于学校的各项工作方针、政策，特别是涉及教师利益的教育教学改革，诸如聘任制、教学评价及考核奖惩等重大问题，全校教职工齐参与，按照考核标准，每个人先算出自己的量化成绩，再由学校检查核对，向全体教职工公布。对难以量化考核的工作，由教职工代表和部门负责人集体研究决定，避免主观操作，尽可能用事实、用数据说话。

教职工全员平等地参与学校管理。建立了值周工作制度。每周由一名行政领导、八名教师、学生干部组成值周人员，除具体负责督促本周工作任务的落实外，还负责按照相关规定，督查学生管理和各种考核记载，并在周前会上向全体教职工公布。值周教师、学生名单都在相关责任区的显要位置公布，以便共同监督。

诸城市实验小学校值周安排表

2011年8月31日

周次	日期	带班领导	北大门	校院	启真楼			启慧楼	启智楼
					一楼	二楼	三至四楼		
第一周	8月31日～9月2日	李子才	鞠新光	王淑秀	王玉芹	杨丽媛	刘培珍	王洪娟	焦建和
第二周	9月5日～9月9日	徐淑萍	解德梅	吕 妍	郑连叶	管健美	管延荣	王维芳	张英姿

续表

周次	日期	带班领导	北大门	校院	启真楼			启慧楼	启智楼
					一楼	二楼	三至四楼		
第三周	9月13日～9月16日	范祖军	谢培香	王洪娟	董治云	于廷环	高　燕	张玉燕	谢　红
第四周	9月19日～9月23日	陈光景	寇　波	董桂芬	崔艳青	李春霞	管清华	刘星霞	刘海萍
第五周	9月26日～9月30日	闫梅清	薛　伟	徐建芬	孙凤鸣	刘季芹	张秀玲	胡凯丽	曹正娟
第六周	10月8日～10月9日	李　伟	曹玉凤	王增年	赵会文	邬秀玲	初广莲	王丽丽	朱佰玉
第七周	10月10日～10月14日	郭金贵	宋金宝	宋爱华	朱凤英	冯洪涛	管芳芳	杨　华	刘秀斌
第八周	10月17日～10月21日	黄宗红	王丽莎	张建青	徐洪波	周复升	高海霞	张　弘	戴晓慧
第九周	10月24日～10月28日	王建云	邱家富	殷爱贤	谭光辉	张志芳	齐丙丽	韩英英	林在霞
第十周	10月31日～11月4日	李来玲	徐丽艳	宋存莲	魏秋存	赵志莲	王雪飞	张振起	王瑞雪
第十一周	11月7日～11月11日	李子才	鞠新光	王淑秀	王玉芹	杨丽媛	刘培珍	林海燕	焦建和
第十二周	11月14日～11月18日	徐淑萍	解德梅	吕　妍	郑连叶	管健美	管延荣	张　杰	张英姿
第十三周	11月21日～11月25日	范祖军	谢培香	王瑞雪	董治云	于廷环	张秀玲	小张燕	谢　红
第十四周	11月28日～12月2日	陈光景	寇　波	董桂芬	崔艳青	李春霞	管清华	徐丽艳	刘海萍
第十五周	12月5日～12月9日	闫梅清	薛　伟	徐建芬	孙凤鸣	刘季芹	高　燕	于凤梅	曹正娟
第十六周	12月12日～12月16日	李　伟	曹玉凤	王增年	赵会文	邬秀玲	初广莲	许晓芹	朱佰玉
第十七周	12月19日～12月23日	郭金贵	宋金宝	宋爱华	朱凤英	冯洪涛	管芳芳	宋修梅	刘秀斌
第十八周	12月26日～12月30日	黄宗红	王丽莎	张建青	徐洪波	周复升	高海霞	褚金霞	戴晓慧
第十九周	元月2日～元月6日	王建云	邱家富	殷爱贤	谭光辉	张志芳	齐丙丽	郭琳琳	林在霞
第二十周	元月9日～元月13日	李来玲	王　颖	宋存莲	魏秋存	赵志莲	王雪飞		王瑞雪

有关要求及说明：

1. 本学期，学校的常规管理继续实行值周制，除班主任、处于孕期或哺乳期的教师、年龄偏大的教师外，其余教职工一律参与校值勤，人人担当起管理育人的职责。

2. 校值周每天安排8人，1名带班领导，7名值勤教师，每次值勤一周（5天）。

3. 值勤时间：上午7：10～8：00，下午1：30～2：00（遇作息时间调整顺提或顺延）；所有课间；上、下午放学时段。

4. 职责要求：值周教师要按时戴牌上岗，以身作则，自觉自律；人人熟知《实验小学学生课余时间校内秩序要求六条》和《实验小学安全文明少年考核标准》内容，负责管理岗内的学生纪律、秩序、安全情况；管理好岗内值勤学生；每天至少于上、下午组织两次岗上值勤学生会，提出值勤要求，交流总结当天值勤情况，收缴学生的值勤记录单，填写值勤扣分表，并于次日上午9点前上交带班领导。带班领导汇总后公示在校门口常规管理报告台上。另外，南教学楼五个班级的管理由带班领导挂靠。

建立了教学常规检查制度。每月的教学常规工作由教务处组织教研组长、教师代表进行全面检查，并对检查结果张榜公布，对领导和教师一视同仁。对典型的问题，与教师个别交谈；对共性的问题，教研组长在学科教研会上通报，组织教师分析缘由，落实改进措施。

在年度考核述职测评工作中，教职工与领导一样，人人参与年度述职。每学年的年度述职测评工作，作为一次总结、交流活动，行政领导和全体教职工在同一平台上，对自己一年来的德、能、勤、绩等情况做教职工作汇报展示。在评价人时，不因一次或一事的成败，肯定或否定一个人，更不做牺牲一部分人的积极性来换取另一部分人的积极性的事。

（四）阳光落实，增强执行透明度

按照《学校信息公开办法》以及中小学信息公开的规定，建立健全信息公开的机构、制度，落实公开的具体措施，保证教职工、学生、社会公众对学校重大事项和制度及落实情况的知情权，重点公开经费使用、培养目标与课程设置、教育教学质量、招生就业、收费等社会关注的信息。职称评定和各项评优等教职工关心的热点、重点、难点问题，以及从工作事项的准备到过程的实施再到结果的确定，都有教职工代表全程参与其中，结果在公示栏张贴或教师会议上、学生集会上公布，以此表扬先进、激励落后。学校创新公开方式、丰富公开内容，建立有效的信息沟通渠道，使学生和家长以及教师对学校的意见、建议能够及时反映给学校领导和管理部门，并得到相应的反馈。面向师生提供管理或者服务的部门、机构，全面推进办事公开制度，公开办事依据、条件、要求、过程和结果，充分告知办事项目的有关信息，并公开岗位职责、负责人信息、工作规范、监督渠道等内容，从而为全校师生提供优质、高效、便利的服务。

（五）刚柔并济，激发潜能管出活力

在管理中，学校将制度作为刚性管理手段来规范教师的行为，将情感作为柔性管理手段来凝聚教师的智慧，冷热相融，刚柔并济，使幸福快乐的理念在师生身上知行归一、气韵相合。

制度建设并不是冰冷的，它包含责任和义务，也包含权利和温情。“感人心者，莫过于情。”“刚柔并济”才是制度文化的根本。过分注重制度的严格执行，事情无论大小、轻重、缓急，均是“一刀切”，而忽视了

人文关怀是得不偿失的。学校管理要有侧重，有的侧重过程，有的侧重结果，如果不对制度与人文进行有机的结合，不分轻重缓急，势必造成评价上的不公正，也会激发学校管理中的诸多矛盾。如班主任管理，有的过程到位而结果却不尽如人意，有的结果较好而过程不是很到位，“一刀切”的制度评价往往会产生矛盾。管理制度是无情的，而人的管理是有情的，管理制度的制订者、执行者和管理的对象都是有着丰富感情的活生生的人，管理制度的操作过程可以也应该做到充满人情味。可先打后抚，批评处理在前，促膝谈心随后，既体现制度的严肃不可违，又充满了人性关爱。

学校还在日常管理中建立了美好的情感平台，将心比心，对教职工多一些理解、尊重和赏识。让每一位教师都由衷地感到受器重，让他们真切地感受到学校就是他们的避风港，感受到他们是学校重要的人，是不可或缺的人。学校主张在管理上以人格影响人格，以感化化解冲突，要求管理层做到心动不足感动补，并把“三关心”贯穿教师管理工作始终：关心教师的生活状态——帮助教师摆脱人生困境；关心教师的工作状态——帮助教师舒缓岗位心理压力；关心教师的学习状态——帮助教师探讨发展路径。“三关心”理念渐渐也成为学校师资队伍建设的重要法宝之一。

关心教师的生活、工作状态。学校设置了校长信箱，建立了校长谈话制，使信息来源渠道畅通，广泛听取群众声音，了解群众所需所虑，真正在生活和工作上，解教职工之忧，急教职工之急。对个人、家庭遇到困难的教师，学校都主动给予力所能及的帮助、照顾。学校会在教师生日那天为每位教师定制生日蛋糕，送去全校师生的温馨祝福。为增加教师的室外活动时间、增强他们的体质，学校启动了教师“健身工程”。每年教师节，学校会给每位教职工送上一份健康体检表，让教职工充分感受到学校的关怀。为增强教师的职业幸福感，学校千方百计为教师搭建成长展示的舞台，利用“工作简报”或“红头文件”定期总结肯定先进教师和突出做法，每学期召开表彰大会，评优树先，大力表彰奖励，对于教育局、教研室等上级部门的表彰奖励当场宣读，张贴于学校宣传栏进行宣传。

点点滴滴，无一不是平常小事，可这就是这些小事折射出的管理内涵却是思想上的引领与支持、精神上的给予与扶助。让老师们在责任与努力中获得事业的成功，让学生们在责任与努力中获得进步的快乐，让每个人都享受到成长的幸福，这是管理的起点。

若缺少人文关怀，制度管理的激励作用就难以发挥。当前各学校在制度管理中过多地强调对管理对象的要求和约束，结果束缚了教师的发展，加重了教师的工作负担和精神压力，导致教师职业倦怠越来越严重。在制度管理过程中，要坚持以人为本、重在激励的理念。一些学校想方设法在规章制度上做文章，把规章细则化、标准化，而且配合量化评分和经济制裁，把教师和学生当成管教的对象，把领导变成了监工，把依法治校变成了以“罚”治校。这种管理严重扭曲了教育的本性，在这样的教育过程中，人被程序化、机械化、标准化。管理变成了检查（以教案检查、作业批改检查最为典型），教师疲于应付。殊不知，制度约束只是基本要求，激励人才是最终要求。通过制度建设调动教师的积极性，“以人格感召人，以行动激励人，以感情温暖人，以制度培育人”，营造出有利于人才辈出、人尽其才的用人环境才是我们应该追求的境界。

学校通过《实验小学名师工程规划》，以培养优秀人才为目标，“容人所短，用人所长”，促进教职工的成长。引导广大教职工积极进取、与时俱进，通过专家引领、同伴互助、阅读反思等不同方式全面提升教职工的业务素质。同时，提出了“新任教师—合格教师—骨干教师—首席教师—幸福名师”教师队伍梯队，使每一层次的教师享受其相应的待遇，每位教师根据自身实际争创相应的梯次，形成人人有追求、人人有目标的良好氛围。

学校对教师真正的尊重和关爱给了他们巨大的精神鼓励，激发了他们的责任感，增强了学校的向心力。学校对教师的尊重与关爱转变为教师的巨大精神动力，大力推动学校实现跨越式发展。

（六）凝心聚力，增强制度感染力

榜样是无声的命令，领导只有在教师中树立起了威信，才能给他们带来信任感。校长是学校的“领头羊”，应时时处处事事走在老师们的前面。在校长的带动下，学校的领导通过自己的言传身教、身体力行起带头示范的作用。学校要求所有的干部必须任课，中层干部要以身作则，担任班主任工作，所带班级的学业成绩要位居级部前三分之一。相互补台，好戏连台；相互拆台，一起垮台。凡是要求群众做到的，领导首先做到；凡是要求群众不能做的，领导带头不做。要用领导的行，调动教师的情；要用教师的情，温暖学生的心。

每天早晨，最早来到学校的是领导干部，每天放学后最后离开学校的仍是领导干部。学校给所有的任课教师都配备了手提电脑，但学校领导班子用的依然是旧电脑。人心自有一杆秤，学校最操心、最辛苦的是领导，可每次民意检测，所有的领导都是满意度得票最高的。学校的领导干部，在工作中不怕困难和挫折，作风务实，情感积极向上，以个人的人格魅力影响着教师、感召着教师。

教师的集体活动能够化解矛盾、增进理解。学校规定，每周三的下午为老师们体育锻炼的时间，学校提供锻炼设施、场所及器械，保证教师的活动时间，并要求各处室以级部为单位每月组织一次全校性的教师娱乐活动，教师、干部全部参与进来，既缓和紧张的工作，又为老师提供更多展现才能的机会，让他们各显其能、各领风骚。学校每年利用三八妇女节、青年节、教师节开展形式多样的联欢会和体育比赛活动，在活动中，老师们无拘无束，体会到和谐大家庭的温暖，使各种不良情绪得到了宣泄，心理上的各种冲突和矛盾得到了缓解和解决，从而保持心理平衡，形成了积极向上的工作情绪，增强了团队的凝聚力。

2013年的三八妇女节，学校组织了女教师参加市里的巾帼风采比赛。还未放寒假，妇女主任就开始聘请老师、购买服装，忙得不亦乐乎。比赛当天，当实验小学的女老师们穿着一身白色的运动服，背着鲜艳的腰鼓走进比赛场地时，场上观众一片哗然："实验小学的女老师好美呀！"当女老师们和着轻快的鼓点，迈着轻盈的步子在场上翩翩起舞时，场上爆发出一阵阵掌声。学校的女老师们也沉浸在成功的喜悦中。

我们认为，学校管理有以下三种境界：

第一种境界，尊重教职工，用制度解决各种矛盾。

首先，要尊重教职工的需要和意愿，尊重教职工的基本权利，把它们作为学校管理制度内容的重要组成部分；其次，要把谋求教职工的全面发展作为学校管理的目标，尽可能地为教职工价值的实现创造条件和机会；再次，要重视协调学校内部的各种关系，注重学校成员间的分工合作，最大限度地发挥人力资源的效用。

第二种境界，教职工参与到管理活动中，既是被管理者又是管理者，通过调动他们的工作积极性，形成共同目标指向，努力提高办学效益。

学校民主管理制度的设计与实施，核心就是要通过各种方式和渠道使教职工参与到学校的管理中，让他们在学校事务中体会到当家做主的地位。这一方面可以激发其主人翁意识和工作责任感，增强自我价值感，提高工作效率；另一方面，教职工参与学校管理，可以增强管理的透明度与可信度，增强教职工的认同感，使学校与教职工形成一个整体，使每个教职工明白到个人的成长、发展与学校事业的发展是密切相关的。

第三种境界，激发教职工的自主性潜能，把人真正当成人来看待，使教职工成为学校管理的主人。在一定条件下，教职工就会主动、自发参与到管理中，人性真正得到极大的解放。

通过一系列的管理改革活动，教职工从制度管理的对象变为制度管理参与者，从而激发了主动发展的意识，如在管理中主动谏言献策、自主自发地思考自身和学校的发展，虽是初见端倪，但它呈现的是一种可喜的管理状态，这种意识和行为将不断地促进学校的发展，成为学校发展源源不断的动力。正如一位专家的观点："学校管理就是要管出学校发展的活力"，这就是我们不懈追求的奋斗目标。

当然，这三种管理境界不是截然分开或单独存在的，它蕴藏在学校管理活动的整个过程中。在不断追求人本和民主、促进学校发展的进程中，如何有效地挖掘教师的潜能、激发其发展活力，如何实现管理者当机立断决策与教职工意见的有机结合，将是我们在今后学校管理工作中不断努力探索的问题。

五、发扬：以评价彰显发展力

制度只是依法治校的基础，而实现真正的依法治校必须有切实可行的、落到实处的管理过程和评价考核，奖惩分明，公平公正。因此，可以说，各类规章制度和考核细则的先后出台和完善，正是基于制度需要人人严格遵守之上的，也需要管理者依据制度加大管理的力度。评价是对制度落实情况的考核与评估，会对学生和教师的发展产生巨大的影响，它不仅仅是一种管理手段，更是一种促进学校和教师发展的驱动机制。如果学校想要实现幸福快乐教育，必须加强发展性评价机制的改革，以评价促管理，以评价促成长，激励、引领广大师生在幸福快乐中成长。

（一）重建教师评价制度，促进教师专业发展

传统的评价是一种面向过去的终结性评价，主要着眼于教师过去已具备的素质、已承担的责任和已取得的工作成就，通常以教师是否符合学校的某些要求作为评先评优的标准，评价体系指标的设置存在一定的局限性，对显性因素的评价标准的设置比较完备，而对隐性因素的评价标准的

设置则不足，评价信息的获取渠道比较单一，淡化了教师自我评价的积极性、主动性，忽略了大部分教师发展的内在需求，不能对促进教师发展、提高教学质量起到应有的导向和激励作用，从而使整个教师队伍内涵性发展相对缓慢。学校教师队伍管理的核心问题就是实施教师的目标管理。随着学校内部实行校长负责制、教职工聘任制、评优评先名额定额分配、绩效工资的计量和分配等制度，教师评价的工作必须尽快走上科学化的轨道。如果因为对评价的意义和目的宣传不充分、评价指标或权重的设置不科学，造成部分教师对评价持应付或抵制的态度，就会导致评价的结果与工作实际出现偏差。假如把这样的评价结果作为聘任和评优的依据，势必会严重挫伤教师的工作积极性，既不利于教师队伍的团结，也影响了学校的和谐发展。

根据实际情况，学校认真学习和研究发展性评价理论，制订出了有利于促进师生发展的发展性评价标准——《实验小学教师工作全面评价方案》和《实验小学教职工绩效工资实施方案》，对全校教师进行目标管理、量化评价。

在对教师的评价中，我们注重把过程性评价和终结性评价结合起来，并加强过程性评价。实行随机评价、阶段评价、终结评价，评价结果按比例计入教师的评估成绩。实行定性、定量评价相结合。对工作量、出勤率、教育教学常规、教师专业水平、学生的考试成绩、教育教学成果、额外工作量等评价指标实行量化评价。

对教师在日常教育教学过程中无法量化评价的因素，如教师个人的人格对学生的影响、教师工作态度、师生关系、学生课业负担、教师对学生学习兴趣等非智力因素的培养等，实行以学评教、发放调查问卷、学生和家长齐参与、建立开放的评价体系等方式，倾听学生的意见和收集家长的反馈信息，实现了评价过程的动态化、评价主体的互动化、评价内容的多元化，调动了教师教学的积极性与主动性，使教师不断调整自我、完善自我、提升自己的教育教学水平。在考评的组织上，我们努力使考评过程成为引导教师学会反思、学会自我总结的过程，从而进一步提高认识、更新观念。对在教育教学工作中做出成绩、为校争光的教职工按方案奖励办法给予奖励，以达到鼓励教师创新争牌、争取优异成绩的效果。

名师评选制度。为打造“和而不同”的高素质教师队伍，学校根据教师特色和工作业绩，家长、学生的反映等情况，评选“科研型名师”“骨干教师”“首席教师”“创新型班主任”等，让每位教师在适合自己的领域内成为不同层次的名师。培养典型教师，发挥典型的带动引领作用，从而形成“比、学、赶、帮、超”的良好风气。加上市、县评选的名师后备人选，形成骨干教师梯队。

诸城市实验小学

关于表彰2011～2012学年度优秀教师、先进工作者的决定

2011～2012学年度，学校紧紧围绕“为每一位孩子的成长和幸福奠基”的办学理念，谨记“幸福由努力和负责中来”的校训，积极开展新教育实验研究工作，努力打造优质高效课堂，实施名师塑造和教师专业化成长工程，全面提升了教师素质，学校的办学水平不断提高。在8月31日市教育局召开的全市初中、小学教育教学工作会议上，我校被评为“教育教学工作先进单位”“课堂教学改革先进单位”。

成绩的取得，是全校广大教职员工集体拼搏奉献的结果，同时也涌现出了一大批优秀教师和先进工作者，他们立足于本职工作，在不同的岗位上，辛勤耕耘、开拓进取、无私奉献、扎实工作，为学校的发展做出了积极的贡献。为了弘扬我校优良传统、鼓励先进、在教师中树榜样、树正气，学校决定评选表彰2011～2012学年度优秀教师、先进工作者。授予王勤玲等6名同志为创新型班主任；授予纪永梅等10名同志为创新型教师；授予王作芳等6名同志为特别贡献优秀教师；授予刘季芹等3名同志为城乡交流优秀教师；授予万丽华等9名同志为新教育实验优秀教师；授予李华森等2名同志为先进工作者；授予曹玉凤等11名同志为优秀志愿工作者。

希望受表彰的同志珍惜荣誉、戒骄戒躁、开拓创新、再创佳绩。希望全校教职员工向受表彰的同志学习，以他们为榜样，脚踏实地，勤奋工作，以更加饱满的热情，投入到教育教学工作中，为我校教育事业的可持续发展做出新的更大的贡献。

诸城市实验小学

2012年9月1日

附：

诸城市实验小学

2011～2012学年度优秀教师、先进工作者名单

一、年度教育创新人物16名

1. 创新型班主任6名

王勤玲　衣明翠　王泽贞　郑明岩　隋炳霞　王秀萍

2. 创新型教师10名

纪永梅　解相花　董凤兰　刘福艳　周绪梅　寇波　王淑秀　林在霞　王炳芬　丁金霞

二、特别贡献优秀教师6名

王作芳　初广宏　庄汉平　刘焕梅　李金凤　李萍

三、城乡交流优秀教师3名

刘季芹　夏洪芳　于廷环

四、新教育实验优秀教师9名

万丽华　孙志勇　焦建和　徐洪波　郭琳琳　杜叶军

郑连叶　纪艳梅　张丽萍

五、先进工作者和优秀志愿工作者13名

1. 先进工作者2名

李华森　祝金聚

2. 一线优秀志愿工作者4名

曹玉凤　赵艳芳　王维芳　王瑞雪

3. 学生生活服务优秀志愿工作者7名

隋炳芝　逄金梅　王欣　张国平

刘洪娟　赵玫　王康蕾

幸福课堂评优制度。每个学期，学校都会组织开展专题式的赛课活动，如学校在围绕核心办学理念、打造各科教学模式的过程中，要求教师根据每个学期不同的主题，上一堂研讨课，设计一份包括教学设计说明的课例，制作一个课件，做一次说课反思，写一篇课后教学反思。学校成立评委开展课堂教学评优活动，根据课堂教学评价标准，评选出优秀课堂，在教师节专题总结会上予以表彰。

优秀团队表彰制度。学校综合考评各教研组课改成果，每年都隆重表彰成绩突出的团队，如拟红头文件、发荣誉证书、照合影、读颁奖词、挂奖牌等，这些做法极大地激发了广大教师的团队意识和课改热情。

教师成长档案制度。为教师建立成长档案，从教师专业成长的全过程来看待每次考评的成果，将教师的个人资料、培训过程记录、课题研究、专题讲座、论文、专业成长典型活动和事件、教育教学成果及所受的表彰奖励等方面的材料整理归档，对教师专业发展进行详细的记录，帮助教师全面地了解自己，使他们明确自己所处的成长阶段和进一步努力的方向。

（二）绿色评价，促进学生全面健康发展

“必须改变以单纯的分数作为评价学生的唯一标准的传统做法，切勿用冷冰冰的分数淹没了学生的学习快乐感和生活的幸福感。”学校牢记从调查中总结的教训，改变用考试分数作为评价的唯一标准，积极探索绿色评价。绿色评价是指提炼影响学生学业质量的一系列关键因素，并统筹学业、品德行为和身心健康发展等项目，构建小学学业质量综合评价体系，包括学生学业水平、特质及个性发展情况、道德品质、公民素养、交流与合作能力、运动与健康、审美与表现等。其中，学生学业水平通过分析学业测试成绩获得，其他几项指数通过分析学生、教师、家长问卷和收集学生体质健康监测数据获得。在评价中，以激励性评价为核心，注意保护学生的自尊心和自信心，创造条件关注学生的特长和发掘潜能。

1. 规范考核与认定学科成绩，重视过程性评价，培养学生的学科能力与学习素养

考核与认定学科成绩不仅要看最好的检测成绩，还要重视过程性评价。过程性评价主要从课堂表现、作业质量和平时测试结果三方面来评定，是一项由学生和老师共同参与的、以激励学生情感态度为目的的评价活动。通过规范考核学生成绩，力求建立一个以促进学生发展为目的、评价主体多元化、评价方式多样化的学习评价体系。

诸城市实验小学学生素质评价表

年　月　日

<table>
<tr><td>学生姓名</td><td colspan="2"></td><td>班级</td><td></td></tr>
<tr><td rowspan="4">自我评价</td><td>听讲习惯</td><td colspan="3"></td></tr>
<tr><td>作业习惯</td><td colspan="3"></td></tr>
<tr><td>书写习惯</td><td colspan="3"></td></tr>
<tr><td>课前准备</td><td colspan="3">学生签名：</td></tr>
<tr><td rowspan="4">小组评价</td><td>听讲习惯</td><td colspan="3"></td></tr>
<tr><td>作业习惯</td><td colspan="3"></td></tr>
<tr><td>书写习惯</td><td colspan="3"></td></tr>
<tr><td>课前准备</td><td colspan="3">组长签名：</td></tr>
</table>

续表

教师评价	听讲习惯	A（　　）B（　　）C（　　）
	作业习惯	A（　　）B（　　）C（　　）
	书写习惯	A（　　）B（　　）C（　　）
	课前准备	A（　　）B（　　）C（　　）
自我反思	家长签名：	
	学生签名：	

2. 用好发展的标志性成果，促进学生的特质培养和个性发展

学生特长及发展的标志性成果分为学生对自己在兴趣、爱好、个性特长方面的陈述和发展的标志性成果两项内容。其中，标志性成果最多可填写10项，主要涉及道德品质与公民素养方面的突出表现；参加教育行政部门批准的学科竞赛获奖或排名情况，科技制作与科技发明被认可或获奖情况；参加校外社会实践、社会教育和研究性学习的成果；在公开出版的报刊上发表作品的情况；参加县级以上文艺会演、艺术评选、艺术考级、运动会获奖或排名情况；在校报、校刊、各种学生社团兼职情况，在校内各项活动中的表现，如文明礼仪之星、风华少年、科技少年、阳光少年、素质发展全优生、雷锋式好少年、卓越学生等个性奖项的获得。学生在明了这些标志性成果的基础上，积极发展自己的长处。班主任用好学生发展的标志性成果，以进一步促进学生的特质培养和个性发展。

3. 利用评价手册进行素质评价，促进学生自觉、主动、全面发展

利用好学生评价手册，细化基础素质评价。内容包括道德品质（尊敬师长、团结他人、诚实守信、自尊、自律、自信、关心他人）；公民素养（民主意识、社会公德意识、环境意识）；学习能力（学习兴趣、态度、习惯等）；交流与合作能力（团队精神、善于与他人合作、沟通、共享）；运动与健康（体质、心理、运动与卫生习惯等）；审美与表现（艺术感受能力、表现能力、参加艺术活动的态度等）。以上评价内容采取自评、互评、家长评与班级评定相结合的方式，以逐步实现评价主体的多元化，强化学生在评价中的主体地位，加强学生的自评和学生间的互评，加大家长在学生评价过程中的参与程度，让家长了解学校的评价改革，参与评价改革实践，充分发挥家长评价这一环节应有的功能，促进学生自觉、主动、全面发展。

4. **写好班主任评语，促进学生健康发展**

班主任评语主要记录学生在一个学期的综合表现。根据班主任对该生的了解和任课教师的意见，以客观事实和评价等级为依据，结合学生自己的成长记录，对学生的典型表现、存在的不足进行客观描述，并提出针对该生的发展建议。综合评语的撰写重在突出学生在道德品质和公民素养等方面的具体表现，注重纪实性材料的整理和叙述，突出重点，写出每一个学生的主要表现、性格特点、特长和发展潜力。叙述语言应亲切、中肯，以体现对学生的关爱和健康发展的期盼。六年级（5）班丁培霞老师这样评价班里的文娱委员于晓敏：

当你走上讲台竞选班委的那一刻，老师看到一个虽然娇小，却充满自信的小姑娘，而当你带领同学排练节目的时候，老师又看到了一个认真负责、追求完美的小女孩。你非常出色地坚守着自己的岗位，为全班同学树立了很好的榜样。你总是在制造惊喜，老师相信“是玫瑰总要吐露芬芳，是金子总要闪耀光芒”。衷心地希望你能永远如此，自信、乐观地面对学习、生活，相信成功就在不远处向你招手。

一年级（7）班刘福艳老师对班里的小调皮鬼刘向前这样说：

你这个小家伙可真是让我欢喜让我忧：我喜欢你这个啦啦队长，声音像洪钟，又大又响；我喜欢你关心班集体，是个天生的乐天派；我也喜欢你信誓旦旦地说在学习上想进步的模样。可是你不顾场合爱说爱笑的习惯又让老师气恼。如果改掉这个坏习惯，你会是一个非常可爱的同学，期待着你的改变。

五年级（5）班郑明岩老师这样评价班里成绩落后的金庆新：

活泼可爱的你每天都能给同学和老师们带来许多快乐。回答问题时，主动站起来了却答不上来，急得面红耳赤。集体活动时，班里得了第一，你高兴得几天合不上嘴。你热爱体育运动，尤其爱打篮球。要是能把球场上的那份劲放一点到学习上，我想，你的成绩一定会突飞猛进。丢三落四的习惯给你的学习带来许多不便，分明会做的题目却在考试时丢了分，可惜！老师和同学们都期待着你的进步。

这样的评语字里行间洋溢着浓浓的赞美与关爱，从赞美出发，语言委婉、中肯，饱含着对学生健康成长的期盼，学生乐于接受。

5. **建立学生成长档案**

学生的发展是一个过程，促进学生的发展同样要经历一个过程。建立学生成长档案，收集并保存学生发展状况的关键资料，通过对这些资料的呈现和分析，能够形成对学生发展变化的认识，并在此基础上针对学生的优势和不足给予学生激励或具体的、有针对性的改进建议。例如，学校每年都要评选卓越学生，是对学生的阶段性、综合性评价；每次都要举行隆重的仪式，颁发奖品、证书，宣读个性化的颁奖词。这些都会成为学生的宝贵财富，并被收集到成长档案袋中，尤其是所获颁奖词，熔铸了师生的真情，是学生最钟爱的。

如三年级（7）班张琳颁奖词：

她成绩优秀，兴趣广泛，多才多艺。书法、绘画、舞蹈比赛屡次获奖。她的脸上始终洋溢着自信、真诚和希望的微笑。她是老师的得力助手，是同学心中的榜样。有请充满正能量的女孩——张琳。

六年级（7）班李天越颁奖词：

“用志不兮，乃凝于神”，每一片绿叶最懂你，默默的敬业、乐业精神。你诠释的是一份责任，一股热情，一种执着。超越梦想，一起飞，未来的精彩定是属于你的舞台！有请李天越。

二年级（11）班李俊毅颁奖词：

课堂上，你独到的见解时常赢得阵阵掌声；舞台上，你诙谐的表演给观众带来阵阵欢笑；运动场上，你不服输的拼劲不断收获阵阵喝彩。失败了，哭过，重新再来。成功了，笑过，欢呼雀跃。他正用勤奋演绎着小小男子汉的美好梦想！他就是李俊毅，一个自信乐观的阳光男孩。

辅之以制度落实情况的考核评估制度，引领学生和教师一步步走向幸福快乐，促使学校焕发了新的生机和活力，学校各项工作稳步前进，教育教学质量不断提高，内涵发展不断丰富，办学品位全面提升。

第三章

物质文化

——"主题鲜明，润物无声"的弥散

物质文化建设是校园文化建设的有形载体，是凝聚精神文化的物质存在形式，是学校在发展过程中积累下来的物化形式存在的总称。在校园文化建设中，物质文化建设既是推进校园文化建设的必要前提和条件，又是校园文化建设的重要途径和载体，其建设状况在一定程度上直接影响着校园文化的质量和整体水平。

物质文化建设既包括校园内可见可触的客观存在物，如各种建筑物、图书资料、教学科研设备、文体活动设施、校园网络等教育教学硬件设施，还包括可观可赏的环境布局，如校园的总体规划设计、楼堂馆所的布局美化、校园道路、花草树木、雕塑牌匾壁挂等。内涵丰富的物质文化，既是学校校园文化的物质基础，也是学校办学实力的重要标志，从一个侧面反映了师生员工的素质和创造能力，同时这种物质文化营造出的境界和氛围，对身在其中的学生起到了育人的作用。

一、每一座建筑都成为凝固的美

校园建筑和校园景观是校园物质文化的主要组成部分。建筑是一门艺术，学校建筑艺术的特点是在满足使用要求的基础上，通过其巨大的空间形象，表现学校特定的办学理念、精神风貌和审美趣味的艺术。作为景观，它影响人们的视觉感受和情绪；作为使用设施，它直接影响人们的活动范围和生活。学校建筑既有满足教学、科研、学习、生活需要的功能，同时又有审美、教育方面的要求。所以，校园建筑既是一种物质生产，又是一种艺术创造，是实用功能和审美功能的统一。学校坚持从传统文化中汲取幸福快乐的智慧，并将其点染在本无温度的建筑与自然环境中，使其有了色彩、有了温度。学校共有 7 座教学楼，分别是启智楼、启慧楼、启德楼、启秀阁、启真楼、启正楼、启蒙楼。

（一）一楼，一主题

歌德说，建筑是凝固的音乐。在诸城市实验小学的校园里，你会发现建筑是凝固了的教育，教育自由流动于建筑之中。

启智楼、启慧楼、启德楼、启秀阁、启真楼、启正楼、启蒙楼，这普通的七座建筑具有不普通的文化意义。七座建筑的外墙上，巨大的彩绘构成了一幅美妙的“连环画”。浅绿、淡紫、柠檬黄此起彼伏，接连不断，既像寓言故事中多彩的浪，又像童话世界里五彩的风，成群的鸟点缀其中，和着天空中偶尔飘过的云、飞过的鸟儿，让你分不清哪个是真、哪个是假。举目四望，感觉像是走进了一个广阔无垠的天地，走进了一个充满激情、阳光与活力的世界。目之所及，学校的精神文化在建筑中流淌。正对着校门口的启秀阁上，校徽鲜明而夺目，与国旗、校旗交相辉映，彰显着师生的骄傲与自豪。正中大字“以爱育爱，爱满天下”，诉说的是学校的胸怀与远见。启德楼上朱红色的十字校训——幸福由努力和负责中来，在绿树红花的掩映下历久弥新，散发着夺目的光彩。启智楼两侧仁爱、敬业、创新，尚德、修文、强身，十二字嵌于沿壁，活泼而又庄重，举目之间，教育就可以发生。在这个环境优美的教育场里，文化与建筑融为一体，教育与环境相得益彰，春风化雨，润物无声。

走进每一座楼，你都会有与众不同的收获。

启慧楼：“慧”字上面的两个“丰”字分别代表国事和天下事，中间的“彐”字代表家事。从字面上看，家事、国事、天下事都放在心上，善于从每件事中了解和掌握规律，进而从容处事、潇洒为人。慧是智的基础，智是慧的更高境界。取名“启慧楼”意在学校注重启迪学生的慧根，为将来的幸福人生打下基础。三层楼共三个小主题，分别是一楼爱心教育、二楼感恩教育、三楼诚信教育。学校教育的育人目标、育人价值得到固化。

启真楼最能够体现学校的教育规划。著名教育家陶行知先生的一句话“千教万教教人求真，千学万学学做真人”，道出了教育的本质——真。学生的向上、教师的发展，都可以用这句话来形容。取名“启真楼”寄望学生在教师的引导下开启智慧之门，走上“追求真理做真人”的求学路。为此，启真楼上设立了主题活动场所“四院”：少年书画院、少年文学院、少年科学院、少年健体院。“四院”分布在各楼层上，集知识性、探究性、实践性、活动性等功能于一体，成为四个主题活动节的主阵地。每个院厅有 120 多平方米，摆放着大量的学生作品，可以同时容纳 200 余人一起活动。科技院内新建了一个高标准动漫实验室和高标准科学探究实验室，被中央电化教育馆、中国教育国际交流协会授予诸城市首家中国国际动漫教育实验学校。

每年一度的书画展评

又是一年新来到，“2012 年庆元旦书画展评”活动在少年书画院开始了！宽敞明亮的书画院里，一幅幅装帙精美，洋溢着学生稚嫩而又神圣气息的铅笔字、钢笔字、毛笔字和种类丰富的绘画作品琳琅满目，令人遐思，使人赞叹不已。本次活动筹备时间早，布置周密，作品标准要求高，全校班班参加，学生人人参与，人人在教师指导下分别独立完成一幅书法和绘画作品，以级部和班级为单位分类评选出了 450 幅高质量书画作品，按照展览有关要求，对所有精品一律进行了装裱。本次书画展评，学校组织全体师生轮流参观学习，并分类评选出一、二、三等奖，在学校期末总结大会上隆重表彰获奖学生。该书画展评活动每年开展一次，锻炼了学生的艺术技能，提高了学生的鉴美水平，丰富了学生的学习生活，繁荣了学校的艺术教育，促进了素质教育的有效实施。

多姿多彩的“艺术节”

艺术节期间，学校在全体少年儿童中开展了多姿多彩的艺术节庆祝活动。2012 年的庆“六一”活动特色鲜明，内容丰富，形式活泼新颖。为充分体现“以学生为主体，人人参与活动过程，人人分享节日快乐，人人展示素质特长，人人获得自信动力”的育人理念，学校举行了第五届艺术节开幕式及文艺演出，以级部为单位在多功能报告厅分六场进行了合唱比赛。整场活动组织严密，仪式隆重，场面热烈喜庆。聘请了市关心下一代工作委员会有关领导和友好办学单位来宾，邀请了部分家长代表跟孩子们一起欢度节日，孩子们在老师的指导下自排自演了精彩的文艺节目，台上台下激情四溢，喜气洋洋，歌声、笑声、孩子们发自心底的欣慰的欢呼声跌宕起伏。最后，各班在班内进行舞蹈、说唱、弹奏、表演等活动，孩子们在自己节日的舞台上化出了一道道绚丽美好、难以忘怀的彩虹。

每年的“艺术节”，学生全员参与展示，这是学校全面实施素质教育、整体提升育人质量的一个缩影。

热闹的乒乓球赛

2012 年的体育节内容之一——乒乓球比赛正在少年健体院紧张地进行着。小选手们一个个生龙活虎，毫不示弱，巧妙地运用各种技巧，一会儿远接，一会儿近攻，和着周围此起彼伏的喝彩声，整个健体院内热闹非凡。今年的体育节系列活动丰富多彩：一是分年级进行的队列广播体操比赛，二是乒乓球比赛，三是多个项目的体育单项竞技活动；还有下半年举行的秋冬季趣味运动会。学校全方位关注学生的身心健康和人格的健全发展，将每年的四月份定为“体育节”活动月，以少年健体院为阵地，倡导全校师生人人重视运动和锻炼，人人有一个健康的身体，人人有一种生动活泼的精神。在校外，学校号召师生利用一定的时间，每天因地制宜地坚持体育运动和锻炼，人人练就强健的体魄，天天有饱满的精神状态，为快乐学习、健康工作、幸福生活打下坚实的基础。

启德楼：“德”出自《周易》：“天行健，君子以自强不息；地势坤，君子以厚德载物。”“君子以厚德载物”的意思是以深厚的德泽育人利物，今多用来指以崇高的道德、博大精深的学识培育学子成才。取名启德楼，寄望每位教师具有良好的师德，不仅传授给学生知识，更能以高尚的人格成为学生道德修养的楷模。启迪学生成长为有道德的人，志存高远励志勤学，德才兼备和谐发展。在启德楼里，传统道德教育走廊，仁义礼智信、温良恭俭让等儒家传统美德让学生浸染其间，美德小故事、美德榜样事迹、活动照片等分布期间，学生的参与让道德走廊充满了活力。三楼有200多平方米的阶梯教室，也叫作“道德讲堂”，可容纳300人，小型集会一般在这里进行。

启智楼：学校是培养学生智能的主要场所，也是培养学生智能的专业场所。学校应让学生不但要获得知识，而且要获得全面的知识，还要掌握知识的方法。启智楼以“启迪智慧　开发智力”为主题，分别设有学习方法、读书方法、多元智能等专题的楼道文化。学校按国家一类标准装备了各学科仪器室、器材室；配备了数学、自然学科教学仪器，音乐、体育、美术、劳动学科教学器材，电教图书卫生设备；设立了配套齐全的音乐教室、美术教室、心理健康活动室等。

启秀阁是书法艺术教育的天堂。书法艺术教育是学校的一大特色，用艺术培养学生内在的美好气韵是我们的目的。启秀阁里有“习砚”“临池”“翰墨”“励志”“耕耘”五个专用书法教室，室内文房四宝俱全，是学生练习软笔书法的专用场所。

启正楼主要以餐厅文化为主，启迪学生万事万物都要合乎法则、合乎道理。五楼是750平方米的多功能大厅和100平方米的活动室，多次承担市县级会议及活动。

启蒙楼以寝室文化为主，从一点一滴入手，让学生学习做人的道理、处事的规则。

这些主题都不只是一个个绚丽的名称，而是扎扎实实做出来的“教育场”。

我们看到，大量的学生作品在每一座楼、每一个专题区中呈现出来了。这里不仅是学生创造、游戏的乐园，更是学生展示自己个性、呈现自己风采的舞台。是学生让建筑有了更多的人文气息，是学生的参与造就了诸城市实验小学的文化。

（二）一隅，一文化

校园里，大到主体建筑，小到角角落落，无一不是经过精心斟酌的，可以让全体师生鲜明地感受到校园文化的灵魂。传统道德教育、传统文化教育、健康生活教育等在学校里一一呈现，安全文化、责任文化、道德文化、读书文化等有秩序地分布在校园的角角落落。

让每一面墙壁会说话。在楼梯和走廊设立了《三字经》《弟子规》、古代名句、好书推介、著名科学家等经典长廊，精心设计了富有层次的楼道文化，使楼道具有潜在的教育功能，使楼道“动”起来、“活”起来，让学生随时都能感受到中国古典文化的博大精深。每一个文化主题都由师生共同准备展示材料，使其真正成为广大师生展示才华的艺术平台。同时，我们还规划设置了功能馆室文化，舞蹈室、多媒体教室、图书室、阅览室、微机室等都有了鲜明的主题，由专门教师管理，使整个校园努力呈现环境优美、文化内涵丰富的氛围。

让每一束花草会传情。在全校开展爱护“一花一草一木”活动，学生积极地认领自己的一片草、一片花、一棵树等，并精心制作了护绿卡，在上面写下了“多一片绿色、多一份快乐”等护绿誓言，让绿色带给他们更多的灵感和智慧。在与花草树木“交流”的过程中，学生感受到了“责任”的力量。

让每一幅匾牌会劝学。走进校园，你会发现“一草一木皆育人，时时处处总关情”。走廊里、墙壁上有很多温馨的提示语，如“花木有情报春晖，同学爱护喜心扉。”“手下留情花自香，脚下留意草如茵。”“生活是美好的！学习是快乐的！你是最优秀的！”“脚步轻轻，勿扰他人。”“今天你微笑了吗？你帮助别人了吗？”等等，这些儿童化的语言时时陪伴学生，多角度地促使学生养成良好的行为习惯。

校园里，大到主体建筑，小到角角落落，精雕细琢，人文气息与自然风光浑然一体，科学精神与育人氛围相得益彰，彰显了浓郁的文化气息，置身其间，“如入芝兰之室”。高大葱茏的芙蓉树、亭亭玉立的玉兰树，让校园有了精神，有了灵气，引来了鸟儿的啼鸣、鸽子的嬉戏……加上大气的标语、诗意的语言、嘹亮的歌声、幸福的笑脸、琅琅的书声，这就是校园的气息、书香的气息、幸福的气息、生命萌发成长的气息……

陆机在《文赋》中说："课虚无以责有，叩寂寞以求音。"即从虚无中求实，从寂静中求声。学校正是这样将幸福快乐的智慧春风化雨般地"化"入环境中，从无声的建筑中求声，外感而内通，时时处处以久熏幽兰人自香的无声召唤、引领着学生成长。

二、 每一间教室写就一段幸福快乐的人生

朱永新认为，一个教室，一个生活于同一个教室中的人，应该是一群有着共同梦想，遵守能够实现那个共同梦想的卓越标准的同志者。他们彼此为对方的生命祝福，彼此为生命中偶然的相遇而珍惜珍重，彼此作出承诺，共同创造一个完美的教室，共同书写一段生命的传奇。

教室作为学校的细胞型组织，是学生学校生活的主要场所，是儿童生命之舟远航的起点，是学生生命中的第二个"家"。它不仅是传授知识的地方，更是播撒理想、陶冶情操、收获幸福、师生历练的精神家园。在我们学校，"幸福快乐教室"是"幸福快乐教育"之根。营建幸福快乐的教室，能让学生在一种特殊的气场中，获得文化的浸润和滋养，这将对他们的成长起到推波助澜的积极作用。教室是习惯养成地、生命成长地、人格完善地，更是幸福快乐的教育生活栖息地。"过一种幸福完整的教育生活""缔造完美教室，书写生命传奇"，这些新教育理念早已深入人心，不再是一个理想的目标，化归现实的文化正在润染着这里的每一位师生。

结合学校实际，学校星级完美教室朝向"幸福快乐"，包括班级文化建设、班级课程开发、学生常规管理、班级数码社区建设和特色实践游学活动五项内容。教室文化是完美教室的基础；晨诵、午练、暮省、每月一事、孜孜不倦的课程开发是完美教室的内涵；共同遵守、一起成长，是完美教室的约定；数码社区建设是家长、老师、孩子共同完成的完美教室同心圆；读万卷书、行万里路、实践游学是完美教室的延伸。

为创建独具特色的完美教室，放飞师生梦想，学校制订了详细的方案和考核办法，制作了方便实用的《星级完美教室手册》，倡导教师充分发挥特长，在原有的班级特色上提炼升华，构建自己的班级课程。

学校连续出台了"星级完美教室"评选方案，每一次评选突出不同的侧重点，体现了由外显到内在、逐渐提升的过程。

（一）班级文化的构建

若要创建完美教室，就必须关注班级文化建设。让每一个班级充满活力、充满人情味，让班级成为每一个学生温暖的家，是学校班级文化建设努力实现的目标。当然，班级文化建设离不开家长和社会的支持，我们要将这三方面紧密联系，形成教育的合力，共同促进学校班级文化建设的发展。为此，学校出台了班级文化建设方案，引领各班的文化建设。

诸城市实验小学班级文化建设实施方案

一、指导思想

“环境造就人。”班级文化建设对学生的影响和熏陶是潜移默化的，对学生的成长起着重要的作用。班级文化贯穿于班级教室和学生的言语行动之中。班级文化是班级的一种风尚、一种文化传统、一种行为方式，它自觉或不自觉地通过一定的形式融入到班级同学的学习、工作、生活等各个方面中，形成学生良好的、自觉的行为习惯，从而影响着他们的行为。班级文化建设是校园文化建设的基础，搞好班级文化建设，对于营造良好的学习成才环境、促进学生身心健康具有极其重要的作用。为此，学校通过丰富多彩的教育活动，启迪学生思想，升华学生人格，陶冶学生情操，弘扬学生道德，使文明守纪、勤奋读书、乐于助人蔚然成风。

二、主题

建温馨家园，炫团队风采。

三、总体目标

让班级充满活力，充满人情味，充满昂扬向上、积极进取的文化氛围，让班级成为每一个学生温馨的家。

四、班级文化建设要求

1. 以人为本。在班级建设中，我们提出了“把班级还给学生”“让班级成为学生成长的乐园”的要求。提倡赋予班级个性文化的内涵，教师要从学生兴趣爱好、家长素质、家庭氛围和教师的个性特长等因素出发，与学生一起自主选择、自主思考，构建独特风格的班级文化，引导全体学生自觉、积极地参与班级文化建设活动。

2. 实用美观。以精神文化建设为核心，确立具体可操作的班级公约，室内布置力求简洁美观。

3. 自主创新。突出班级特色，形成独特的班级文化，培养品学兼优、学有所长的学生群体。

五、班级文化建设具体措施

（一）班级物质文化建设

目的是让教室的每一面墙壁、每一个角落都富有教育意义，用苏霍姆林斯基的话讲就是“无论是种植花草树木，还是悬挂图片标语，或是办墙报，我们都将从审美的角度深入规划，以便挖掘出潜移默化的育人功能”。做到让“四壁说话”，让每一堵墙成为学生“无声的导师”。

具体内容有五项：

1. 班级展示牌。设计好班名、班级愿景、班风、班训、班级课程表。（征集后由学校统一制作）

2. 设计黑板报。前有国旗班风，后有主题鲜明、色彩丰富的黑板报，图书柜等版块。精心设计黑板报的版面，让学生自主设计版头、版面、插图，黑板报内容是围绕班级特色文化建设的主题而设计的，以体现学生的个性和班级的特色。

3. 建立班级光荣榜。学生千差万别，他们有着各自的特点、各自的爱好、各自的优势和劣势，我们要抓住闪光点，充分调动学生的积极性，树立起学生的自信，培养其健全的人格，建立“班级光荣榜”，让学生在被赏识的积极氛围中成长进步。光荣榜是动态的，内容是多元的，受表彰的可以是小队，可以是个人，如学习进步的、劳动积极的、助人为乐的、拾金不昧的、孝敬父母的学生个体。

4. 建立班级特色节日专栏。特色节日活动是依据班级实际而开展的，它们针对性强，实践意义大。开设专栏，及时记录活动情况，是对学生的有效鞭策与激励。

5. 各班根据自己班级特色设置其他专栏，如班级生物角、科技园、小眼睛看大世界、美文荟萃、露一手、班级之星、炫我风采、你真棒我也行、成长在线、加油站、知识海洋等等（栏目可以自定），以体现班级的个性化布置和班级特色，呈现极富班级特色的文化气息。教室四壁悬挂适合班级特征的名言、标语，教室四周展示学生有个性的作品等。

每个版块由班主任和学生共同构思、设计、布置，布置体现实用美观的原则，突显文化氛围和育人作用，力求生动活泼、符合小学生的特点。

（二）设立独特的班级节日

各班结合实际设置自己的特色节日，凝聚人心，形成良好的班风，促进学生健康快乐成长。

（三）班级制度化建设

建立班风、班级公约，以此约束学生的言行。在认真学习《中小学生守则》《小学生日常行为规范》的基础上，结合班级实际（午餐、路队、班级存在的问题等）召集同学共同制订班级公约。结合学校行为达标评比办法，制订班级行为达标评比办法，以此增强班级成员之间的凝聚力、集体荣誉感，形成良好的班风、学风。

（四）班级课程文化

活动是实现教育的有效形式和途径，班级文化活动具有独立性、主动性和灵活性等特点，更能吸引学生参与。班级活动要注重对学生的思想品德教育，按学校要求认真组织，开展晨会、班队活动、综合实践活动等教育活动，做到活动主题明确、备课认真和详细，活动能正常有效地开展，学生活动有较为明显的成果。鼓励学生参加各种文娱体育活动，如文艺会演、舞蹈、球类、棋类比赛等，积极参加社会实践，以“岗位育人”的理念服务家庭、学校、社区。各班主任根据自己班级同学的实际情况和自身的管理特点，自选一个主题，也可自己规划，创建主题，充分展示学生的作品，做好班级文化的建设工作，体现班级的特色，鼓励和引导更多的学生共同参与班级文化的建设。

六、班级文化建设的进程安排

第一阶段

1. 学校组织召开全校班主任例会，下发班级文化建设指导性意见。

2. 各班级根据本班的实际情况制订班级文化建设方案，确定创建主题，理定实施办法。在班主任研讨会上进行交流。

第二阶段

各班级按照本班的班级文化建设计划开展班级文化建设。

第三阶段

学校组织教科室、年级组长和学生代表对各班的创建情况进行检查和评比。表彰完美教室，总结创建经验。

第一次完美教室的评选以“班级物质文化”为主题。

如一年级“繁星”班设立了评比栏，评比栏命名为“谁最闪亮”，让学生自己把得到的星星贴在上面，通过与同学之间的比较来鼓励自己。设立“每周之星”，每周对学生的评比进行反馈总结，评选出本周的学习之星、纪律之星、劳动之星、文明之星、体锻之星、乐于助人之星和进步之星。充分发挥光荣榜的作用，展出各类受奖者的照片，并发喜报给家长，极大地调动了学生的积极性，促进学生幸福快乐地成长。

“繁星”班的教室内部是这样布置的：

黑板右侧墙壁：班务栏。张贴装饰过的时间表、课程表。

黑板左侧阳台：卫生角。做一些卡通图案，提示学生爱护卫生。

教室右墙：“谁最闪亮”学生评比栏，从各个方面对学生进行评比，不同方面用不同颜色的小星星标示。

教室右墙后：“每周一星”表扬栏。包括学习之星、纪律之星、劳动之星、锻炼之星、文明之星、乐于助人之星和进步之星七类，张贴学生的照片。

教室后黑板右侧：“今天我当小老师”展示栏。内容为学生平时积累的生字、词语或者成语，每天一名学生当小老师教全班同学读或写。

后黑板教室右侧墙壁：图书角，命名为“小小书社”。墙上粘贴教师的寄语——“遨游书海，让心灵飞翔”。书架右上方摆放一盆植物。

教室左侧玻璃窗户上做一些点缀，做一些卡通图案提醒学生注意自己的行为习惯。

“石头的幸福城堡”班设立了生物角。学生不仅在窗台上种植花草，也把许多小动物搬进了养殖区。他们从家里带来了小乌龟，从浅水洼里捉来了小蝌蚪，还带来了活泼可爱的小白兔和小灰兔，还有让人欢喜不已的小仓鼠。生物角里的每一只小动物、每一株花草，都是学生的好伙伴。每个课间，他们尽其所能地关爱着这些动植物，也在观察中同它们一起成长。一眼瞧去，一盆盆的绿色植物，正散发着勃勃生机。吊兰舒展着纤长的枝叶，仙人球头上鼓出一个个小小的花苞，香麦兰正奋力地汲取阳光，小辣椒才露出尖尖的小脑袋。一群群孩子，一会儿逗弄一下小仓鼠，一会儿观察一下小兔子吃草的样子，也虔诚地期待着小蝌蚪长成青蛙那激动人心的时刻。一颗颗纯真的童心，期待着每一株植物的成长、每一朵花的完美绽放。

……

通过星级完美教室的评比，促进了班级物质文化建设，让每个学生置身于深厚的、具有个性化的班级环境中，获得一种精神上的力量，从中不断吸取丰富的营养，积淀深厚的文化底蕴。

现在，无论走进哪一间教室，你都会感受到这里是学生的成长乐园。独特的班名、班训、班诗、班歌、特色节日，多彩的活动园地、独特的班级光荣榜……各班充分利用教室的各个空间，前墙设有国旗和激励标语，后墙设有黑板报、书香园地，北墙设有学生的书法作品、绘画作品、剪纸作品，南墙设有小组合作评价台，学生一进教室就能感受到浓厚的班级特色、和谐的文化氛围。

（二）班级特色节日

雷夫说过："一间教室能给孩子们带来什么，取决于教室桌椅之外的空白处流动着什么。"节日活动作为班级文化的载体，是送给学生最好的礼物。班级的节日庆典是班级最庄重的仪式，我们从教育实际出发，从学生的生活出发，将班级的共同遭遇转化成人生的智慧。每个班级都设有班级特色节日专栏，记录着学生共同的生活。

读书节，你我同登台

当走进五年级（1）班教室时，你会看到独具特色的班徽：一只毛毛虫正趴在一本厚厚的书上，仿佛在贪婪地寻找着什么，又仿佛在深深地思考着什么。翠绿的底色与教室各专栏的主色调是那么协调，整间教室就像是一个书籍的宝库、知识的乐园。墙上的"读书节系列活动展示"中既有照片、有好书推荐，也有学生的读书笔记。"小书虫"班在班主任李老师的指导下，以班训"沐浴书香、快乐分享、幸福成长"为指导思想，成立了读书小组，以多样化的形式来开展班内读书活动，在班级中形成良好的读书氛围。

新闻日，轮流当主播

"我播报的新闻是毒蘑菇。一位妈妈下班后，在花台采野蘑菇煮汤，导致儿子中毒身亡，丈夫、女儿和自己病危。这个新闻告诉我们，不要随便在外面摘采东西。"这是周一下午的第二节课上，扎着羊角辫的张渝钒站在讲台上正抑扬顿挫地播报新闻。

"同学们、老师好，今天我给大家播报的是一则天气新闻……"臧若愚接过主播棒。

按照座位顺序，一年级"快乐学习"班的54名同学依次上讲台播报新闻，内容涉及时政、社会、体育、天气等。每位同学播报完毕后，班主任孙海莲都会带头鼓掌，并做点评。

每个班都有自己的特色节日……

五年级"向阳花"班，有一个学生因病头发全部掉光，心情郁闷，缺乏生活的勇气，整日沉浸在痛苦中无法自拔。为了帮助他走出低谷，也引导其他学生学会笑对困难，班级设立了微笑节。"今天，你微笑了吗?"把微笑的作用发挥到极致，引领着学生走上幸福的人生路。

还有“百花园”班的赞美节，“青苹果乐园”班的成长节，“妙音阁”班的朗诵节……

在共同的生活中，因为共同经历课程、活动、节日、仪式等，学生拥有了更多共同的生活语言：“今天，你微笑了吗?”“我们爱喝饮料，更爱饮料罐!”“来，让我们创造一个节日吧!”“做一条好饿好饿的毛毛虫。”“即使我是一片绿叶，我也要缀满枝头。”“我用我的绿色尽情点缀你。”“今天，你为课堂做贡献了吗?”学生的生活也变得有滋有味起来。师生共同写就了一次次幸福快乐的相聚，成就了一次次人生智慧的飞跃。

(三) 独特的班级生活

班级是孩子的第二个家，在这个家里，以什么样的方式生活、行走，取决于老师的观念和方式。学校注重激发每一位教师的创造力，提倡教师发挥自己的特长，在原有的班级特色的基础上构建自己的特色课程，引领学生进入独特的班级生活，找到对班级、学校的归属感。

如孙志勇老师和他的“金童”班。孙老师在接受了新教育的理念后，将单纯的“器乐进课堂”升华为“缔造完美教室”，组织活动时，从力点、视角到情感都着眼于师生、家长“编织共同梦想，书写生命传奇”的“立体教育”上来。以下是“金童乐队”班的故事：

“金童乐队”放飞梦想

一、打造器乐课堂，凸显特色教学

(一) 经常观察，反复思考

现在，学生越来越难教，教师越来越难做。对于“乱说话、乱回头、乱下位”的“三乱”学生、“不听课、不做作业、不回答问题”的“三不”学生，我们有时很无奈。生气过多，既自伤身心又对立了师生关系。我们非常需要别开生面的素质教育。这时，“新教育”来了，如春风拂面润泽心田，尤其是学校倡导“缔造完美教室”时，我豁然开朗，多年的“渐悟”瞬间升华为“顿悟”：“打造器乐课堂，凸显特色教学。”我要以此为突破口改善学生“不知目标在何方，不知理想为何物”的被动状态，在课堂上创建“不用扬鞭自奋蹄”的积极画面。

(二) 取舍教材，强化器乐

1. 大胆取舍教材：改变传统的重视唱歌轻视器乐的教学模式，对于教材上的歌曲选取几首学唱，其他的作为了解、欣赏；补充优秀校园、革命歌曲，对学生进行爱国教育；选取传统名曲进行乐器教学。

2. 选择合适的乐器：我班选择了口风琴作为普及乐器，原因在于一是它兼具了口琴、竖笛的优点，既能吹又能弹；二是口风琴小键盘与钢琴的键盘排列方式相同，能够演奏多个调式的乐曲，且音色干净、优美；三是口风琴价格比较便宜，家长容易接受。

3. 强化课堂教学：将乐理、演奏基本功训练纳入平日的教学常规，有计划、有步骤地进行"厚积"，时机成熟时就能够"薄发"展示，从而避免了"临时抱佛脚"、打乱常规教学的弊端。经过训练，学生已能够熟练地吹奏课本曲目《大雨和小雨》《我的家乡日喀则》等。器乐课堂已基本形成。

二、组建"金童乐队"，打造"完美教室"

通过听取专家报告、外出参观学习，我收获很大。经学校领导提示，我将单纯的"器乐进课堂"升华为"缔造完美教室"，这是我思维认识上的飞跃，自此以后，组织活动时，从力点、视角到情感，我都着眼于师生、家长"编织共同梦想，书写生命传奇"的"立体教育"上来。

（一）丰富乐器种类，进行分类指导

1. 科学增加乐器：从口风琴演奏较好的学生中，筛选了部分进行了钢琴、电子琴、手风琴、葫芦丝、大鼓、小鼓、小叉等乐器培训，组建起了班级乐队，命名为"金童乐队"。

2. 进行分类指导。自成立乐队以来，我充分利用音乐课、活动课对学生进行辅导，没有占用其他任课教师一节课，也没有利用节假日、双休日进行过集训，并且按规定安排学生入校、离校，保证了常规秩序。

（二）经常组织活动，激发艺术兴趣

为了体现"让教室成为每一位家长的希望寄托：和教师一起春播秋种，收获幸福的教育"的理念，除与家长经常沟通交流外，我还创造机会锻炼学生：结合重大纪念日学唱《没有共产党就没有新中国》《社会主义好》《学习雷锋好榜样》《歌唱你啊，祖国》等；召开家长会前，安排乐器演奏揭开家长会的序幕；学校组织听课时，安排乐器合奏；定期举办班级才艺展示活动；组织学生报名参加校市级乐器比赛等。

（三）参加校级会演，提升学生素质

学校每年的"六一"艺术节会演，汇聚了全校文化艺术的精英。作为班级特色节目，器乐合奏《歌唱二小放牛郎》《茉莉花》参加了2013年的"六一"演出，从平日训练到正式演出，我和学生共同努力、精心排练，从姿势、指法、换气、节奏、旋律到处理设计等，我都多次逐人指导，得到了广大家长的大力支持。经过舞台锻炼，学生收获很大，提高很快，近期的课堂表现也较前好转，班风、学风更加浓厚。

借助市电视台播放学校“六一”盛况之良机，我激励学生树立远大的理想和目标，从争做“名生”、争做“全优生”开始，争当“名人”，将来为国家和社会多做贡献。这样，能够将全体教师、学生和家长都涵盖在内，组成一个成长共同体，尊重生命、面朝未来，关注个性和人格的张扬和塑造，关注生命和生活的品质品味。

三、强化班级管理，实行“奖牌激励”

为了打造品牌，我采取了“队组管理、奖牌激励”的措施予以制度保障，以“因材施教、多维互动”为教育宗旨，突出抓布局、抓常规、抓评价“三抓”整体思路，力争打造“管理自动、课堂自主、特色明显”的班集体。

（一）班级管理——队组负责

我班确定名为“金童”班，希望学生能够健康快乐地学习和成长，度过美好的“金色童年”生活；确定班风为“团结合作竞争创新”；班训为“四心”：爱心、细心、信心、恒心；班歌歌词正在从师生、家长中征集，选定后我会迅速谱曲并编排乐队演奏演唱。

1. 四队：班级分为四队，每队设包队副班长和小队长各一名，组成“班级管理委员会”，实行“班长包班”“队长包队”负责制，每月进行竞争、轮换。对重大班级决策，实行“民主集中制”或“投票决策制”。

2. 小组：四队各设合作小组 4 个，实行“小组负责制”。组长选聘 1 名副组长并各与一名组员同桌，形成“一帮一”结对伙伴成长模式，体现“培优辅差”。

3. 班务：班级的一切工作全部实行“队组负责制”。正、副班长将所有班务分配给各队，再由各队分配到各组，最后各组分配到学生个人，实行“层层包干责任制”。

（二）课堂教学——分层合作

教学的主体工程是课堂教学，按照边实践边改革的“教学—科研一体化”策略，将课堂教学改革、学生习惯的养成融入到平日的教学活动中，为各学科教学改革保驾护航。

（三）“周评”“月评”——奖牌激励

实行“队组捆绑评价制”。班级成立“督导组”：分片包干进行全方位督查，每天公布，每周周评，每月月评。根据任课教师“周学情反馈”、家长“在家表现评价”和班长、队长、组长的记录评比，“周评优秀”发奖牌5块，“月评优秀”发奖牌20块。学期末总评只需清点奖牌数量加之学生公投即可体现公平、公正，这样既重视了过程又注重了结果。

四、巩固特色成果，争创品牌班级

自组建“金童乐队”、打造“完美教室”以来，取得了一些成绩，主要表现为：一是班级管理趋于自动；二是课堂教学逐渐自主；三是学生积极参加班级活动；四是师生关系更加融洽；五是家校配合效果明显。

“金童”班今后的奋斗目标是打造校、市级名优品牌班级，打造真正的“完美教室”。在狠抓常规习惯养成、深化教育改革的基础上，适当增加乐器种类和歌舞表演，着力于“金童乐团”的中高层次发展。力争再经过一年左右的时间训练出：钢琴独奏《献给爱丽丝》《梁山伯与祝英台》；手风琴独奏《花儿与少年》《新疆之春》；鼓号合奏《运动员进行曲》等名曲，以及多种乐器编排的联奏、重奏、合奏等，力争早日登上市政府礼堂的舞台，为我校成为高层次名校增砖添瓦。

心灵之约，走向卓越。王泽贞老师和“蓝精灵”班的孩子们，坚持用书信固守心灵之约，一步步走向卓越。“蓝精灵”班从一年级开始，积累了几千封、多达10多万字的“心灵之约”对话信。正是这些，记录了学生的心灵对话，记录了学生的成长足迹，激励了一批又一批的学生，使他们逐渐形成良好的行为习惯，并不断地战胜自己、超越自己，从而逐渐走向优秀、走向卓越。

青竹文化，孝心教育。“青竹儿”班的万丽华老师，一直以弘扬民族传统文化为己任，用孝来教育孩子、感悟家长。他们班的学生从一年级开始就一直坚持做孝亲作业，并且将这种对家人的孝，延伸到对社会老人的爱。“青竹儿”班的家长和学生在家委会的倡导下，每年两次到万家庄敬老院看望孤寡老人，为老人们带去食品、衣物，为老人们表演节目，老人们感动得热泪盈眶。在这样的环境中成长的孩子，心灵怎会荒芜？

师生共写随笔，共筑成长之路。“在即将毕业的日子里”，是六年级毕业班解相花老师和她即将离开母校的学生书写生命的共同见证。在这本日记里，解老师用心倾诉对学生的期待，学生也用心感受老师的真诚。“让沾满蜂蜜的字迹成为师生终生受益的载体”是六年级（6）班师生共同的心愿。

班级博客，精神家园。衣明翠和“向日葵”班的学生，一起用班级博客记录点滴进步。她像对自己的孩子那样细心呵护着班里的每一个学生，两年间为所有的学生建立了成长日志，让他们看到自己的成长，享受成长的快乐。

三、每一点滴设计都切入灵魂深处

育人无小事。学校充分利用每一点空间，精心设计，使得建筑与文化共舞、自然与人文一色，让学校的每一块石头都会说话、每一处设计都成为育人的阵地，从而使之呈现出主题化、系列化的特点。

（一）我仁爱，我幸福

启慧楼一楼以“爱心教育”为主题。走廊上方的每一条横楹上都张贴着爱心标语，如“知我中华，爱我中华，兴我中华”“我爱家乡美，更爱校园靓”等，并配以五颜六色的背景，犹如一幅幅五彩的画，一眼望去，层层叠叠，美不胜收。再加上外侧的一根根朱红色方柱，让人想起了颐和园里著名的长廊。仔细品读这些标语，你会发现爱心教育的层次性，依次是爱父母、爱老师、爱同学、爱学校、爱家乡、爱祖国。每年的爱心活动月，学生都会到这里参观、体验。爱心系列教育活动也会从这里出发，深入学生的内心。

例如，2013年的爱心活动月，学校联合格林达尔公益组织开展了“同一片蓝天下我们共成长——为山区孩子募捐图书”活动。这是学校在3650名学生中广泛开展“学雷锋献爱心——为山区孩子捐赠图书”的一次集中爱心体验行动。活动之初，学校进行了精心的准备，通过国旗下讲话、下发倡议书、召开主题班会等形式，让学生充分认识活动的意义。倡导学习雷锋精神，就是人人做好事、讲礼仪、献爱心、讲责任。活动现场，格林达尔公益代表人介绍了四川省凉山彝族自治州木里藏族自治县卡拉乡大山深处、沂蒙老区山区农村等孩子们没有上过学和没有读过书的困难，在场的每一个人无一不为之震撼，孩子们怀着激动的心情、怀着一颗颗感恩的心纷纷将自己看过的一本本爱心之书捐赠出来，并且在格林达尔公益活动展板上签名，孩子们纷纷表示：一定要珍惜自己的幸福生活，刻苦学习，勤俭生活，担当责任，奉献爱心。本次活动，学校共为格林达尔公益组织捐赠图书60，054册。格林达尔公益代表人表示将尽快把全体学生的爱心奉献送达到大山深处渴望读书学习的孩子们手上。

学生在活动中，学到了在校内和课堂上无法获取的知识，增强了社会责任感，同时也净化了心灵，逐渐养成了勤劳俭朴、乐善好施等优秀品质。

（二）我感恩，我幸福

启慧楼二楼以“感恩教育”为主题，横槛上的标语有“感恩不仅是一种心态，更是一种美德”“感恩是改善生活的有力工具”等，依次是感恩父母、感恩老师、感恩学校、感恩社会、感恩生活中的一切。每年的感恩活动月，都从这里出发，学生参观、感悟、体验、自省……感恩意识逐渐走进学生的内心深处。

如每年的“四个一”孝亲活动，学生每周亲手为父母洗一次脚、递上一杯温暖的茶水、送上一句温馨的话语、做一件力所能及的家务。学校将“老吾老以及人之老，幼吾幼以及人之幼”的思想植入学生的心中，鼓励他们积极参与敬老爱老活动，为周边的孤寡老人等做一些感恩服务活动。每一次活动都让家长以不同的方式进行反馈，这些做法很受学生和家长的欢迎。通过活动，学生体会到了付出的欢乐，明白了对父母、对社会感恩不仅是一种心态，更是一种美德。

以下是六年级（9）班马云龙同学在感恩活动中的日记。

学习雷锋好榜样

周六，同学们到万家庄敬老院进行“学雷锋助老献爱心”活动。一到敬老院，同学们顾不得什么，马上卷起袖子，提水的提水、扫地的扫地、拖地的拖地、擦窗的擦窗、整理的整理，忙得不亦乐乎。有的同学陪老人们聊天，嘘寒问暖，了解他们的日常生活。有的还给老人们测血压，老人们争先恐后地要求给他们测量。此时此刻，我们看到老人们有着面对生活的勇气和信心，也看到了老人们是需要我们的。暖阳透过树叶照着大地，老人院到处充满着爱，同学们发出了共同的心声：只要怀着一颗无私奉献的爱心，每天都是“雷锋日”。

通过本次活动，同学们的心灵经历了一次熏陶和洗礼。雷锋到底离我们有多远？很多班的同学一有空就去社区进行义务劳动，每逢节假日就去敬老院看望老人，其实雷锋精神就在我们身边。谁说雷锋三月里来四月里走？我们因为有了雷锋精神而倍感骄傲，雷锋也因为有了这些追求他的人们而永驻人间。我们会将学习雷锋精神体现在日常生活和学习当中，做到从我做起，从身边小事做起。相信不久的将来，我班的同学个个都是活雷锋。

（三）我担责，我幸福

校训“幸福由努力和负责中来”，引领我们注重对学生责任意识的培养。在启智楼通往启慧楼的走廊上，墙上不同的造型展板向学生展示了责任教育的相关内容，如“责任意识与责任行为”“履责不是为了获得什么”“责任感获之不易”“多问自己我做得如何这就是责任”“责任时刻不能忘”“借口让我们启动责任”等等，从什么是责任、责任意识和责任感的重要性、履行责任的意义、如何克服生活中的小毛病、培养自己的责任感、如何让责任意识陪伴终生几个方面给学生以启迪。这里可谓是一个责任教育的大讲堂！每读完一遍，学生的心灵都会受一次洗礼。每次从这里走过，都会为我们的责任警钟紧一次弦，这就是润物细无声的力量。当然，心随责走，责任教育还要从一言一行、一举一动中体现出来，要在具体的体验活动中落实。以下是从“爱与责任同行”体验活动中摘录出的片段。

“护蛋行动”。通过“护蛋”体验担责的日子，感悟爱与责任对于生活的意义。无论是上学、写作业，还是吃饭、睡觉，每个人都小心翼翼地保护着自己的“蛋宝宝”，体验当鸡妈妈的感觉。尽管最后有很多“鸡妈妈”没有保护好自己的“蛋宝宝”，但他们都明白了当一个鸡妈妈是多么不容易！学生把每一次的活动都写进了日记，通过日记我们能看出孩子们每一次活动的心理变化。

五年级（6）班的王均菡同学在护蛋日记说：“一周的护蛋行动，充满乐趣，也饱含着艰辛。我真正体会到了爸爸妈妈养育我有多么不容易。从小到大，无数个日日夜夜，无数次担惊受怕，我不知给父母增添了多少麻烦，可他们依旧无怨无悔，我真想对他们说一声：爸爸妈妈，你们辛苦了！

“啄木鸟行动”。调查社会上汉语言文字规范使用的情况，号召学生走上街头寻找不规范的用字。活动结束后，许多班主任很有感触。

错别字大扫除

这是一个晴朗的春日，满街的樱花、连翘正开得欢。我们班的“啄木鸟行动”也拉开了序幕。

“Let's go!”王毅早就按捺不住激动的心情，想要大展身手了。昨天，我一宣布班里要开展综合实践活动，班里就沸腾了！毕竟这次学生要走出“四角的天空”，看看外面的世界，当然，这一次不是去看外面世界的精彩，而是重任在身，要进行错别字大扫除，想到能为诸城争创文明城市出一份力，同学们都挺了挺小胸膛。

扛上队旗，带上相机，在大队辅导员和我这个“老班”的带领下，队伍雄赳赳地向和平街（和平街南段是我们班的责任区）出发了。

很快到了第一站——新郎希努尔店前，大家左看右看，仔细端详，没有错别字、繁体字，于是继续前进，不久王毅就如同发现新大陆般喊道：“我找到了！我找到了！”只见他举起相机——咔嚓！原来是一个店面名字“衣衣不舍”，他走进店里，跟老板解释门面的字错了，老板哈哈大笑：“小孩子，谢谢你哈，你不懂……”搞得王毅一头雾水：到底是谁不懂？之后，同学们在大的店面门口又找了一些繁体字，如“东”写成“東”，“兰”写成“蘭”等等。当同学跟这些店面的老板说时，无一例外，他们都是心知肚明却满不在乎，全无“悔改”之意。看来，我们的大扫除只能叫作大搜查了！

看到同学们有些灰心，我也故意发表了一番感慨：“奇怪呀！这不是明知故犯吗？得先弄明白他们不整改的原因……”然后故做思考状。这时，能说会道的张雯走进了一家繁体字店，很快就出来了，然后让大家猜：为什么他们喜欢用繁体字？“店主说可以显示‘时尚’与‘潮流’，还显得有品位。”说这话时，她俨然一个店主的身份。

搜查队继续进行，很快找到一张新张贴的告示：鸡“旦”大降价，3元一斤。店主看我们忙着拍照，赶紧出来看，等明白了事情的原委，他告诉我们因为自己也不怎么会写，这点事又不想麻烦别人，就自己写了，我们帮他改过来之后，他自我解嘲道：“看来没文化不行，开个小超市都出错。”

“奇怪，没文化的人都知道自己错了要改正，有文化的却故意不改，难道没有王法了不成？”王毅的一句话倒提醒了大家，“王法”，对呀！张雯灵机一动，说：“我们中午回家上网查一查，看我们的‘王法’是怎么规定的。”

和平街的大搜查工作结束了，这帮小调皮没忘揩老师的油，嚷着要吃什么冰激凌，我也没忘提条件，那就是每人回去写一篇调查报告，把今天的事情记下来，并查阅资料，看看国家的相关规定。

下午，同学们叽叽喳喳地围着我，把上网搜集的资料给我看：

《中华人民共和国国家通用语言文字法》第十四条规定：公共场所的设施用字，招牌、广告用字，应当以国家通用语言文字为基本的用语用字。第十七条规定：有下列情形的，可以保留或使用繁体字、异体字，1. 文物古迹；2. 姓氏中的异体字；3. 书法、篆刻等艺术作品；4. 题词和招牌的手书字；5. 出版、教学、研究中需要使用的；6. 经国务院有关部门批准的特殊情况。

“老师，你知道吗？为赶潮流、吸引眼球，不少广告牌使用繁体字，最高可被处罚 5000 元。”不知是哪位同学补充了这么一句话。

第二天，一份份调查报告交上来了，我一一仔细阅读，一篇篇都有理有据、针对性强，调查目的、过程、结论写得都很翔实。毫无疑问，这是一次成功的综合实践活动。

对汉语言文字规范的维护是一项长期的、艰巨的任务，不可能仅仅通过学生的实践活动就能完成。但通过这次活动，把学生放飞到社会的大课堂，为他们提供广阔的空间，让他们去亲身实践，体验“纸上”得不到的东西。通过这次活动，同学们明白了在中国综合国力逐步增强、国际地位日益提高的今天，汉字的规范使用尤为重要，每一个人都应当尊重它、爱惜它、保护它，由此，一种责任感油然而生。而在活动中，同学们表现出来的热情和搜集资料、处理问题的能力，更是出乎我的意料。

体验是一种生活积累，是一种人生积淀，是一种最宝贵的教育“储蓄”。丰富多彩的体验活动让学生感悟到：人人负责，城市才会文明。所以，学校要做的就是为学生的成长搭建各种平台，通过各种活动让他们在体验中不断成长，从而达到教育的真正目的。

（四）我健康，我幸福

启正楼学生餐厅和操场周围以“健康教育”为主题。健康的身体是幸福快乐的前提，人拥有健康的体魄能更好地学习、生活、思考，能更好地去感受幸福、追求幸福、创造幸福。餐厅周围的墙上有健康饮食和健康生活习惯的宣传版面，介绍了在各个季节的保健要点。“生活小常识”专栏，引领学生健康饮食、健康生活。操场西墙上有醒目的标语“我爱体育运动，我爱和谐校园”，旁边有运动项目简介以及相关的运动技巧。

为增加学生体育锻炼的时间，增强锻炼的效果，学校积极推进了以“我运动、我健康、我快乐”为主题的大课间改革，由校领导统筹规划，体育教师和音乐教师协同各班主任精心打造。

每天上午、下午第二节课后，校园里就沸腾起来了。校歌《我们幸福，我们快乐》以轻快活泼的旋律拉开了锻炼身体的帷幕，上操班级有序入场，分四个活动环节：第一环节，在《如果感到幸福你就拍拍手》音乐伴奏下，以跑跳步分散至体操队形；第二环节，轻松热身韵律体操“七彩阳光”；第三环节，在音乐《小皮球》伴奏下分组跳皮筋；第四环节：齐诵诗文《少年中国说》，蛇形退场。在活泼轻快的旋律中，操场上热闹非凡，学生精神抖擞、意气风发，充分发挥了大课间的效益。

附：实验小学每天一小时校园体育活动方案

一、指导思想

为认真贯彻全国切实推进“阳光体育运动”，确保学生每天一小时的体育锻炼时间，以“健康第一”为理念引领，以科学的管理，使学校大课间活动工作全面健康发展，创建“崇尚健康，参与健康”的活动氛围，争创学校体育特色，培养全面发展的学生。

二、活动目标

通过大课间活动，以实现“人人享有体育与健康，树立开放意识”的目标，让全体师生共同参与，增进师生情感，丰富校园文化生活，促进良好校风的形成，突出以学生为主体的意识，力争展现学生勃发的朝气和昂扬的精神面貌，培养学生强烈的集体荣誉感和展示自我的能力。让学生真正体会到我运动、我快乐、我阳光，养成良好的体育锻炼习惯和健康的生活方式，逐步形成热爱体育、崇尚运动、健康向上的良好风气，珍视健康、重视体育的浓厚氛围。

三、活动原则

1. 全员参与。师生全员参与，充分发挥师生的积极性和创造性，达到全体健身的目的。

2. 安全第一。器材管理整齐有序，落实执勤教师和班主任的职责，强化活动过程管理。

3. 从实际出发。因学校场地小、在校学生多，为合理安排大课间计划和内容，采取以年级为单位、集体活动的形式。

四、活动时间

周一至周五上午每天9点半～10点、下午3点半～4点进行大课间活动，当天没有体育课的班级下午安排体育活动。

五、场地安排

校园和西操场。

六、大课间活动内容流程

晴天大课间活动分 5 个环节。

第一环节：健康起航（5 分钟）。眼睛保健操后在音乐伴奏下集合到活动场地南端，立正站好。

第二环节：激情入场（1 分 20 秒）。在音乐的伴奏下跑跳步进入活动场地，所需音乐《如果感到幸福你就拍拍手》。

第三环节：轻松热身（4 分 36 秒）。韵律体操“七彩阳光”。

第四环节：快乐活动。跳皮筋，用音乐《小皮球》伴奏。

第五环节：古诗文伴奏下蛇形两边退场。

雨天和不能参与大课间活动的各班，由体育组设计安排一些适合学生活动的室内游戏项目，各班按自己所需，自由选择游戏活动。

1. 掰手腕。两人在课桌的两侧面对面坐好，双方用右手互握，肘部顶在桌面上，相距约 20cm；前臂保持竖直，左手可抵住课桌底板或抓住课桌的腿以固定身体。发令后，双方用力将对方手腕往左下扳压，直至将对方手背压在桌面上为胜。

2. 乒乓球打靶。将教室中间前面的两排课桌搬开，空出一块位置做游戏。在这个空位置上，离讲台 3～4 米处，放一张课桌作为投掷线。学生按座位纵行分队，各队第一人拿一个乒乓球站在投掷线后。在讲台上，成一横排竖立放 6 个饮料瓶。游戏开始，学生站在投掷线后用乒乓球瞄准饮料瓶投掷，将饮料瓶打倒者得 1 分。掷完后，将球捡起交给第二人再做，直至全队做完为止。得分多的队为胜。

3. 拦击导弹。选出 4 人，各拿一个乒乓球拍，站在黑板前，作为“防空部队”，其他人拿 15～20 个乒乓球当作“地对地导弹”。游戏开始，拿乒乓球的学生用乒乓球掷击黑板，而拿球拍的学生则用球拍进行拦击，如果拦住了，则是“导弹被击毁了”，如果让乒乓球漏过去击中黑板，则是“导弹击中了目标”。一轮游戏之后，再换 4 个人防守。击下“导弹”多者为胜。

4. 接后语。学生坐在座位上，由第一排第一个学生随便说一个词汇，例如，“今天”，接着第二个学生以第一个学生所说词汇的后一个字打头，再组成一个词汇，例如，“天气”，依此法一直往下传，如“气候”“候补”“补救”等，一直到某一学生组不成词汇为止，罚该学生表演一个节目后，又由该学生重新起头再做。

5. 传口令。学生坐在座位上，按座位纵行组成队，游戏开始，各队第一个人到教师那里接收“秘密口令”后，回到自己座位上坐好。教师发令后，各队将口令一个接一个轻声地往后传，最后一人听到口令后，立即用纸条写下来，跑到前面交给教师，以先送到而又没传错的队为胜。

6. 猜猜他是谁。全班学生按座位分成四组，每组选一个猜者蒙上眼睛站在本组前面。游戏开始，大家边唱：“小猫小狗小刺猬，请你猜猜他是谁。”边拍手边和本组同学任意调换座位，唱两遍后坐好，猜者走向本组，去摸座位上的任何一人，猜猜他是谁，猜对了就与被猜者互换角色，没猜对的可再猜两次，三次没猜对就给大家表演一个节目，然后互换猜者。

7. 指部位。甲乙两人面对面坐好，甲用一手按住自己的鼻子，另一手前举，被乙的同侧手握住；乙轻轻在甲掌心击一下的同时，喊出头部器官的名称（如眼睛、鼻子、耳朵等），甲则迅速用手指指到该部位。指对了，双手互换角色；指错了，不交换。

8. 传球比赛。以座位纵向排列为组，每组准备一个球（篮球、足球或排球），全班同学坐在原位。游戏时，听到发令后每组第一人将球从头顶传给后面第二人，依次传递，直到每组最后一人，看哪一组快。同样也用转身向后传的方法进行游戏比赛。

9. 织布机。游戏者两人一组，分成若干组。分别站在课桌之间，两人面对面站立，手拉手，一人全蹲，另一人站立。蹲者迅速站立，站立者迅速下蹲，形成一蹲一起有节奏的起伏。在规定时间内，哪一组蹲起的次数多，哪一组为优胜。

10. 添鼻子。学生坐在座位上，按座位纵行分队。游戏前，在黑板上画几个没有鼻子的人头像。各队派一人站在离黑板上的人头像前约3米处，拿一支粉笔，蒙上眼睛，教师发令后，各自走向自己面向的人头像前，用粉笔将鼻子添上，然后教师进行评比，比比哪个队添得准确，并进行评分。接着各队第二人再做，最后得分多的队为胜。

七、活动要求

1. 强调全员参与，组织学生活动的同时，教师也要参加体育活动，提高身体素质。

2. 少先队要组织必要的检查评比，看看哪些年级和班级大课间活动开展得正常有序，特别是要加强监督下雨天的室内活动情况。

3. 注意活动安全，严防追打推闹行为。由于场地小，全校师生无法同时散开活动，所以活动前后都要整队，有序上下楼。

诸城市实验小学班级阳光体育活动安排表

____年级____班　　　　　班主任：________

星期	是否有体育课	活动项目		活动时间	活动人数	活动地点	责任人
		单周项目	双周项目				
一				下午3：30～4：30			
二				下午3：30～4：30			
三				下午3：30～4：30			
四				下午3：30～4：30			
五				下午3：30～4：30			

说明：1. 开展班级阳光体育运动活动是学校落实素质教育、充分关注学生身体健康、促进学生身心健康发展的重要举措。学生在校进行的主要体育活动时间有三种类型：一是体育课；二是上、下午大课间（各30分钟）；三是下午第二节课后一小时（此项主要安排当天没有体育课的班级进行）。

2. 各班下午具体的体育活动时间、活动项目（要切和学生实际，在保证学生安全的前提下尽量选择幅度小、又能较好地起到锻炼效果的项目。每班至少选择两项内容，单双周轮流进行。）由班主任填写，并组织学生认真活动。

3. 学校不定期检查班级阳光体育活动的情况，结果计入班级管理量化考核成绩。

（五）我平安，我幸福

安全教育是学校的头等大事。安全教育专题散布在各个教学楼内。每个楼梯的拐角处都有安全警示牌，如“安全第一记心中”“上下楼梯靠右行”“秩序美是所有美之最”等。考虑到校内人员比较密集，学校在每一层楼梯中间都画了黄线，要求学生上下楼梯靠右走，养成有秩序上下楼的习惯，以防拥挤踩踏。每一个楼道拐角处都设有安全监督岗，上学、放学和大课间都有学生干部执勤，提醒监督学生遵守规则，确保安全和秩序。学生们鱼贯而出，鱼贯而入，或低吟或浅唱，秩序井然，一片和谐。小黄线加监督岗，让我们看到了学校集体生活中的美之最——秩序美。

每个教室的门口都张贴着应急疏散示意图，并设有防火水桶，每个学生都备有防火口罩。学校特别重视学生安全疏散演练，各教学楼每个班级的疏散路线及集合位置都做了具体的安排。防震、防火或者防拥挤踩踏安全疏散演练，成了每周的必修课。演练报警信号一发出，学生立即取出自己的防火口罩（或毛巾和手帕等易吸水、能遮掩口鼻眼大小的软布），及时依次在班级防火水桶里沾满水，自教室内按照离门口由近至远的位置迅速站成两路纵队，双手抱头上部弯腰，沿规定路线快速撤离，在操场指定位置站好。每周的这节必修课让学生懂得了消防常识，熟悉了疏散路线、方法，学会了遇事不慌、积极应对、自我保护，增强了安全意识，提高了应急能力。

现在，只要警报声一响起，实验小学各教学楼内顿时人头攒动，气氛一片肃然。全校 3800 余名师生会在 4 分钟内按照既定的行走路线，撤离到东西操场两个安全地带，且迅速安静、秩序井然、有条不紊。

学校不断提高安全设施标准，每一层楼都配备了灭火器、消防栓、消防应急灯等设施，每一个教学楼后窗都安装了安全防护网。同时，按要求进行检修，保证管理好、使用好，建立了校舍等各项安全检查记录上报整改制度，经常开展安全检查，及时发现和排除安全隐患。利用安全教育月让学生学习安全常识，以及灭火器、消防栓的使用方法等知识，并现场演练。

注重学生上学、放学交通安全和校门口秩序管理。每班制作了安全旗和班牌，供学生上、放学路上使用。新学期伊始，印发《致家长的一封信》，敬告家长高度关注学生租乘车安全，不租乘病车、报废车和无牌无照车辆接送孩子，教育学生安全乘车。要求家长在学校统一规定区域送、接孩子，接送车辆尽量停在路沿石以上，共同维护道路畅通。要求学生早晨、下午按规定时间到校，由接送点沿校门口两侧自觉成队有秩序入校。因特殊原因确需提前来校的学生，学校作专门统计，并为其制作早到证，安排值勤教师到校看护，确保学生上学、放学安全和校门口秩序良好。

学校的少年交警队在全市起步早、规模大、质量高、活动正常，是对学生进行安全教育的有力抓手。目前拥有 120 人的少年交警队，由市交警大队的教官担任辅导员，定期来校进行培训和指导。队员们还定期轮流实际上岗值勤，体会交通警察的神圣和肩负的重任。队员们还以志愿者的身份走进社区进行交通安全知识宣传，以小手带动大手，增强居民的交通安全意识。少年交警队在学校安全常规管理、班级路队管理、活动集会等方面发生了重要的作用。学校依托少年交警队，打造安全教育品牌，被授予 2013 年度“山东省少年警校示范校”称号。

学校实施了程序化的安全管理模式，建立了安全隐患台账，每日记录全面排查与整改情况，逐条销号，安全隐患的存在与整改一目了然，做到了安全无死角。2013 年，山东省教育厅确定学校为首批“山东省中小学安全文化建设重点研究基地”。

（六）我过节，我幸福

中国传统节日跨越历史长河从远古走到了现代，春节、元宵、清明、端午、七夕、中秋、重阳……这些节日是农耕社会的伴生物，有其特有的文化内涵，体现中国哲学上的“天人合一”自然观，表达浓浓亲情，体现民族精神，表达人们对美好生活的向往。传统节日是民族文化的精华，作为传承中华文化的重要载体，它已经植根于人们的集体记忆中。然而，随着西方节日习俗的大量涌进，以及与传统节日的融合与碰撞，中国传统节日的持续传承与创新发展面临极大的挑战。如何加强校园节日文化建设，让学生亲近和体悟民族的传统节日文化，已成为学校的重要任务。

首先，我们将传统节日文化融入到环境建设中，为学生营造浓郁的传统节日文化氛围。春节放假前，我们在教学楼的门口悬挂自制的灯笼、鞭炮，让学生感受到节日的喜庆；端午节来临之际，我们在楼前摆放宣传版面，让学生知道端午节的由来和民间风俗活动。各个班级也根据节日的主题营造相应的氛围，黑板报、四周的墙壁成了重要的阵地，内容和形式都由学生自己设计。例如，主题为“欢欢喜喜过大年”的板报贴上了学生过新年的画，以及家长在画上写的新年寄语。

其次，我们还创设了“中国传统节日文化”宣传栏，向学生展示传统节日的由来、传说、风俗和与之相关的诗词画作等，以图文并茂的形式凸显民族文化主题。宣传栏内展出的还有传统节日摄影展，这是摄影社团的保留节目，每当节日来临时，小摄影师们总会背上相机，走出家门，寻找精彩的节日画面，展节日之风采。

再次，以传统节日为抓手，举办各种节庆文化活动。如利用清明节开展生命教育，既可以以讲一个英雄故事的形式，也可以以在网上祭扫英烈的形式，倡导文明过节、绿色祭祖；利用端午节开展爱国主义教育；利用中秋节强化对家国团圆的永久期盼，可给父母背一首赏月诗、团圆诗等；利用重阳节开展尊老敬老教育，可给父母写一封家书，对父母说一句感恩的话，向父母表一个决心，给父母做一张贺卡，送父母自制的一个礼物，给父母泡一杯茶、动手做一道菜等；在放寒假前，利用“二十四，扫房日”，在校园内组织一次卫生大扫除，既清洁卫生，促进了健康生活方式的养成，又让学生亲近了传统文化，与全民族一起迎接新春的到来；利用春节开展热爱生活、文明过节教育，如“收礼只收压岁言”等活动。学生接受传统文化的熏陶和洗礼，体会古老民族的养生理念和健康的生活方式：欢欢喜喜过大年的过程，表达的是对美好生活的热爱；清明节庄重的祭奠仪式表达的是对生命的敬畏；踏青赏春的清明、龙舟竞渡的端午和登高赏菊的重阳，表达的是对健康的追求。这些都是我们民族特有的积极健康的生活方式，节日文化教育不只让学生从思想上获利，更多的是让学生在行为习惯上得益。传统节日文化的设计，让学生体会到了奋发向上的民族精神和作为中国人的自豪感，精神境界得到充实，道德境界得到升华。

除了传统节日外，我们还有校园节日，如四月的体育节、五月的艺术节、十月的科技节、十一月的读书节。每一个节日都设计安排一系列的主题活动，学生人人参与，人人体验成功的快乐，触发积极向上的力量，成为学生一种深深的期待。马斯洛的需要层次强调，人都有被尊重和自我实现的需要，所以快乐中成才是幸福的真谛。节日文化设计给学生搭建了展示的舞台，让他们体验成就感，帮学生抵达幸福快乐的彼岸。学校的仪式和节日是学校文化的活标本，是学生生命中最值得关注的重要时刻。

镜头一：书画一家亲

五月的艺术节，一个星期五的下午，阳光明媚，启真楼前的空地上，近100名小画家正在挥毫作画。原来，他们是在参加艺术节中的“书画一家亲”活动。活动之前，大队部的学生干部和少工委的老师们做了大量细致的工作。一排排课桌摆成了整齐的方阵，一张张宣纸和铅画纸按照要求被裁剪成统一的规格，同时“红领巾广播站”播放的音乐也为这热火朝天的场面推波助澜，播音员卖力地为各位参赛队员加油。经过近一个小时的忙碌，小画家们陆续离场。音乐声中，他们一边走，一边回头看着自己心爱的作品，心满意足地笑了。两天后，学生度过了愉快的周末，背着书包迈进了校园的大门。他们惊奇地发现，教学楼外面的墙壁上，整齐划一地张贴着一幅幅美丽的图画，有白雪公主、小红帽、渔夫和金鱼的故事、哈里·波特……他们觉得自己仿佛置身于童话世界中。原来，是少工委的老师利用双休日进行评比，并且将每一幅画都展示在墙壁上。这不，升旗仪式上，主持人正用她那甜美的嗓音向“小画家”汇报喜讯：“同学们，自古书画不分家，上周五我们有上百位同学参加了‘我为心爱的图书配幅画’活动，活动中，有近80名队员表现突出，被授予‘才艺明星’，让我们用热烈的掌声向他们表示祝贺。”

镜头二：乐声悠扬　满园芬芳

鲜花盛放，正是一年春意浓浓的时刻。连续一个星期的下午，实验小学校园里不时回荡着悠扬的乐曲，乐曲像缕缕春风，似袅袅云烟，浸润到校园的角角落落，使人顿生温馨亲切的感觉。启智楼五楼的舞蹈训练厅里，正在举行着为期一周的艺术节器乐独奏比赛。学生尽情表演着十四五种乐器，他们动作的娴熟、技艺的精湛、情感的自然流露，使人怀疑这是出自一群10岁左右的顽童手里，真是“舞者投入，观者迷醉”。学校举办此项活动的出发点是为了更好地落实“学生人人学会一种乐器的演奏”和“促进器乐进课堂”的艺术教育目标。本次比赛，全校共选拔出了180名器乐特长生登台展示，整个比赛按年级分5个专场进行，依据年级和乐器种类设奖。该活动影响和激发了学生学习器乐的兴趣，提升了学生的鉴美水平，丰富了学校艺术教育的内涵。

镜头三：红领巾小书市

读书节系列活动中的“红领巾小书市”是学生最盼望的活动。每次活动前，大队长马云燕就主动联系辅导员老师落实活动的场地和硬件设施的安排，主动安排“义务工”布置会场，主动联系大队委员做好书市交易的文明秩序和相关记录工作。时间一到，露天会场中人就会越来越多，声音也越来越吵，事先登记的摊位上正襟危坐的“摊主”把要卖的书工工整整地摆放在桌子上，随着气氛越来越热烈，他们会情不自禁地吆喝起来：“快来买，九成新的《三国演义》，5块钱一本……”“瞧一瞧，好看的童话书啊，便宜卖啦……”声音此起彼伏，有的同学不愿意卖，也在吆喝：“你的书好看，我的书也好看，咱们来换一换……”“交换咯！交换咯！”买书的也不甘示弱，一边挑剔地翻看着图书，一边煞有介事地数落着书的缺点，以便把书的价格压下来。人群中，老师也来凑热闹，兴许，在这些小鬼的书摊上真能发现一两本物美价廉的好书呢！

读书是一种提升语言素养的文化行为，而藏书是一种根植于队员内心的文化修养。而在红领巾书市中，在图书交易的体验中，队员深深体会到创业的快乐和辛酸。

镜头四：热火朝天的读书节颁奖仪式

2013年11月30日，实验小学2013年读书节颁奖典礼在少年文学院隆重举行。首先是“故事大王”的颁奖仪式，一共有180名学生获得“读书大王”的称号，学生在欢快激昂、富有节奏感的《运动员进行曲》中走上主席台。8位文学院辅导老师耐心地给每一位获奖的学生颁发奖状，闪光灯留下了他们永久灿烂的笑容。在60名获得“故事明星”的学生颁奖结束之后，最激动人心的时刻到了，那就是“读书达人”的颁奖仪式。之前，学校精心挑选了适合学生阅读的中外名著，用漂亮的丝带打成蝴蝶结，每4本捆在一起，作为奖品。20名“读书达人”带着满脸灿烂的笑容迈步走上主席台。校长室、教导处等领导亲自为他们捧上奖杯和奖品，金黄色的奖杯在灯光的照耀下闪闪发光，绸带飘飞，场下响起了经久不息的掌声。校礼仪队的队员两人一组，抬着那些厚厚的精美的读书手抄报集、拍成照片的读书黑板报、班刊等成果，在所有师生的面前缓缓巡回展示。全体队员和老师共同分享着成功的收获和喜悦。

在学生的世界里，激励是其最重要的成长动力。因此，我们在“四节”系列活动中，大力开展评选表彰活动，触发其积极向上的力量，促进学生幸福快乐成长。

教育的对象是活生生的人，他们需要享受学习的愉悦，而不是陷于艰辛的苦行中。把握住了这一点，并将其融于全面、系统、持续的文化设计过程之中，一切便会自然而然。

（七）我文明，我幸福

人们常说：“言为心声，行为心表。”一个注重自身修养和重礼仪的人才可能成为优秀的人、品行兼优的人。“不学礼，无以立。”说的就是这个道理。文明礼仪教育是学生学习、生活的根基，是学生健康成长的臂膀。学校把文明礼仪教育作为德育工作的立足点和突破口，引导学生从文明礼貌开始，从礼节规范入手，增强学生讲文明、讲礼貌、知礼节、守礼仪的自觉性，培养学生良好的行为习惯。

徜徉于校园，你会时时处处感受到浓郁的文明礼仪氛围。校园的孔子画像和“仁、义、礼、智、信”“温、良、恭、俭、让”专题教育走廊时刻提醒学生要文明说话、文明做事、文明为人。《弟子规》内容配以卡通图片形成了亮丽的墙壁文化。浓厚的氛围让学生受到了潜移默化的影响。教室里窗明几净、一尘不染，讲台上整整齐齐，室内物品摆放井然有序、赏心悦目；清洁区、生活区、图书角分布合理，拖把、扫帚、水杯、衣服、雨天伞都有固定的位置摆放，既不影响美观又方便实用。

为使文明礼仪教育实践活动扎实开展，学校还加大宣传的力度，通过召开专题会议、升旗仪式讲话、红领巾广播、主题队会、黑板报、校园网、悬挂横幅、张贴标语等形式营造浓厚的文明礼仪活动氛围，使广大师生充分认识到开展文明礼仪教育的重要性和必要性。讲文明、懂礼仪是中华民族的优良传统，是对师生日常行为的基本要求，是打造文明和谐校园的基本要素。让广大师生明确学校文明礼仪活动的方案和要求，使文明礼仪意识深入人心，成为全体师生的自觉行动，营造人人讲文明、个个讲礼貌的良好氛围。

要让学生具有良好的文明行为，就必须首先学习《小学生日常行为规范》，只有让“规范”深入人心，才可能实施“规范”。学校以《小学生守则》《小学生日常行为规范》为依据，制订了《诸城市实验小学学生文明礼仪规范》。结合学生的年龄和身心发展特点，采用选编、改编、自编的形式，汇编成学校的校本课程《文明礼仪伴我行》《迈好起跑线上的第一步》等读本，并对学生提出了具体要求：在个人礼仪（仪态举止、谈吐、着装、站、坐、行以及神态、动作）上文雅、大方、文明；在学校做到课桌文明、校服文明、餐厅文明、厕所文明，与他人团结友爱、互相帮助、尊重他人、善于合作；在家做到孝顺父母、关心亲人、勤俭节约、热爱劳动；在社区和公共场所爱护公物、讲究卫生、保护环境、遵守秩序等。根据学生对这些规范的学习和践行情况，每学期在全校开展“文明礼仪之星”“卓越学生”评选，班级、学校层层推荐，写出典型事迹推荐材料，评审小组考查确定。每学期的校级“文明礼仪之星”都会在学校光荣榜和校刊上刊登展示。这些活动的开展树立了学校文明新风尚，增强了学生的文明礼仪意识。

附：诸城市实验小学学生文明礼仪规范

一、学校礼仪

（一）形象礼仪

1. 按要求穿规定的校服，扣齐纽扣或拉齐拉链，不随意更改校服，不外露内衣，不披衣散扣，不把上衣捆在腰间；衣服干净整洁；按要求佩戴干净的红领巾。

2. 不穿拖鞋，不追求名牌鞋，不穿高跟鞋，不穿厚底时装鞋。

3. 课堂和集会不敞衣、不脱鞋。

4. 头发适时梳洗，发型大方得体，不染发，不烫发。男生前发不覆额，侧发不掩耳，后发不及领；女生前发不遮眼，侧发不掩睛。

5. 保持友好、真挚、积极的情绪状态，表情自然，不故意挤眉弄眼、吐舌、做怪相。

6. 不佩戴项链、耳环（针）、戒指、手链、手镯等饰物。

7. 不涂脂抹粉，不画眉，不文眉，不文身，不留长指甲，不染彩色甲。

8. 坐有坐相，站有站样，走路昂首挺胸，举止文雅，稳重端庄，落落大方。

（二）课堂礼仪

1. 预备铃响，做好课前准备，并端坐教室安静等待。

2. 老师宣布上课后，迅速起立，向老师问好，并鞠躬行礼，待老师答礼后坐下。

3. 不迟到。如果迟到，应该轻敲教室前门，立正喊“报告”，经老师允许后进入教室。

4. 上课时，身体端正坐直，读书写字姿势正确；各种学习物品要轻拿轻放，专心听讲，独立思考，认真做好课堂笔记。

5. 积极思考老师和同学提出的问题，举手发言。发言时，姿态端庄大方，声音洪亮清晰。

6. 别人发言时，要认真倾听，不随便打断别人的讲话，不做与学习无关的动作，不发出各种声响，更不能取笑他人。要通过真诚的眼神和表情给发言者以鼓励。

7. 上课时，如遇到其他同学身体不适等突发事情，不要围观或表现出厌恶情绪，要关心同学，听从老师的安排，协助老师妥善处理。

8. 下课铃响，老师宣布下课时，应端正起立，与老师互道“再见”。离开教室时，让老师先行。

（三）活动礼仪

1. 课间积极参加有益于身心健康的各种体育活动和文娱活动，不大声喧哗，不追逐打闹，不妨碍他人休息，注意礼让。

2. 积极参加班级和学校组织的文艺演出、体育竞赛、科技制作、少先队活动、节庆活动以及培养特长的各种兴趣小组活动。活动中，注重合作，富有团队精神；表现自我才艺时，要谦虚礼貌，尊重并欣赏他人的长处。

3. 积极参加新课程中的综合实践、社区服务与社会调查等活动。在活动中，遵守交通规则，遵守公共场合秩序，举止大方，彬彬有礼，说话、提问有礼貌，注意语言文明。

4. 出入教室、功能室、会场等活动场所时要轻声慢步，按指定线路有序行走，不拥挤，不抢道。

5. 参加比赛时，要遵守比赛规则，不弄虚作假，不骗取荣誉。要尊重竞争对手，不故意伤害对方，对他人的冒犯或过失要宽宏大量。遇到有争议的问题，要按照程序向有关人员提出，并心平气和地进行沟通。

6. 观看比赛时，要做文明观众，要给比赛双方队员加油鼓劲。

7. 在活动中，要爱护校园花草树木，亲近与爱护大自然，不乱扔垃圾。

（四）集会礼仪

1. 集合列队要迅速、安静、整齐，并提前进入会场，在指定位置坐（站）好。

2. 参加升国旗仪式，要立正脱帽，肃穆庄重，目视国旗行注目礼；唱国歌时要声音洪亮。

3. 听讲话、看演出，要做到神情专注，姿态端正，保持安静，并适时适度鼓掌。

4. 在集会过程中不喝倒彩，不吹口哨，不擅自走动或离场；不在会场吃零食，不乱扔果皮纸屑，保持会场清洁卫生。

5. 上台发言或领奖，要提前做好准备，稳步迅速上台。发言前，要向主席台和场内听众行队礼或鞠躬礼，发言结束要主动致谢；领奖时，双手承接，并行队礼或鞠躬致意。

6. 报告、演出结束，要真诚鼓掌，以示感谢；要听从指挥，有序退场。

（五）交往礼仪

1. 进出校门，相互谦让；主动向保安和值班老师问好；遇到同学或来宾，微笑致意。

2. 上下楼梯时，要轻声慢步，靠右行走。遇到老师或客人时，应让老师和客人先行，并主动向老师和客人问好。

3. 出入老师的办公室，先轻敲门，允许后方可进入；与老师交谈，躬身站立一侧，说话音量适中。若老师正在办事或与别人交谈时，不随意打扰；不随便翻阅老师办公室的东西，不私自打开老师的电脑。如果要找的老师不在，但确实有急事，可给老师写个留言。如果是与老师事先约好，则要按时到达约定的地点。

4. 要诚恳地接受老师的教育和指导。与老师、同学有不同意见时，要心平气和地进行沟通，不赌气，不吵闹。不欺骗老师，不顶撞老师。

5. 午托生要遵守宿舍的管理规定，讲究宿舍卫生，个人物品要按规定摆放；未经同意，不动用他人的物品。老师进入宿舍时，要起立问好，主动让座；老师离开时，要起身相送。

6. 尊重同学，主动帮助有困难的同学，对同学的过失或冒犯要宽宏大量。不给同学取绰号，不挖苦讽刺他人，不在同学背后说三道四，不捕风捉影，不说让他人难堪的话。

7. 向别人借东西，要先征得别人同意；对别人的东西要加倍爱护，并且要信守诺言，按时归还。

8. 男女同学要正常交往、大方得体；男同学要尊重和照顾女同学。

9. 言而有信，答应别人的事一定要做到；万一不能做到，应及时说明并真诚致歉。

（六）就餐礼仪

1. 进入餐厅时要安静有序，拿取餐具相互礼让，不急跑，不插队，不争抢，不拥挤。

2. 进餐时遵守食堂秩序，保持安静，爱惜粮食。

3. 进餐后要按照生活教师的指导收拾好自己的残汤余羹、骨头、蛋壳等，把餐具轻放到指定的地点，摆放整齐，不乱扔餐具与垃圾，保持餐厅卫生。

二、家庭礼仪

（一）起居礼仪

1. 按时作息，晚上睡前向父母道晚安，按顺序脱鞋解衣，并摆放整齐。夜间上洗手间时，应轻声慢步，不打扰家人休息。

2. 起床时，穿衣动作迅速，主动叠被理单。如果家人还未起床，要轻手轻脚，不影响家人休息；如果家人已经起床，要主动向他们问安。

（二）就餐礼仪

1. 进餐前请长辈或客人先行就座，主动给长辈或客人添饭加菜。家人（或客人）给自己添饭加菜时，要主动道谢。要主动把合长辈或客人口味的菜摆在长辈或客人面前。

2. 进餐时不口含食物讲话；吃东西或喝汤时要小口吞咽，闭嘴咀嚼，尽量不发出响声。夹菜时不要用筷子在盘中挑拣，尽量不起身；如果有公筷或公勺，要尽量使用公筷或公勺。

3. 用完餐后，尽量不提前离席，如果确实需要提前离开，应该轻声向家人礼貌打招呼；等全家人用完餐后，应主动帮家人收拾餐桌、洗刷碗筷。

（三）交往礼仪

1. 孝敬长辈，逢年过节要向长辈表示问候和祝福，要牢记父母的生日。对父母长辈不直呼姓名，更不能以不礼貌的言词代称，要用准确的称呼，如爸爸、妈妈、奶奶、外婆、叔叔等。

2. 与家人交往要大方自然，常用“请”“谢谢”“对不起”“没关系”“再见”等礼貌用语。

3. 出门要主动向家人道“再见”，回家要主动和家人打招呼。如外出不能按时回家，应及时给家人打电话说明原因，以免家人着急。

4. 要诚恳地接受长辈的教育和指导。与家人有不同意见时，要心平气和地进行沟通，不赌气，不吵闹。

5. 到家人房间前，要先轻声敲门，待家人同意后方可进入；不乱翻家人的东西。

（四）待客礼仪

1. 家里来客人时，要先问清来访人的身份，如果因为出于安全考虑或父母交代不能开门，应说明原因并致歉。

2. 客人进门后，不要冷落客人，要以主人的身份主动亲切地向客人打招呼，并请客人入座；客人入座后，应准备茶水或饮料，双手递送。

3. 如果客人与父母谈事情，应该主动回避；在家读书、看电视、游戏等，尽量小声，以免打扰他们的谈话。

4. 客人来访时，因自己确实有事不能陪伴或要暂时离开，应主动向客人打招呼并说明原因。

5. 客人告辞时，要等客人起身后再相送，并主动同客人说“再见”；客人离开时，应该礼貌目送，不要立刻大声地关上门。

6. 同学、朋友来访时，要热情迎接，并主动向家人介绍；和同学、朋友在家活动时，应尽量保持安静，以免影响家人。若正在吃饭，要热情地邀请其一同用餐；若同学、朋友来前已经用餐，不要冷落他们，应该先将同学、朋友安排好，自己再和家人一起用餐。同学、朋友告辞离开时，应该主动相送，并欢迎他们下次来访。

7. 接听电话要热情，说话时音量要适中。当听到电话铃响（一般不应超过三声），要拿起话筒，用普通话说“您好”；接话完毕，应谦恭地问一下对方“请问您还有什么事情吗”；通话结束时应该说“再见”，并轻轻挂断电话，切忌鲁莽地将电话“咔嗒”一声挂断。在一般情况下，接电话者应让对方先挂机。

三、社会礼仪

（一）着装礼仪

1. 在公共场所着装要得体、整洁、大方，不披衣散扣，不穿背心、裤衩、拖鞋；女生不穿吊带衫、超短裙。

2. 不穿高跟鞋，不穿厚底时装鞋，不佩戴饰物。发式发型要符合小学生的要求。

（二）交通礼仪

1. 自觉遵守交通规则，听从交通民警和交通信号的指挥。过马路要走人行横道，不闯红灯，不翻越交通隔离护栏，不抢行机动车道，不三五成群并排行走；不追逐打闹，不横冲直撞，不在行人拥挤的路段逗留。

2. 乘坐公共交通工具时应主动配合乘务人员维护公共秩序，自觉排队，按照先下后上的规定有序上车；上车后自觉购票（刷卡）；尊老爱幼，主动给老、幼、病、残、孕让座，不抢占座位；不大声喧哗，不乱扔垃圾，不在车（地铁）上吃瓜果、瓜子、花生和其他零食。

3. 在街上或马路上行走时，要互相礼让，主动给长者、残疾人和有需要的人士让路，尽量不在人多的地方逗留。在路上遇到熟人要打招呼，不能视而不见；如果需要交谈，应注意安全，尽量到路边或其他安全地带，不要站在道路当中或人多拥挤的地方。

4. 向别人问路时，要先用礼貌语言打招呼，如“对不起，打扰您一下”“请问”等；听完回答之后，一定要说“谢谢”。如果别人向自己问路，则应认真、仔细回答，如果自己不清楚，则应礼貌说明并致歉；给陌生人带路时，要注意安全。

（三）场所礼仪

1. 在公共场所要做合格小公民，不大声喧哗，不追逐打闹，表情亲切自然；要维护公共场所的设施，爱护公共场所卫生；参与公共场所活动或使用公共场所设施时，要为他人着想，遵守社会公德。

2. 使用公共洗手间要自觉排队，便后一定要冲洗厕所。洗手时不要将水溅到外面。洗完手后，不要将水珠甩在洗手间的地板上，以免弄脏、弄湿地面。

3. 观看电影或演出时，要准时入场，不迟到，不早退，不随便走动；注意坐姿，不要将脚翘到前排椅子上；保持安静，不交头接耳，不议论、不评价演员或剧情；每一个节目结束时，应热情鼓掌；演员谢幕后方可退场，退场时要礼让有序；讲究卫生，不带食物进场，退场时要清理自己所用的物品，不乱扔垃圾。

4. 在图书馆、阅览室等公共学习场所，要遵守规则，爱护书籍，保持安静和卫生，不吃零食；看完图书后应放回原处，走动时脚步要轻。不要为别人预占位置。入座时应该轻轻搬出椅子，离开前应该轻轻将椅子还原摆好。

5. 在公共场所出门、进门时，应看身后是否有人随后出入，如有人相随，则应把门推（拉）开，等身后的人出入后方可轻声关门。

（四）购物礼仪

1. 自觉遵守购物公德，在购物商场和商店不大声喧哗，不追逐打闹，不损坏商品，不随地吐痰，不乱扔垃圾。

2. 购物态度平易亲切，尊重他人，交易自愿和谐。不强买，不恶意诋毁商品，不故意找茬压价。

3. 对服务员的问候要礼貌回复；对服务员的帮助要及时、得体地表示感谢。

4. 进超市购物时，应按规定存包；购物时，若对已选购的商品感到不满意，不能随意放置，而应主动将其放回原货架区；对贵重商品，要轻拿轻放。

5. 超市内的商品不得随意品尝和试用，不“顺手牵羊”，不占小便宜。付款时要自觉排队，对有急事的顾客应该照顾和礼让；离开时，要有礼貌地向服务人员致谢。

（五）交往礼仪

1. 到亲戚、同学或朋友家拜访时，应事先联系，征得同意后方可登门。做客时应仪表整洁，谈吐文明，举止大方得体，不大声喧哗；未经他人同意，不得随意动用他人的物品。主人递送茶水或其他物品时，应双手承接。

2. 如果在主人家用餐，要注意用餐礼仪。不抢先入座，不先动食物，尽量不提前离席。

3. 离开亲戚、同学或朋友家时，对主人的招待要表示感谢，并真诚地邀请主人到自己家作客。

4. 与人约定的事要守时守信，最好能提前赴约，但不宜太早；如果确实有特殊情况不能（或不能按时）赴约，应该提前告知对方并真诚道歉。

5. 与人交谈神情要专注，自然大方，音量适度，不摇腿，不跷二郎腿，并尽量不要打电话、看书报等；听别人讲话要耐心认真，不随便插话，不左顾右盼。

6. 对他人有意见时，应该在适当的时候、适当的场合当面委婉提出；与他人有不同的意见时，应心平气和地沟通；不背后议论别人的缺点或缺陷。自己做错事时，应主动真诚致歉；得到别人帮助时，应该及时致谢。

（六）旅游礼仪

1. 在旅游景区，自觉遵守社会公德。要爱护公物，特别要注意保护文物古迹，不乱刻乱画；举止文明，讲究卫生，不乱丢垃圾。

2. 在宾馆或酒店住宿时，要讲究卫生，爱护房间的财物；衣物、行李等摆放要整齐；不大声喧哗，不影响他人休息。对服务员要以礼相待，对他们所提供的服务要表示感谢。

3. 在餐馆进餐时应尊重服务员的劳动，对服务员应谦和有礼，当服务员忙不过来时，应耐心等待，不可敲击桌碗甚至大声喊叫。对于服务员工作上的失误，要善意提出，切不可让人难堪。

四、网络礼仪

（一）浏览礼仪

1. 善于网上学习，对于所要查找的内容或相关网址，应提前做好准备，上网前要有明确的目标。

2. 维护网络安全，不破坏网络秩序，不制作、不传播计算机病毒等破坏性程序，不侵犯别人的隐私，不盗用别人的ID和密码。

3. 保持身心健康，不浏览不良信息，不浏览不健康、不文明的网页。

4. 合理控制上网时间，玩网上游戏要有节制，不沉迷于虚拟时空。

（二）交流礼仪

1. 与网友进行诚实友好的交流，语言规范，讲究文明，不使用攻击性、侮辱性语言，不侮辱、欺诈他人。

2. 不泄露个人隐私信息，不随意约会网友。

3. 定时查看邮件，并及时回复。不打开来历不明的邮件，以防感染电脑病毒；不发送无聊、无用的垃圾邮件。

五、涉外礼仪

（一）迎送礼仪

1. 外宾来访时，应主动问候，起立欢迎，微笑致意；外宾提问时，应热情回答，不卑不亢，大方得体。

2. 遇外宾参观时，不尾随围观，礼节适度，保持良好的秩序。

3. 外宾离开时，应主动礼貌告别。

（二）出游（出访）礼仪

1. 出游（出访）时，必须了解并尊重出游（出访）地的文化、宗教信仰和风俗习惯。

2. 根据不同的场合，选择合适的穿着，举止文雅，庄重大方，要展现中国中学生良好的精神风貌。

3. 在公共场合，不修指甲，不挖耳朵，不脱鞋，不伸懒腰，不哼小调。打喷嚏、打哈欠时应用手帕或纸巾捂住嘴鼻，面向一侧，避免发出声音，避免将唾沫溅到别人身上。使用洗手间时，要尊重外国友人的习惯；不长时间占用洗手间，便后要冲水。

4. 要养成排队的习惯，不大声喧哗，不乱扔垃圾。

（三）交往礼仪

1. 称呼外宾时，可尊称先生、小姐、夫人、女士等，也可称对方行政职务或对方技术职称，如校长先生、教授先生、经理先生、部长阁下等。表达握手、合十、拥抱、吻手等礼仪方式时要大方得体。

2. 与外宾交谈时，表情自然，态度诚恳，用语文明，表达得体，注意自己的年龄和学生身份。尊重对方隐私，不谈敏感的国家政治话题和让人尴尬的话题，不问对方的年龄、婚否、收入、经历、住址、个人生活、宗教信仰与政治见解等。

3. 赠送礼物时，要尊重外宾的习俗，回避外宾禁忌，要注意礼品的纪念性、民族性、针对性和差异性；要注意赠送的时机和场合；礼品要精心包装，赠送的礼品要尽量能宣传祖国、宣传山东、宣传诸城的美好形象。

一点一滴精心的设计，都是对学校文化最好的诠释。精彩纷呈的校园文化设计，既面向全体，又注重差异，既培养学生自信、自尊、自强的心理品质，又极大地促进了学生的知识学习，学生认识、感受、创造幸福快乐的能力在不断提升。

四、 每一个场所造就一生的奇迹

学校文化设施是教育教学和文化活动的重要阵地，是师生课外活动的主要场所，对全校师生员工有着极强的吸引力和向心力，因此，我们规划设置了功能馆室文化，由专门教师管理，使图书馆、阅览室、社团活动室、舞蹈室、微机室都有了鲜明的主题，使整个校园呈现环境优美、文化内涵丰富的氛围。

（一）图书馆——学生幸福成长、教师专业发展的摇篮

书籍是人类进步的阶梯，是走向未来的基石。学校图书馆作为校内书刊齐全、资料广泛的信息集聚中心，以其丰富的资料和大量的信息作为保障，成为学校最重要的设施之一。图书馆担负着知识信息的收集、整理和传播等重要职能，是学生学习成长的第二课堂，是教师从事教学科研的加

油站，也是学校领导层管理、决策的重要参谋。它为师生提供了不断完善自我、超越自我的源头活水。随着学校教育教学改革的不断深入，图书室越来越凸显它的魅力。近年来，学校加大对图书馆的建设和投入，加强对图书管理人员的培训，大力推进图书馆管理规范化、科学化、现代化和服务功能综合化，充分发挥图书馆在学校教育中的重要作用，成为学生幸福成长、教师专业发展的摇篮。

1. 规范管理，创设良好的图书室环境

创设良好的阅读环境。学校把图书馆建设作为一件重要的事情来抓，对此进行了规划，有计划地加大投资。学校图书馆集藏书、阅览、借阅为一体，现拥有一间藏书量近 10 万册、占地 180 平方米的图书室，学生阅览室占地 120 平方米，教师阅览室 60 平方米。“书犹药也，善读可以医愚”“书是我的好朋友，帮我快乐的成长”等这样的标语张贴在图书馆墙壁上，为全校师生营造了一个优雅、舒适的阅览环境。学校还在教学楼各楼层开设开放书架，定期更新书目，方便学生阅读。各班均设有班级图书角，学生可随时随处享受到书香的沐浴，徜徉在书海中。

分类有序编排图书。学校每学期都要从有限的经费中拨出一部分资金，购进适合师生阅读的各类读物。学校非常重视图书馆的藏书质量，密切注意出版信息以及上级部门提供的图书资源信息，严格把好购书的质量关，适时做好剔除旧书的工作。学校图书馆内容丰富、质量较高，这与学校领导重视、各科老师的共同参与是分不开的。从购书过程开始，学校定期汇总各科教师推荐上来的书目，制订购书方案，并带领骨干教师去书店选购教育教学所需的书籍，精心选择，按需购置，注重图书的实用性和有效性，避免了重复和浪费。为了让师生及时了解新书信息、更好地利用图书馆，图书管理员会把新进的图书分类、书名、内容简介、出版社等内容发到校园网上，使老师在办公室就能查阅所需图书，既节省了时间，又提高了办公效率。

2. 科学管理，充分发挥图书馆的作用

课外图书比课本更具有趣味性，因为它可以图文并茂地把动物人格化、把抽象的道理形象化、把深奥的科学知识通俗化。所有这些，都贴近少年儿童的心理特征，使之轻松愉快地获得大量的知识，既开阔了视野，又陶冶了情操。因此，科学管理图书馆、加强图书的外借流通量就很有必要。

科学的规章制度。学校图书馆已建立健全各项规章制度，有文献资料的采编、加工、借还、保管、赔偿、清点、剔旧等图书馆业务操作规定，有对图书馆工作人员（包括馆长、各部门和学生管理员）的岗位职责，有对读者的借阅规定。各项规章制度的健全，使图书馆工作有章可循，减少了工作的随意性、盲目性，使图书馆管理工作井然有序，做到分工明确、职责分明。学校图书馆实行电子扫描借阅，实现了高效率的管理。同时，学校还在每个班级挑选一至两名同学任班级图书管理员，认真加以培训，以支持和配合学校图书管理工作。图书馆本着服务教育、服务师生的宗旨，全天开放，轮班借阅，满足了师生的求知需求。为吸引学生前来借阅，图书馆充分利用中午以及课后的时间对学生开放，实现了人性化的阅读安排，确保了图书的正常流通。

提高图书流通率。学校图书馆采取了分期轮批、集体借阅和个别借阅相结合的方法，全面开放出借阅读。集体借阅的方法是每班设立两位图书协管员，负责办理图书的出借和归还手续与班级图书角的工作，起着“助手、桥梁”的作用。因每个年段图书类别不同，各班图书种类很多，我们采取了单周借出、双周归还的措施。在出借的时间里，学生可以任意互相交换图书阅读，但归还时必须交还自己所借的图书。每个学生借到书后，填好借书卡，图书协管员收齐后送交图书馆。图书管理员把每个班级的借书卡填上归还时间，在规定的时间里再让协管员负责把书收回来，交还图书管理员验收。这样做既缩短了借书的时间，加快了借书速度，又提高了外借流通率。通过加强这几方面的工作，不仅使学生能快速地读到自己所喜爱的书，提高了阅读效率，而且还开发了学生的智力，让学生在知识的海洋里陶冶情操，树立正确的世界观以及正确的哲学思想，学会做人。

3. 发挥文化主阵地的育人功能，打造书香校园

“生活中没有书籍，就好像没有阳光；生活中没有书籍，就好像鸟儿没了翅膀。”为了让读书成为师生的生活习惯，成为真正的“读书人”，达到“读书破万卷，下笔如有神”的境界，学校以图书馆为主阵地，利用七种图书资源，实施了四种阅读方式，倡导书香文化，打造书香校园。

七种图书资源是指社区图书室、学校阅览室、数字化图书室、少年文学院、各班门前的开放阅览处、班级图书角及家庭图书角。

阅读方式包括：时时读，学生只要进入校园，就可以随时阅读；集中读，午读时间、拓展阅读课集中阅读；课前读，晨诵以及每节课前诵读经典诗词；亲子阅读，将这些图书资源借回，带回家和家长一起阅读。

为了在校园内营造一种浓厚的书香氛围，我们充分利用学校的橱窗、墙壁、敞厅，让校园的每一块墙、每一块板报都能说话。在校园的主要道路两边立有关于读书的名人名言宣传牌，在每个教室的墙上也挂有本地名人故事介绍，在橱窗内贴上学生自己的读书心得与体会……所有这一切，令书卷的气息扑面而来，让芬芳的书香溢满校园，为师生共同徜徉书海创设了浓郁的文化氛围。可以说，书香校园的环境布置，已成为学校一道亮丽的风景。学校图书馆也做了充分的准备，向学生积极推荐一批知识性、趣味性和科学性强的图书，引导学生进行有目的的阅读。

一是引导学生正确选择读物。

俄国著名哲学家、作家赫尔岑曾说过："选择书籍，是任何一个读者免不了的，因为它是读书的开端。"学校图书馆是学生汲取知识的宝库，图书馆管理人员和老师们在指导学生正确选择适合自己的优秀读物方面做了大量的工作。

阅读课上的推荐与指导。在学校的课程安排上，三至六年级语文每周设两节阅读课。阅读课上，老师向学生推荐积极向上、健康的读物，各年级均有必读书目和推荐书目，如二年级必读书目为《猜猜我有多爱你》《爱心树》《我和小姐姐克拉拉》《跑猪噜噜》；选读书目为《一只孤独的乌鸦》《小猪唏哩呼噜》。对于必读书目，要求学生课外认真阅读，读有所感，读有所得，必读书目的内容在期末纳入评价范围。结合学生的阅读特点，向学生介绍一些科普知识的卡通、漫画图书，如《漫画大自然探险》《文明史探险》等，深受学生喜爱。同时，学校还要求三至六年级的学生记阅读笔记，有些班级还制作了个性飞扬的读书卡，在读书笔记和书卡上，学生有的写了阅读后的感受，有的摘录名言警句。一张张小小的卡片，尽显同学们读书的收获和快乐，对提升学生的文学素养、提高其写作水平，都起到了积极的推进作用。

做好日常咨询导读工作。走入图书馆的学生们时常会问，是否有这或那般图书，对此，图书管理员总是耐心地给予解答，并根据他们的阅读能力推荐不同的图书。如为1～2年级的学生推荐的书目是图文并茂、生动有趣、故事性较强的图书，而为高年级的学生推荐的书目是各种科普读物、文学作品、课外阅读指导等图书，使他们在书的海洋中，能够分辨出积极和消极的成分，从而提高区别真善美丑的能力。图书馆的功能得到了最大限度的发挥，学生在课前自行准备资料，课后进行研究，基本上三年级的学生都会检索资料、写小论文，从小就养成了利用图书馆进行学习、研究的习惯。

上好阅读指导课。告诉学生什么样的书要精读、什么样的书可以泛读。培养学生的读书兴趣，养成良好的读书习惯，掌握各种读书方法。同时，指导学生学会写读书笔记。这样做，不仅能让学生将读书后的收获记录下来，而且在书写中能将读、思、写、画有机结合起来，既能加深印象，提高写作水平，也为日后的查询积累下宝贵的资料。教师精心挑选精美文章、寓言故事、人物传记等内容与学生共同欣赏和讨论文章的寓意以及受到的启发，学生把读书当作一种精神境界、一种终身追求，进而体会到读书的快乐。

二是引领学生快乐阅读。

学校以每年一度的“读书节”为平台，引领、促进学生展示读书成果。

评选“读书大王”。这是“读书节”系列活动之一。学校多次组织以“读书”为主题（如读书的好处、我读了哪些书、读书方法、读后感等内容）的班队活动，并要求各班制订详细的读书活动方案，各语文老师根据学生的读书笔记、读后感、学生在班级读书活动中的参与情况、在“读书”班队活动中的表现等，评选出班级学生数的5%为校级“读书大王”，10%为年级“读书大王”，15%为班级“读书大王”。

召开读书交流会，评选“读书达人”。这是“读书节”系列活动之二。学生的进步往往是从读一本好书开始的，好书，对一个人的成长具有导向功能、激励功能、自省功能和慰藉功能。学校定期召开班级“读书交流会”，每年“读书节”召开一次校级“读书交流会”，评选出“读书达人”。交流会上，同学们畅所欲言，活动气氛活跃，不仅具体感受到英雄人物的崇高形象、祖国山河的秀美壮丽、人类文明史的源远流长，而且在赞美感叹的同时联想到自己，并用一定的道德尺度评价自己的行为和为人，在思想情操方面获得许多启迪和陶冶，唤起对真善美的追求与赞美、对假恶丑的憎恨和批判。同时，参加者还要现场回答老师提出的问题，以考查知识面和现场应变能力。“读书达人”可以获得学校的图书奖励。

另外，“读书节”的系列活动还有“美文朗读”“故事明星”“读书小报”“书香班级”“书香家庭”……

“读书节”的评选活动，在全校掀起了师生读书的热潮，校园的角角落落，图书室、开放书架、班级图书角、长廊中、草坪上随处可以看到他们读书的身影，校园充满浓浓的书香之气。以书香促养成、以书香长知识、以书香增智慧、以书香树理想、以书香育人格、以浓郁的书香陶冶人，这是我们不懈的追求。

三是博采众长，提高教师的教育科研水平。

为营造“书声琅琅，书香满校园”的氛围，使读书真正成为教师的自觉行动和生活需要，在教师中，我们开展了“书香满校园，好书伴我行”的演讲赛，演讲内容为“说说你与书的故事，谈谈自己曾经看到过的，印象深刻或在自己成长时期指引你走向阳光的书籍，并交流自己的感受”。老师们人人参与，或慷慨激昂，或娓娓道来。此次活动唤醒了教师心中的理想、培养了教师广博的人文情怀，塑造了内涵丰富、特色鲜明的校园文化。

为了有效地利用图书馆，开展各学科的素质教育，学校领导深入教师中，不断宣传利用图书向学生渗透素质的重要性，广大教师充分利用自身的学科优势，正确地贯彻了这一意图。

语文教师一改过去在教室、教学方法填鸭式传授知识的陈习，慢慢地将立足点移至图书馆这块宝地上。他们充分利用书源，恰到好处地结合课内知识延伸课外阅读，向学生介绍了《怎样读懂一篇文章》《作文写作技巧》等书籍，使学生获得了更完整的知识，进一步培养了自学能力。

数学教师抓住小学生好奇、好动、好胜的心理特征，充分注意到他们往往对趣味数学感兴趣的特点，因势利导指导他们阅读数学课外读本《趣味数学 100 题》《谁的算法快》，通过比一比、算一算，看谁解难题快、谁算速度快，既激发了学生学数学的兴趣，又丰富了课堂知识。

科学教师结合日常教学，向学生介绍课外读物《我们爱科学》《小学科普报》《恐龙世界》《十万个为什么》等饶有兴趣和丰富多彩的书籍。学生通过观察、思维、想象，满足了求知欲，真正达到课内、课外互补，知识、能力并举的效果。

实践证明，图书馆在推进书香校园的建设中，为师生提供了知识的源头活水，提供了心灵成长的正能量，提供了习惯养成的平台，真正成为学生幸福成长、教师专业发展的摇篮。

莎士比亚曾说：“我的图书馆是我心仪的花园”。我们的图书馆已成为师生心向往之的知识花园，他们能够像蜜蜂一样从中采花酿蜜，得到德的感化、智的充实、美的陶冶和创造的启迪。

（二）四院——学生展示个性、呈现风采的舞台

为了配合校园“四节”和学校社团活动，学校成立了集知识性、探究

性、实践性、活动性等功能于一体的主题活动场所“四院”：少年书画院、少年文学院、少年科学院、少年健体院。

“四院”设计在最能够体现学校教育规划的启真楼上。

一楼是少年健体院。

这是室内体育活动的主阵地。一进门，就可以看到西墙上醒目的标语：“运动奏响生命凯歌，运动点亮人类激情”。南墙上展示的是奥运知识，包括奥运会的由来、奥运比赛项目简介，如体操、乒乓球、羽毛球、排球、篮球等。北墙上逐一展示的是乒乓球动作要领。展示的小版面是学生喜闻乐见的形象图案，有蝴蝶、蜗牛、书本、脚丫、热带鱼、花朵、青蛙……整个大厅生动活泼而又不失大气，非常适合学生的口味。休息之余，学生总会三五成群地聚在一起，边看边说边比划，在不知不觉中就长了知识、学了技巧。大厅内摆放的是体育活动设施——乒乓球台。每到社团活动的时间，这里就沸腾起来，蹿上跳下的身影、此起彼伏的喝彩、不甘落后的拼劲充盈在大厅内，前来活动的师生体验到了大汗淋漓后的畅快、坚持不懈后的欢愉。

学校积极倡导“健康第一”“每天锻炼一小时，健康工作五十年，幸福生活一辈子”的现代健康理念，以全面实施《学生体质健康标准》、大力推进体育大课间活动为重点，开展生动活泼的体育活动，增强学生的运动意识，提高学生的身体素质，促进学生的全面发展。阳光大课间及每年的体育节系列活动就是从这里策划开始的，少年健体院成为学生“享受阳光体育，展现自我风采”的平台。

二楼是少年书画院。

墙壁上有“结绳记事”“仓颉造字”“女娲造字”等汉字的起源传说；有“察骨鉴字”“李斯受命”“张芝临池”等书法小故事；有甲骨文、草书、隶书、楷书等汉字的演变历程；有中国画、油画、水彩画、花鸟画等知识介绍。少年书画院角角落落都悬挂着师生的书画作品，一副副作品记录着学生成长的足迹。书画院西区是“学生优秀书画作品展区”，漫步其中，“万顷烟波鸥世界，九秋风露鹤精神”“清风无私雅爱我，修竹有节长呼君”等雅联让你真正领略书法艺术“无声之音、无形之象”的独特精神魅力。

如果说全校各班的书法课旨在对学生进行书法普及教育，那么，少年书画院则旨在培养特长生，提高学生临帖、创作的能力。学校定期邀请书法专家对特长生进行指导，提高他们的书法水平。“少年书画院”社团的学生，经常在一起练字、交流、切磋，定期在校内张贴海报、开展沙龙活动。这已经成为学校的一道亮丽的风景。学生在长期的书法习练过程中，逐步养成了良好的习惯和品格。正如“王羲之”班［六年级（10）班］胡婕同学说的那样：“练字如练人。一横一竖都让我认识到了‘认真’二字的重要性，只有认真付出了才能得到更好的回报。通过书画，我更加明白了把‘认真’放到学习上、放到生活中，才能有所成就。”

少年书画院还是举办各种书法主题活动的场所。每年5月份是学校的书法艺术节，这里会举办“书法笔会”“讲书法故事”“演书法小品”“赏书法作品”等丰富多彩的活动，从而让学生感受中华民族悠久历史和灿烂文化。每逢书法开放日，学校邀请专家、领导和家长走进少年书画院，和学生一起上书法课，参观教师、学生的书法作品并进行现场展示。活动中，部分家长与孩子同台提笔泼墨。学校还尽可能地借助一切平台给学生提供一些体验和锻炼的机会，提供一些与名家、大师交流沟通的机会，在沟通和交流中促进学生技能和品质的提升。学校被确定为“苏东坡诗书画院少年活动基地”“诸城市书法家协会书法培训中心”。2013年3月下旬，中华少儿联合会副主席孙旭东先生来校调研，看到了胡婕同学的《富贵牡丹画》，就说：“年纪这么小，画工这么深，少见。”当即表态：“今年夏天可以直接晋京参加在人民大会堂开幕的全国第四届中小学生才艺大赛。”5月10日，潍坊市秉正文化教育发展中心袁主任来学校调研，赠送给了胡婕同学一本他亲自整理的中国历代书画名家作品集，并特别叮嘱胡婕：“临摹就要临名家的。”名家的指点、专家的肯定、大师的点拨，极大地增强了学生的自信心。少年书画院成了连接学生、家长以及名家的纽带与桥梁，引领学生向书画境界的更深处发展。

少年文学院在三楼。

墙壁上为我们展示的是儿童文学简介，《不一样的卡梅拉》《窗边的小豆豆》《神奇校车》《海底两万里》《草房子》……俨然一个儿童文学推介会。当然，吸引学生的还有墙上的古今中外名人读书法，朱熹、鲁迅、毛泽东、雨果、沈从文……这些文学巨匠传递着乐读精思的正能量，让学生倍生敬仰，而他们对读书方法的探究与实践，也启迪着学生千万次地自我追问。

少年文学院以“让生命因文学更精彩”为宗旨，引导学生将文学融入生命，将文学融入生活，让文学凸现个性，让学生的生命因文学而灿烂，让校园文学因学生的生命而生辉。

少年文学院的目的不是教给学生什么，而是为学生个性的张扬创设一种“海阔凭鱼跃，天高任鸟飞”的发展空间，放飞他们的思维，放飞他们的思想。同时，少年文学院是一种“唤醒”，它唤醒学生的激情，唤醒他们心中对文学的渴望和追求。

少年文学院是“读书节”系列活动的场所，同时也是一个文学组织，是立足于书香校园的构建中涌现出的文学爱好者而构建的组织。三至六年级学生主动申报参与，学校择优录取每级部的前 100 名组成各自的分院。学校为少年文学院的发展提供了广阔的空间，在活动时间与空间方面给予了最大程度的支持：每天的社团活动课以及假期，均可组织文学活动。

在活动过程中，注重读写结合，两翼齐飞。结合书香校园、书香家庭、书香班级的构建和“读书节”系列活动，拓展读书的内容：古诗文阅读，吸取民族文化的精髓，采撷文化艺术宝库中的灿烂明珠，感受古诗文中蕴含的崇高的人格美和深刻的智性美；名著阅读，“取法乎上，得法乎中”，精读伟大作家的伟大作品，体悟伟大的精神境界；时文阅读，坚持与时俱进，脚踏在时代的大地上。同时，聘请了诸城市作家协会会长傅培宏为校外辅导员，定期到文学院给学生上文学指导课。在写作方面，我们深化“本色作文”教育理念，让学生真诚地写作、独立地思索；让学生用自己的眼睛去看、用自己的耳朵去听、用自己的双手去描绘、用自己的心灵去感受。

文学院还以文学活动为载体，引导学生走进社会、关注生活。

鲁迅先生曾经说过：“必须采很多的花，才能酿出蜜来。”生活就是写作的源泉，既可以倾诉钟情、宣泄愤怒，也可以描绘人情、形容世故。我们寄语学生：“给自己一双慧眼，去学会观察生活；给自己一双巧手，去学会描绘生活；给自己一颗良知，去积极回报生活。”文学写作是一种需要，要让学生带着笑容写作，如果让他们在写作中得到更多的成功与快乐，这种文学写作就是成功的。要让学生理解：生命是完整的，是富有个性的；生命是自由的，也是具有创造性的；要关注自己的生活，唤醒写作的激情，写出富有个性的作品。

如果说文学辅导培育学生的文学梦想、唤醒他们的创作激情，那么文学活动则让学生走进生活，用一颗敏感的心去体验生活。只有梦想才能超越，才能摆脱平庸；只有激情才能以自己的作品感动自己、感召他人；只有敏感，才能抓住灵感，领略写作的美好；只有体验，才能真正实现人生的价值。

文学院的骨干成员参加了校刊编辑部，参与了校刊《实小天地》的编写，《实小天地》也为同学们文学创作成果提供了展示的平台，成为最受欢迎的校园刊物。

少年科技院在四楼少年和五楼。

这里有高标准的探究实验室、动漫实验室、机器人实验室、科技活动室、综合实践活动室等专用室。

四楼墙壁上有著名科学家简介、先进科技成果展示、科学标语、科技名言等，它们可以营造科技氛围。五楼则以古代科技和现代科技两个专题为学生展示了中国科学技术的发展。整个人类文明史，就是一部科技攻关的创造史，科技创造使我们充满力量。学校历来重视对学生创新思维和创造精神的培养，专门设置了科技节，成立了少年科技院，以此为依托开展各种科学探究活动以及科技节系列活动，引领学生在青少年时期就积极参与科技发明与创造，探索科技求知领域，从而丰富学习生活，为将来成长为创新人才打下坚实的基础。2006年，学校代表山东省参加全国机器人大赛获得一等奖；有多名同学的电脑科幻画在全国和省级比赛中获奖。每年都涌现出一大批在科技小发明、小创造、小制作、小论文等方面的“科技少年”。

科学探究室的橱窗内有历届科技节实施方案、总结、作品登记、学生获奖记录等材料。最引人注目的是陈列整齐、花样繁多的学生科技作品，这些都在无声地告诉我们，少年科技院绝不只是一个绚丽的名称，而是扎扎实实做出来的“教育场”。

每届科技节都有不同的主题和活动口号，活动内容也各有侧重。如2013年的主题是“体验、创新、成长”，活动内容分两个阶段进行：一是“航天科技知识图片作品展评”，主要在三至六年级同学中进行；二是“科学小博士”“科学探索者科幻画”“小发明”“操作小能手”“科学小论文”等五个项目的“科技少年”评选。每次活动结束后，我们都会在这里举行隆重的表彰仪式，表彰奖励在“科技节”系列活动中表现突出的班级和同学，展出获奖的作品，全校师生轮流参观学习。

后墙上的一段话，道出了少年科技院的初衷：“一滴水的研究、一张纸的发现、一棵幼苗的呵护、一次观月的经历，都将记录着你科学探究的经历。同学们，当科技之风轻轻掠过校园之时，我们能做些什么呢？关注科学，实践科学。从身边的小事做起，从平常的点滴做起。用你那敏锐的双眼去发现，用你那勤巧的双手去触摸，用你那智慧的大脑去思考，科学地生活，快乐地成长！”

大量的学生作品在少年科学院、少年文学院、少年书画院、少年健体大厅呈现出来。这里不仅是学生创造、游戏的乐园，更是学生展示自己个性、呈现自我风采的舞台。是学生让建筑有了更多的人文气息，是学生的参与造就了诸城市实验小学的文化。

（三）书法教室——书写幸福快乐童年

书法教室共有“习砚”“临池”“翰墨”“励志”“耕耘”五个，室内文房四宝俱全，是学生练习软笔书法的专用场所。特色强校是学校的三大战略之一，结合学校传统与实际，我们确立了走“书法立人”的特色发展之路。在书法教育中，坚持面向全体、“三字”并举。“三字”并举，是指小学低、中、高年段分别重点抓好铅笔字，钢笔字和毛笔字的书写。“三字”训练齐头并进，决不偏废。三至六年级开设软笔书法课，每个级部配一名软笔书法教师，到五个专用教室（“习砚”“临池”“翰墨”“励志”“耕耘”）上课，同时，书法教室也成为书法社团的活动基地。学生在书法专用室内挥毫泼墨，体验黑白方寸间的历练，感悟练字如练人的境界。

（四）社团活动室——开启特长发展的天窗

学校共有60个学生社团、60个社团活动室。每天下午的第二节课后，学生打破班级界限，到自己喜欢的社团内上课。社团活动室来源有三个：一是各功能室，二是学生餐厅，三是部分教室。学校利用有限的空间，合理规划，最大限度地发挥了这些设施的整体效益。室内依据社团主题进行环境布置，同时也为师生的作品提供展示的机会，如摄影社团内除了大量的学生作品外，还悬挂学校文学院名誉院长、诸城市作家协会主席傅培宏老师走进西藏拍摄的作品，这是送给摄影组同学最好的礼物。剪纸社团室内张贴悬挂的都是学生的剪纸作品。学生们边实践，边展示，自主合作学习，健康快乐成长，发展自己的个性特长，放飞自己的理想。

（五）校园广播站——师生心灵栖息的驿站

校园广播站、校园宣传栏是重要的宣传阵地。它方便灵活，教育面广，宣传力度大，效果好，对于宣传学校的文化、政策，加强学生的思想教育，活跃少年儿童的课余生活，很有帮助，也极为重要。广播站每周一定时播报学校的重大活动，对新人、新事、新风尚进行热情讴歌，对不良现象进行批评和针砭，也会展播文学社的优秀作文、播放校园歌曲，从而陶冶学生的情操，营造轻松、快乐的学习氛围。另外，学校的重要通知、活动安排、全体学生大会也会通过校园广播随时播报。

（六）《实小天地》——师生精神的家园、学校文化的名片

校刊《实小天地》是打造幸福快乐教育文化的一块重要阵地，旨在宣传学校办学理念及办学特色。它汇集师生教育教学成果，立足校内，辐射校外，展现师生风采，构建内涵丰厚、生动活泼、蓬勃向上的校园生态文化，打造学校经典品牌，提升学校品位。共设学校类、教师类、学生类、家长类等多个丰富多彩的栏目，分别是玉兰花开、学校管理、校园动态、教研视窗、德育论坛、学生优秀作文选登、书香校园、书画苑、开心一刻、家长论坛等。及时向师生传播校内外重大新闻，为师生搭建展现自我的舞台，给师生创造更多学习、交流心得的机会，是面向学校、社会，集教育、教学、教研、德育和管理为一体的综合性校刊。校刊的名称和栏目都是从广大师生中征集确定的，每学期出版一期，全校师生人手一册，是学校校园文化建设和教育科研的重要载体，既是学校的信息平台和文化视窗，又是师生共同的精神家园。

展室"实小天地"是记录、展示、传承校园文化建设成果的重要平台。它是学校发展历史与校园文化的集中展现，是学校对外展示幸福快乐教育的一张名片，又是对师生进行文化教育的重要基地。展室占地近100平方米，分前言、精神文化、岁月回眸、特色教育、硕果累累、未来展望六大部分，展示了学校的历史沿革、办学理念、教育教学改革及成果、发展远景等。展板图文并茂，设计巧妙，构成一幅幅美妙的画卷。走进展室，首先映入眼帘的是依柱而题的一幅大对联"创办幸福快乐教育　奠基幸福快乐人生"，学校教育的美好诉求由此可见。在"学校沿革"版块中，一张张历史照片诉说着一个个动人的故事，印证着学校发展之曲折、征程之辉煌；"特色教育"板块分为"根植责任文化、创建幸福校园""凸显艺术教育、浸润幸福童年""打造理想课堂、享受幸福教育""缔造完美教室、奠基幸福人生"四大块，全面展示了学校进行教学改革，打造幸福快乐教育教育的足迹；"硕果累累"板块从学生、教师、学校三个层面介绍了学校教育的成果，展柜里整齐地摆放着奖状、奖牌和奖杯，它们在灯光下熠熠生辉，校史册上的一代代学长名人无不彰显着学校教育的累累硕果；"未来展望"部分展示了学校的愿景与规划。整个展室生动地再现历史、反映现实、面向未来，成为学校精神文明建设的基地和全体师生的德

育阵地。

每学期的“实小天地”展室参观，成为意义非凡的活动课，让每一位同学兴高采烈前往、满怀豪情而归。展室中图文并茂的呈现、津津有味的讲解，在学生面前打开了一扇扇窗户，让他们看到了学校发展变化的辉煌历程，知晓学校精神之内涵、校训之来由、发展之蓝图，感受到了学校兼容并蓄的博大文化和办学特色，也认识了一批批镌刻在校史册上的名人学长，进而为前辈艰苦创业的精神而感动，为学校取得的发展业绩而自豪，为学校更加美好的发展前景而振奋，激发起继承和发扬学校精神和优良校风、为学校增光添彩的美好愿望，达到自觉融入学校文化氛围、自觉传承校园文化的效果。

展室作为学校“幸福快乐教育”的一张名片、一扇窗口，对于展示学校的校园文化建设起着举足轻重的作用。无论是上级领导视察、各地友人来访，还是新生入学、校友回校、举办大型活动，展室都是一处必“看”之地。在这里，来访者可以思接千载，视通万里，既能够了解学校的历史和现状，又能够感受学校的精神和文化。展室里的每一张照片、每一个实物、每一段文字抑或是一座奖杯，无不蕴含着学校的文化积淀，无不彰显着学校的文化建设成果。

从学校的建筑、布局到每一处文化设施，再到学校的一砖一瓦、一草一木，你会明显感到这里凝聚着一种精神力量，那是一种精神魅力，是一种激涌着、富有生命力、令人感动、奔腾激越的学校精神所创设出的氛围。这种精神犹如“随风潜入夜，润物细无声”的春雨，能以最深刻、最微妙的方式进入师生的心灵深处并产生深远的影响，能唤醒、激发师生崇高的情感和强烈的进取心，成为师生心理和行为的强大内驱力，对他们道德与价值观的确立、行为方式的选择、人生观与世界观的形成以及个性社会化的发展都起到巨大的推动作用。

第四章

课程文化

——"三级建模，亮丽多彩"的伸展

课程是一所学校提供给学生以获取知识、能力、人格以及学习经历等一切活动的总和，是学校实施教育活动最基本、最有效的载体。换句话说，一所学校有计划地、有目的地让学生得到发展和提高的一切活动及过程都是课程。课程文化就是学生在主动学习的过程中所呈现出来的特有的价值认同与价值追求，是学校办学特色和个性发展的集中体现，是学生汲取知识、增长本领的园地。它既体现了办学者的思想，也表现了求学者的追求。

课程文化是学校文化的重要组成部分，更是核心部分，它决定了学校办学长久生命力的关键所在。在“大一统”的课程管理模式下，学校独特的课程文化难以彰显。2001 年 6 月，教育部在《基础教育课程改革纲要（试行）》中提出：“改变课程管理过于集中的状况，实行国家、地方、学校三级课程管理，增强课程对地方、学校及学生的适应性。”学校借助课程改革的东风，顺应时代的发展、本着在继承中发展的原则，在发展中创新，进行了独具学校特色的课程文化建设。

一、实现教育的目的从课程开始

开办私塾先河的孔子一直追求成“人”的境界，他用“六艺”来实现这样的教育目的，即礼（礼节）、乐（音乐）、射（射箭）、驭（驾车）、书（书画）、术（算术）。苏格兰在教育改革中明确提出了把学生培养成为“成功的学习者、自信的个体、负责任的公民和社会的积极贡献者”的总体目标，为了实现这个目标，他们开设了“表达艺术”“科学”“技术”“数学”“语言”“社会研究”“健康与幸福”“宗教与道德教育”等课程。

综观古今中外和我们现在的学校，哪一个学校不是通过课程实现教育目的的？试想一下，如果没有课程，学校会是什么样子的呢？新教育发起者朱永新教授在2013年新教育年会的主题报告中这样比喻：“如果把教室、学校比作河道的话，课程则是水流，两者相得益彰时，才会有教育的精彩涌现，有了课程的汩汩水流，田间地头也可以成为教室的延伸部分，课程的水流枯竭了，精心布置的教室也会成为禁锢生命发展的囚笼。”

可见，课程在教育和教学中处于核心的地位，课程体现学校培养人才的蓝图。但是，大到一个国家的课程改革，小到一个教师的课程研发，没有明确的教育目标，课程改革就是无源之水、无本之木，难以真正取得成功。两者是相辅相成、相互依托的。

（一）确定目标——课程实施的导向

课程意味着教育的目的。目的往往是一个大概念，考查学校教育的目的要从学生的发展需要、社会的发展需要、国家的发展需要、国际的教育需要等出发。然而，万事万物总有一个基本点可以用来把握，这个基本点就是要确定好学校的育人目标。

教育目的就其本质来说，不是挖掘分数的机器，不是升学的工具，而是促进人类生命个体健康成长，培养社会所需要的人。但是，由于社会制度、经济条件、文化历史背景不同，教育目的的内涵也不尽相同。科技在不断进步，社会在快速发展，小学教育作为奠基工程，不仅要教给孩子必备的知识，更要让孩子获得一生受用的东西——好品格、好习惯、好的兴趣爱好、好的文化底蕴、好的身体素质、好的心态。只有这样，学生离开校园时才会具有完善的人格，才会更好地适应社会的进步和变化，愉快地、创造性地为社会服务。

为此，学校围绕“幸福快乐教育”的核心理念，把“培育文明人，书香人，自信人，快乐人”作为育人目标，简称“四人”。“培养文明人和书香人”重在让学生具备好的品格、好的兴趣爱好、好的文化底蕴，拥有终身受用的学习习惯和行为习惯。其中，“文明人”具体指向道德、习惯的培养，通过思想教育、文明行为的引领，使学生具有爱国主义、集体主义精神；具有社会主义民主法制意识；逐步形成正确的世界观、人生观、价值观。“书香人”具体指向学习，让学生通过读书习惯的培养，具有适应终身学习的基础知识、基本技能和方法。“培养自信人和快乐人”重在让学生具有健壮的体魄、拥有好的心态和积极进取的能力。要想“自信”和“快乐”，不仅要具备良好的心理品质，更重要的是要具备自信和快乐的资本，而这个资本就是学生要获得全面和有个性的发展，最终成为有理想、有道德、有文化、有纪律的一代新人。

我们所培养的这四种“人”，不仅指向当下，更指向未来；不仅是一种目标，更是一种理念，贯穿于课程实施的全过程。通过“四人”的培养，为学生幸福快乐的人生奠定基础。

（二）课程构建——目标实现的关键

有了目标，课程构建就有了方向。

孟子说：“充实之谓美，充实而有光辉之谓大，大而化之之谓圣。”他在这里讨论的是人性，我们完全可以借之形容教育，从理念到课程，就是一个充实之、光辉之、大而化之的过程。要想实现教育目标，必须拥有一套与之相匹配的课程。那么，课程规划要遵循什么原则呢？

国家的课程政策决定着课程特点，并从宏观上规定了课程的理念和路向。《基础教育课程改革纲要（试行）》中明确提出：“课程设置体现结构的均衡性、综合性和选择性。”“均衡性”指的是国家课程、地方课程和校本课程必须齐全完备，学校课程体系中的各种课程类型、具体科目和课程内容应保持恰当和合理的比重，而不是平均分配。“综合性”指的是课程之间的融合互通、课程之间的互补；“选择性”指的是针对学校与学生的差异，学校课程以灵活的选择性促进学生的个性发展和全面发展，突出特色构建。

因此，学校根据以上原则和育人目标，构建了以学科课程为中心，以学校课程和班级课程为两翼的三位一体的课程体系。学科课程主要指国家规定的课程，通过整合立足生本化。学校课程主要是学校层面的课程，通过拓展追求特色化。班级课程是班级层面的课程，通过创生实现个性化。三类课程从不同的层面将课堂与课外、统一目标与特色目标、共性与个性发展紧密地结合起来，既保证了课堂的高效，又促进了学生素质的全面发展。

学校课程结构框架示图如下：

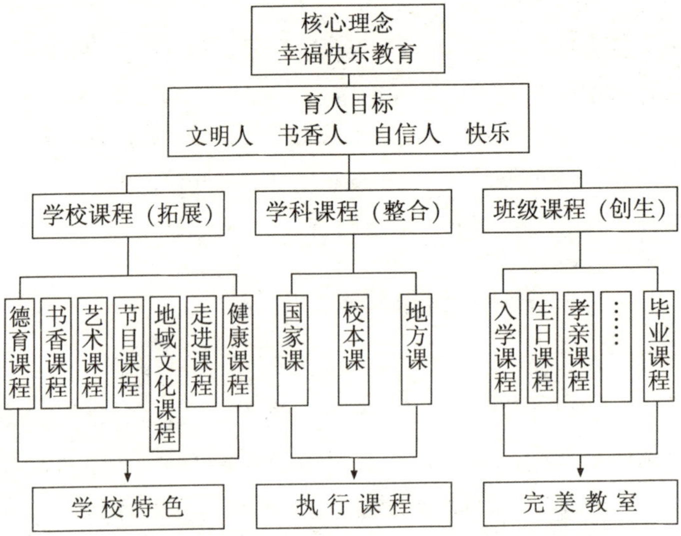

学校课程结构框架示意图

1. 学科课程，夯实素质教育，指向“四人”培养。学科课程中的知识概括了千百万人的经验，构成了人类的“文化要素”，是每个公民所必须具备的。学科课程的开设是国家课标的要求，是素质教育的根基。作为国家的教育组织机构，学校必须完成国家课程的教学内容，这是底线标准，是培养学生“四人”品质的根本途径。在落实的过程中，学校要做的就是依据自己的理念和理解，结合地域和学校特点，开放性地对三级课程加以整合，形成校本执行课程，通过“三级建模”课堂教学改革，让学生在学习中享受提升生命质量的快乐，完美达成国家课程标准，最终实现轻负高效。

在实施中，各门学科都提倡读相关的书籍，都把激发学生的兴趣和培养学生良好的文明习惯贯穿于教学的始终，创设愉快的教学情景，并通过教师的启发引领，让知识拥有温度，用知识激起学生的学习热情，以润物无声的形式，让学生逐步快乐地拥有知识、拥有习惯、拥有能力、拥有创造的激情、拥有自信向上的品质。

2. 校本课程，彰显学校特色，形成“四人”品质。义务教育要为学生拥有幸福人生和终身发展奠定基础。因此，课程开发要遵从学生的意愿。在 2006 年，学校面向全校 3000 多名学生对学校的“现有课程开设满意度”

作了一次调查，结果出人意料：49.2%的学生不喜欢现有的课程，33.5%的学生持无所谓的态度，只有17.3%的学生喜欢。在填写的不喜欢的原因中，学生普遍反映现在的课程太单一、没有意思。在填写喜欢开设哪些课程中，学生填写的各不一样，有选唱歌、跳舞的；有选画画、书法的；有选棋类的；有选球类的。通过调查问卷可以看出，学校现有的课程满足不了学生的需要，他们呼唤丰富多彩的课程。

潍坊广文中学赵桂霞校长说："学校课程就是学生精神成长的营养，课程越丰富、多元，学生的营养就会越充足，有怎样的课程就能培养怎样的人才。"

于是，学校围绕培养目标构建了七大课程体系，将其作为学科课程的拓展和深化，作为实验小学学生特有的成长营养。这七大课程包括：德育课程，塑造美好心灵，具体指向"文明人"的培养；书香课程，厚重文化底蕴，具体指向"书香人"的培养；节日课程、地域文化课程，触发生命成长，陶冶美好情操，增强民族自豪感；艺术课程、选修课程等课程，重在浸润生命底色，丰盈个性特质，具体指向"自信人"的培养；健康课程，奠基健康阳光人生，让学生拥有健康的身体、良好的心态，重在指向"快乐人"的培养。每个体系都由相应的子课程组成，足以满足学生的要求。一系列丰富多彩的校本课程切合学生的兴趣爱好和发展需要，大大激发了学生的参与热情，成为提升学生素质、发展学生个性的有力推手。

3. 班级课程，丰盈师生生命，完善"四人"特质。教室作为学校的细胞型组织，是学生学校生活的主要场所，是孩子生命中的第二个"家"。它不仅仅是传授知识的地方，更是播撒理想、陶冶情操、收获幸福、师生历练的精神家园。每个班级有每个班级的特质，每个班级有每个班级的问题。因此，学校结合各个班级的特点，发挥个人专长，从学生的生活、学习进行课程开发。通过课堂内外的叠加，学校、家庭的碰撞，以各种形式互相作用，丰富生命体验，让每一名学生体验到班级生活的快乐、每一名教师享受到职业的幸福。师生通过共同创生独具特色的课程，让一间间教室独具特质，充满温度，趋向完美，朝向幸福。

到如今，入学课程成了一年级各班的最爱，生日课程成了学校最温馨的场景，游学课程成了学生最期盼的事情，毕业课程成了毕业班学生最难忘的记忆。孝亲课程、器乐课程、生命课程、随笔课程等成了很多班级的名片。

（三）课程管理——目标实现的保证

好的课程体系是实现育人目标的根本，好的课程管理机制是实现育人目标的关键。

1. 组织管理保障

学校首先成立了课程专家委员会，由校长、教育和教学领导、省市级特级教师和教学能手、全体教研组长等人员组成，成员要在课程开发方面成为探索者、引领者、示范者、指导者、推动者。学校对课程的实施进行了整体的规划：学科课程由教导处具体负责，校本课程由德育组具体负责，班级课程由教科室负责；负责科室统筹规划，从课程开发的内容、落实的评价、效果的评估，进行全方位的监控，从而保证课程有序开展。

2. 课程安排保障

实验小学课程设置与课时安排一览表

课程 \ 年级		一年级周课时	二年级周课时	三年级周课时	四年级周课时	五年级周课时	六年级周课时	说明
学科课程	思想品德与生活/思想品德与社会	3	3	3	3	2	2	1. 一、二年级开设的是思想品德与生活课，三至六年级开设的是思想品德与社会课。 2. 一年级入学初，设置两周的入学课程，作为学习准备期。 3. 综合实践活动课程含“信息技术”。 4. 地方课程：一、二年级，安全/心理健康教育每周 1 节，传统文化每周 1 节。三至六年级，安全、环境教育课每周 1 节，传统文化课每周 1 节。
	语文	8	8	7	7	6	6	
	数学	4	4	4	4	5	5	
	英语			2	2	3	3	
	科学			2	2	2	2	
	音乐	2	2	2	2	2	2	
	体育	4	4	3	3	3	3	
	美术	2	2	2	2	2	2	
	综合实践			2	2	3	3	
	地方与学校课程	3	3	3	3	2	2	
	周课时总数	26	26	30	30	30	30	

续表

<table>
<tr><td colspan="3">年级
课程</td><td>一年级周课时</td><td>二年级周课时</td><td>三年级周课时</td><td>四年级周课时</td><td>五年级周课时</td><td>六年级周课时</td><td>说明</td></tr>
<tr><td rowspan="13">学校课程</td><td colspan="2">走班课程</td><td>2</td><td>2</td><td>2</td><td>2</td><td>2</td><td>2</td><td>每周二、四下午第三节进行，学生自主选择。</td></tr>
<tr><td colspan="2">德育课程</td><td colspan="7">主要通过各科教学渗透，另外，利用升旗和红领巾广播及班会时间。</td></tr>
<tr><td colspan="2">书香课程</td><td colspan="7">利用晨诵、午读时间，每周两节语文课时。晨诵时间：7：40～8：00。
午读时间：下午课前 20 分钟。</td></tr>
<tr><td rowspan="4">艺术课程</td><td>书法艺术</td><td colspan="7">在语文课时中，每周一节写字课，一、二年级开设硬笔书法课程，三至六年级开设软笔书法课程。</td></tr>
<tr><td>器乐艺术</td><td colspan="7">利用音乐课时，结合教学内容每个年级进行一种乐器的教学。</td></tr>
<tr><td>童谣艺术</td><td colspan="7">在学科当中利用童谣进行教学，在其他方面利用童谣进行教育。</td></tr>
<tr><td>棋艺课程</td><td colspan="7">一、二年级开设，利用自主安排的课时，每周 2 课时。</td></tr>
<tr><td rowspan="2">健康课程</td><td>心理健康课程</td><td colspan="7">主要利用专题讲座、地方健康教育课程和零星时间。</td></tr>
<tr><td>身体健康课程</td><td colspan="4">主要利用体育课、校园体育活动、假期和大课间。</td><td colspan="3">说明：大课间，每天安排上午一次、下午一次，各半小时。校园体育活动，某一天若没有体育课就安排 1 节校园体育活动，学生根据爱好自愿选择活动项目，一、二年级各 1 节，三至六年级各 2 节。</td></tr>
<tr><td rowspan="2">节日课程</td><td>传统节日</td><td colspan="4">传统节日期间，主要利用综合实践课。</td><td colspan="3"></td></tr>
<tr><td>校园“四节”</td><td colspan="4">每年 4 月、5 月、10 月、11 月。</td><td colspan="3">每学年举行体育节、艺术节、科技节、读书节作为走班课程学习效果的展示。</td></tr>
<tr><td colspan="2">地域文化课程</td><td colspan="4">利用综合实践课</td><td colspan="3"></td></tr>
</table>

续表

课程＼年级		一年级周课时	二年级周课时	三年级周课时	四年级周课时	五年级周课时	六年级周课时	说明
班级课程		1课时	1课时	1课时	1课时	1课时	1课时	班主任协同科任教师、家长开展适合班级特点的课程，集中与分散相结合，校内与校外相结合。
周总课时量		32	32	35	35	35	35	每课时按40分钟计算。

3. **评价保障**

学校根据课程是否能够促进教师专业发展、促进学校发展，围绕育人目标，最终促进学生个性全面、和谐、可持续发展作为最基本的尺度，针对学校的三大类课程体系，尝试构建了开放的发展性三螺旋结构课程评价体系，对学校课程构建的可行性进行自我诊断。

发展性三螺旋结构课程评价体系，即以目标为中心的课程设计评价、以过程为中心的课程实施评价和以结果为中心的课程效果评价。该评价体系相互交融、互相渗透、密切关联，课程设计指导课程实施，课程实施落实课程设计，课程效果指导完善新的课程设计，在这样的循环中螺旋上升，使评价达到最优化。

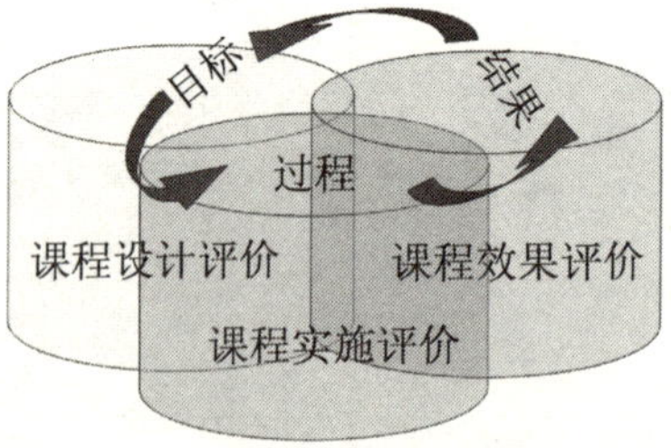

发展性课程评价结构图

根据发展性三螺旋结构课程评价体系，课程专家委员会和教导处、教科室、德育处，围绕自己所负责的课程类进行研究、指导和管理。每学期即一次循环，三大类课程体系结合课程特点都从课前研究、课中实践、课后评价三方面制订了相应的措施，并围绕评价策略进行全覆盖式评价。课前研究，课中实践和课后评价分别对课程设计的科学性，课程实施的进展性，课程目标的达成度进行评价和指导。其中，课后评价以课程目标为依托，以实施过程为依据，从教师的教学行为与学生的学习行为方面对课程效果进行评价。对教师行为的评价主要采取学校评价、家长评价、学生评价相结合的方式。

对学生的评价，实行绿色评价。本着多把尺子去衡量学生的原则，力求使每一位学生在原有水平上不断得到发展和提高。学校通过设立读书达人、文明奖、进步奖、艺术小明星等十几类项目奖项使评价目标多元化。在学习中，我们改变了简单地以考试结果对学生进行分类的做法，统筹学业、品德行为和身心健康发展等项目，构建小学学业质量综合评价体系，使评价内容多元化，通过这两类评价实现全方位评价。建立了教师、家长、学生等多主体共同参与的评价模式，使评价主体多元化，实现全员评价。对学生平时的各方面表现、模块学习的情况，采取口头语言与书面语言相结合、体态表扬与特殊符号表扬相结合、颁发奖状与奖品相结合、版面宣传与电视报道相结合等方式，使评价方式多元化，实现全过程评价。通过这样的评价策略，每个学生都能体验到成功的喜悦。将对学生评价的所有内容都反馈给学生，并记录在学生的成长档案袋中，以便学生更加了解自己，及时改进自己的学习计划。

教师、学生的评价互为补充，对教师课程教学的评价促进了学生课程学习的有效落实，对学生课程学习的评价又为教师课程教学评估和改进提供了依据。依据各类评价方案，所有评价结果都反馈给教师个人，教师对课程实施做出相应的调整，制订出新的课程实施方案，再次依照新方案实施，学期结束再进行评价。在这样多次循环螺旋式上升评价中，课程实施逐渐走向更优化。

4. 其他保障

队伍保障。学校定期聘请校外专家、学者讲座，更新教师的教育观念，挖掘教师的课程开发潜能；实施竞聘上岗原则，让愿者上、能者上、有志者上；组织教师认真学习理论，深刻领会课程的精神内涵，提高开发与实施课程的能力。

制度保障。为了解决课程实施中存在的问题，学校制订了《教研制度》。为了激发广大教师的团队意识和课改热情，学校制订了《实验小学课程改革表彰制度》，评价每位教师的课程改革情况，隆重表彰做出突出成绩的教师或团体。

经费保障。学校多方面筹措资金优先用于课程开发、设备添置、印刷或出版成熟的校本课程教学最新资料。在课程管理的保障下，教师课程理解、课程实施能力必将得到提高，教师的专业水平的提高是继续顺利开发校本课程的基本保证，这种相互依托的关系，让教师品尝到职业的幸福。

课程是送给老师最好的礼物，更是送给学生最好的礼物。“三位一体”的课程体系建设既环环相扣、循序渐进，又互相补充，基本上达到了“培育文明人、书香人、自信人、快乐人”育人目标的要求。课程建设成为学校素质教育的有效载体，学校逐步走上了高品位的办学之路。学校课程正在从以学科中心和学校中心走向以学生为中心、社会为中心，统整与开放的课程发展模型走到了时代的最前沿、学术的最前沿、学生发展的最前沿，学校的发展呈现出以课程引领的积极状态。

二、 整合：国家课程校本化实施

2001 年，教育部印发《基础教育课程改革纲要（试行）》，明确提出了“六个改变”，即改变课程过于注重知识传授的倾向，改变课程结构过于强调学科本位、科目过多和缺乏整合的现状，改变课程内容“难、繁、偏、旧”和过于注重书本知识的现状，改变课程实施过于强调接受学习、死记硬背、机械训练的现状，改变课程评价过分强调甄别与选拔的功能，改变课程管理过于集中的状况。

因此，我们综合对学生、教师、家长进行的调查论证分析，决定对三级课程进行有机整合，并进行校本化的实施，从而让三级课程更好地为我所用。

（一）解读课程标准，梳理整合目标

课程目标与培养目标应该是而且必须是一致的，只有两者一致，课程才有了方向，目标才有了实现的可能。

1. 确定课程整合总目标

我们认真学习课程标准、课程指导纲要、地方课程指南等材料，结合“整合”特点，提出了课程整合的总目标。

（1）优化各科课程组合与知识结构，删减重复交叉的部分，加强学科

教学的序列化、系统化。丰富学生社会实践，让学生掌握系统的知识体系，实现轻负高效，全面提高学生的学科素养，让学生自信成长。

（2）完善学科课程评价，转变学生的学习方式，激发学生的学习兴趣，培养学生良好的读书习惯，让学生学会学习、学会做人。

（3）归还教师的课程研制参与权和自主重构权，发挥教师的主动性，转变教师的教学方式，使其更符合学生的需要、发展和兴趣。

2. 整合梳理学科目标

我们先是梳理所有学科的课程标准，明确各学科的教学目标和每个单元的教学目标，在梳理课程目标时，发现学科课程教学目标有很多彼此重叠或相容的内容。因此，结合学校培养目标和课程总目标，各教研组在具体讨论的基础上，以国家课程为中心，进行分类整合，使原来重叠的教学目标得以精简、分散的教学目标相互融合、杂乱的教学目标变得清晰，既保证了原有课程教学目标不缺失，又使原来各自表述的目标实现了有机统一，形成了科学、系统的学科课程教学目标体系。

（二）统整课程资源，重组整合内容

在整合内容的过程中，我们本着以国家课程为中心，通过重组、补充、取舍、替换、拓展和调整等策略对课程资源中的典型内容进行保留，对割裂的内容进行统整，对重叠的内容进行合并，使之更加符合教学实际状况，也更符合学校的培养目标。主要采取以下三种方式。

1. 学科内的整合。一是将一个单元的所有内容进行优化组合，使每个单元的学习形成序列化。二是对同一册教材内容的调整，也可以是不同册教材的内容的跨越。整合的方法是一调顺序，让体系更系统；二调重点，让内容更集中；三调例子，让训练更有效。

2. 学科间的整合。一是学科教材与相关课程资源的整合，课标能够相容的、相近的学科完全整合在一起。如地方课程《传统文化》、校本课程《主题阅读丛书》《经典诵读》完全整合在语文学科内。不能完全整合的就整合相关内容，如在学习“环保”这一主题单元时，可以整合《环境教育》中的相关章节。二是与其他学科元素的整合。如在学习苏轼的《水调歌头·中秋》时，可整合音乐元素，进行欣赏和学唱，营造美妙的情境。

3. 学科外的整合。本着教学的需要、学生的发展需要，进行筛选整

合。主要包括网络资源和家庭、学校、社会资源。诸城是恐龙之乡、舜帝故里，拥有优美的自然风光、悠久的历史和厚重的文化积淀，课程资源十分丰富，我们利用综合实践课先后整理开发出恐龙文化、孝亲文化、超然文化等优质课程资源。为了更好地整合社会资源，培养学生的综合实践能力，我们在校外建立了各种活动基地。

附：

实验小学实践活动基地一览表

基地名称	内容组成
社会服务性基地	主要由敬老院、孤寡老人家庭、社区等组成
社会文化传播基地	主要由名人故居、博物馆、名人馆、纪念馆、图书馆组成
校内公益劳动基地	学校的生物基地、卫生包干区、教室的生物角
工农业劳动基地	主要由街道的种植养殖基地、工厂、商店组成
家庭劳动实践基地	主要以做家务事为主，由家长代为指导和监督
综合能力训练基地	青少年活动基地
创造发明基地	学校的实验室、电脑房，开展一些具有科学性的小研究

（三）开发执行课程，深化整合研究

为了达到智慧共享，完成从“教教材”到“用教材教”的过渡，学校发动广大教师，群策群力，开发执行课程，深化整合研究。

1. 记录完善整合序列

为了让整合后的内容明了清晰、便于教师把握，我们在整合的过程中，先找好学科内每一部分的主题，确定好与之相整合的点，围绕整合点，通过核对、比较、分析，依次把学科内、学科间、学科外与之相符的内容，整理记录在各学科“三级课程整合一览表”中的相应位置。重点写清楚整合前后的位置、内容、目标、方法、意义和调整说明，最终完善所有的整合序列。

如苏教版语文五年级下册第五单元的主题是亲情依依，分别从夫妻情、母子情、爷孙情、人与人之间的交往进行描写和议论，折射出浓浓的亲情和人际关系的和谐。我们就以这一单元主题为中心进行了学科内和学科间的整合，让知识更系统，让学生对人间真情有了更深的了解。

苏教版语文五年级下册第五单元三级整合一览表（部分）

单元主题	学科内整合	学科间整合	学科外整合	教材内容原位置	整合前的目标	调整后的位置	整合后的目标	调整说明
亲情依依		《传统文化》		《传统文化》第六单元“诗词诵读二”	1. 让学生能有感情地熟读古诗。 2. 在熟读的基础上，理解诗句的意思。 3. 能背诵古诗。	把第20课《望夫石》《离思五首》放到“预习过关课”。	1. 按要求预习课文，培养自主学习的习惯。 2. 正确认读本单元的词语，并能够借助工具书，联系上下文或结合自己的生活实际，理解词语的意思。 3. 把课文读正确、流利，了解单元主题和课文的主要内容。 4. 加强课外阅读，渗透传统文化方面的亲情教育。	《传统文化》第六单元的“诗词诵读二”的诗词都是围绕“感情”这个主题设置的，恰好与本单元的课文主题，特别是第17课的主题相吻合。所以，把它们相互整合，相得益彰。
		《传统文化》		《传统文化》第六单元“诗词诵读二”	1. 让学生能有感情地熟读古诗。 2. 在熟读的基础上理解诗句的意思，初步体会诗词所表达的情感。	把第21课《题都城南庄》《采桑子》以及第22课的《鹊桥仙》放到“字词读写课”中。	1. 正确认读本单元的词语，并能够借助工具书，联系上下文或结合自己的生活实际，理解词语意思，并正确书写。 2. 进一步加强学生对词语的感受，练习写话，培养学生的发散思维和想象力。 3. 加强课外阅读，增强亲情教育。	
		口语交际“请你帮个忙”	校本课程——学校的文明礼仪教育	本册第一单元“练习1”	口语交际：培养学生的口语交际能力，学会交往。 校本课程：了解文明礼仪的知识，培养文明交往习惯。	放到第五组《谈礼貌》课文品读中。	1. 有感情地朗读课文。 2. 懂得礼貌待人能使人与人之间的关系更加和谐、社会生活更加美好。 3. 教育学生从小学会以礼待人，养成使用礼貌语言的好习惯，锻炼自己的语言表达能力。	话题以及文明礼仪交往和课文的内容相符合。

2. 实施“主餐＋套餐”的备课方案

个人主备。首先以教研组为单位，建立教师学习共同体，教研组长按学科单元分好工，教师利用假期根据整合后的目标、整合内容和学科教学特点进行个人备课。

集体研讨。上学习班期间，同教研组的老师坐在一起，主备人展示自己的成果，组内一起重点讨论对整合后的知识体系的落实方式是否合适，从而优化知识结构落实。

修改完善。主备人根据集体研讨的结果进行二次备课，制作好课件，确定好练习题，为同教研组成员共用。

审核把关。召开课程开发展示会，集中展示主备人的成果。每个教研组抽取一名教师，代表本组的研发水平。过关者评出等次，计入教师个人和教研组量化成绩。不过关者重新整理。经学校课程开发委员会通过的，打印成册，形成人手一份的“通用教案”，这叫“主餐”。

个性修改。教师上课前根据学生的实际和个性特色，进行批注和修改，写每一课时的教学反思，这样的个性补充叫“套餐”。学期结束后，教研组集体整理“套餐”，提出对本册执行教材的修改意见，并与下一轮教材使用教师对接。如此循环，使备课日臻完善。

执行课程可以规范课程落实、提高备课质量、减轻学生的课业负担。它不是一般意义上由教师被动执行的课程，而是教师自主开发的可以执行的课程。课程开发的主体是离学生最近的教师，课程的主体自然也就离学生最近。

在整合的过程中，我们把信息技术应用到各个学科中，使学科教学更加形象、直观。在整合的过程中，由于在同一主题下，各学科目标不同，我们就进行课时的整合，让他们集中在一起，有序开展。

总之，课程整合具有重本与开放、过程与动态、传承与创新、适切与多元、复杂与充盈等特征。课程整合的途径是多种多样的，整合后的课程符合学生的认知规律，省时高效，整合后的课程能够很好地为学生所用、为教师所用。

三、 选择： 校本课程的丰富与多样

《国家中长期教育改革和发展规划纲要（2010～2020年）》指出：“学校要创造条件开设丰富多彩的校本课程，为学生提供更多的选择，促进学生全面而有个性的发展。”学校充分利用课程设置的“自留地”，除了对三级课程进行有效整合、保证每一级课程最大化的组合与优化、让学生在固定的时间内高效学习外，还本着为学生终身发展的原则，挖掘学校文化的内涵，对原有散落的课程进行了梳理，开发了以育人为主的德育课程、以培养书香人为主的书香课程、以培养特长为主的艺术课程、以健康为主的健康课程、以节日教育为主的节日课程等。这几大项校本课程从不同的侧面促进学生的全面发展，在全面发展的基础上，通过举行各种活动，呵护学生的个性。

（一）让学生在德育课程熏陶中完善自我

“教育者，养成人格之事业也。”人格健全的核心价值和全部内涵在于培养身心健康、自强不息、文明有礼、诚实守信、道德高尚、富有爱心、健全的人。这些品质是青少年健康成长的条件和保证，是实现培育文明人的首要渠道。虽然所有学科都涉及德育教育的内容，但不成体系，几乎全部是说教式的。德育教育只有经过实践才能内化于心、外化于行动。经过讨论，学校确定了 10 项人生成长必要的德育子课程，分别是勤俭节约教育、孝亲感恩教育、励志教育、文明礼仪教育、安全教育、劳动教育、养成教育、环保教育、爱心教育、诚信教育，具体活动主题结合每个月份的特点来设定，如 3 月 8 日是妇女节，我们把这个月的主题设定为孝亲感恩教育，4 月 3 日是清明节，设定本月活动主题为励志教育。教育活动内容不同，年级各不相同，呈螺旋上升，通过 6 年的巩固、实践，实现“文明人”的培养，为学生一生的幸福奠基。

每个主题教育活动分为启动、践行、总结三部分。首先，学校制订与之相关的活动方案和计划，利用升国旗和红领巾广播时间进行宣传、发动。其次，级部结合年级特点制订具体的活动内容，班级再根据级部要求开展丰富多彩的活动，主要通过主题阅读、主题实践、主题研究、主题随笔等活动形式把德育教育贯穿其中。最后，结合学生的表现评选德育主题方面的校级、级部、班级不同层面的明星，通过张榜公布、做宣传牌、发放奖状等开展营造氛围。学校还对各班的活动开展情况进行综合考评，在每周升旗仪式上表彰成绩优秀的班级。学生每个月的表现情况都会记录在成长档案袋中，作为素质发展的一项重要指标。

学校还根据实际制订了《诸城市实验小学学生文明礼仪规范》，编写了校本课程《文明礼仪伴我行》《迈好起跑线上的第一步》等读本，对学生提出了具体行为要求，让学生的行为有本可依。

为了增强德育的实效性，学校建立了“学校、社会、家庭”三位一体的育人体系，通过各种教育资源对学生施加教育影响，寓养成教育于“无缝隙”之中。践行“活动中育德，活动中育人”理念，突出“活动”与“渗透”，强调“实践”与“体验”，强调学生在学校活动中的主体性，让学生在参与中，责任感得到培养、潜能得到开发、心灵得到洗礼。

实验小学的德育活动，不是单一的，不是独立的。独具匠心的组织者总是以大活动为基调，以专题活动为序列，使其相互补充，共同作用。秉承“从大处着眼，小处着手”的原则，平凡的生活小事都“小题大做”。目前，已初步形成了“时时重德育，事事讲德育”的德育课程文化氛围。

（二）让学生在书香课程浸润中慢慢成长

朱永新说：“没有阅读的教育，没有阅读的学习，是训练，不是教育。只有阅读的孩子才能拥有健康的精神发育过程。一个没有阅读的学校永远不可能有真正的教育。”

没有书香不能称其为学校，一个书香飘溢的校园，一定有内涵、有发展；与书相伴的人生，一定有质量、有生机。

1. **多种方式，营造书香氛围**

环境是教育的重要资源。

走进实验小学，墙壁上、廊道内、花草旁到处都有能够阅读的文字，实验小学的校园就是一本无题的大书。

学校广进图书，开发了七种图书资源，实现了四种阅读方式，使学生无论在哪里、无论什么时间都有书可读。低年级定期举行“读书漂流”活动、中高年级开展“图书交易会”，从而达到了图书最大化利用的目的。

爱读书的老师一定会带出爱读书的学生。学校定期向老师们推荐必读书目和选读书目，每学期都组织两次大型读书报告会和经验交流会。同时实施“师生共读”工程，打通师生心灵沟通的渠道，营造书香氛围。

爱读书的家庭，孩子必然爱读书。实验小学不仅提倡教师多读书，还立志于书香家庭的建设。教师随时用纸条或飞信、家长会指导家长读书，同时提倡亲子共读。这一活动的开展让亲子关系更加和谐、家长素质普遍提高。

2. **多彩课型，开启阅读之门**

读书给人以快乐，给人以光彩，给人以才干。即使我们穷尽一生也不可能读完浩如烟海的书，所以读书要有选择。对于小学生来讲，更要有所引领。为做好引领，我们推出了以下五种课型：

阅读启蒙课，激发阅读兴趣。沿着“创设情境—情趣识字—试读文章—体验成功—产生兴趣”的教学走向，让学生喜欢阅读。

读物推介课，唤醒阅读期待。在教师的引导下，通过学生个体的认知结果，在小组和大组内互相沟通、互相碰撞，以丰富个体的思维领域。

阅读交流课，分享阅读成果。老师结合选文特点，借鉴学生喜闻乐见的游艺节目中的呈现形式，按照积累（辞海拾贝）、理解（脑力冲浪）和运用（各显神通）等板块组织教学。

生活习作课，诱发创新热情。通过回顾生活，诱发学生进入“我要写”的精神状态，大胆表达，拓展创新思维，让学生的习作个性得到充分的展示。通过评优激励、激发新的创新动机，让学生在教师的多元评价中充分享受习作带来的快乐。

经典诵读课，陶冶学生情操。学校利用晨诵时间推出了“一个年级一经典”的传统文化阅读体系。从新生入校开始，从诵读《弟子规》入手，二至六年级分别背诵《千字文》《论语》《笠翁对韵》《增广贤文》和《大学》。清晨，学生用经典诵读开启一天的生活，每节课前高声吟诵，放学路队轻声吟唱。

3. 多项措施，提供动力支持

评价是引导。学校注重以评价构建长效机制，建立了《学生阅读成长册》和书香班级、书香家庭、书香教师、读书达人评价制度，给学生的阅读注入不竭的动力。

利用《学生阅读成长册》进行阅读考级。低年级主要进行识字考级，中高年级进行阅读考级。每项考级分六级，每级都有相应的要求。每次考级，给过关者发相应的考级证书，并记录在《学生阅读成长册》中。《学生阅读成长册》不仅记录着学生平时的阅读足迹，还是他们心灵成长的见证。

每年的读书节，进行阅读风采展示。每年一度的“读书节”要召开“读书交流会”，评选“读书大王”“读书达人”，开展“美文朗读”“故事明星”等比赛，进行隆重的颁奖、表彰仪式。读书节的评选与展示是学生生活中最为隆重的庆典。

“书籍是培育我们的良师，无需鞭笞和棍打，不用言语和训斥，不收学费，也不拘形式。”书籍有力地促进了学生的自我教育、良好习惯的养成。“品书香、陶情操、增智慧、献教育”成了实验小学教师的追求。读书让师生的生命飘溢出浓郁的清香、散发出耀眼的光辉。

（三）让学生在艺术课程陪伴中尽情绽放

艺术能够让单调枯燥的生活变得轻松、美好，让被课程表分割的生活重新连为一个和谐的整体，让生命在高强度的学习过程中，仍然拥有从容与优雅。结合实际情况，学校开发了书法艺术课程、童谣艺术课程、器乐艺术课程、绘画艺术课程，以满足学生不同的需求。

1. 书法艺术课程，丰盈写意人生

书法艺术教育是学校的办学特色。学校坚持“写字如做人，做人写字始”，树立了“书法立人”的教育理念。学校从环境设置、课时开设、师资队伍、课程编写、名师指导、课外活动、课题研究等方面做了全方位的落实。坚持“面向全体，三字并举”的方针，低中高年段分别从铅笔字、钢笔字、毛笔字入手，让每个年级、每个学生都能得到写字方面的良好训练，努力做到写字无差生。我们开发了书法校本课程《书法艺术伴我成长》软硬笔教材。同时，通过“走班”和主题活动，提升学生的书法境界，使书法爱好者实现从技能型向文化型的跨越。如“少年书画院”社团中的学生，经常在一起练字、交流、切磋，定期在校内张贴海报、开展沙龙活动。

为了激发学生持久的练字兴趣，学校精心设计和开展年内系列书法主题活动，每学期开学初、艺术节、六一儿童节、国庆节、元旦等时段均固定举办以年级为单位的写字比赛，经班级、校级层层评选，各项比赛组织严格，形式规范，公平公正进行评选，对获奖选手进行隆重的表彰，在全校大力弘扬“写好字就是名生”的观念。书法艺术靠的是功夫、韧劲、方法、坚持和自信。在扎实做好内功的基础上，学校积极鼓励并认真组织师生参加好每一次的各级书法赛事和展示活动，对获奖的师生通过多种途径大力宣扬，进一步激发了全校师生热爱书法、学习书法、弘扬书法的热情。

学校申报的“书法教育校园传承研究”课题已正式立项为教育部重点课题“非物质文化遗产校园传承研究”中的“小学书画类”子课题。70多名学生的书画作品得到国家、省专家的高度称赞，初步形成了个性化的专长。

2. 童谣艺术课程，涂抹童年色彩

童谣形式短小精悍、语言简洁朴实、内容通俗浅显、富有韵律节奏。而一些内容不健康的“灰色童谣”却开始侵蚀中小学校纯净的土壤。为了让童谣伴着学生走过美好的童年，全校师生都参与了童谣课程的开发。通过课堂学习、搜集学习、在运用中学习，学生领悟到童谣的魅力。

在创编过程中，教师引导学生注意观察，搜集素材，积累创作的源头活水。结合学科教学，创编学科童谣，让课堂教学体现童味；结合习惯培养、礼仪、珍爱生命、环保、孝亲、安全等教育，创编教育童谣，让品德教育展现童味；结合各类活动，创编活动童谣，让学生活动凸显童味；结合家庭环境、自然环境、学校环境创编环境童谣，让周围环境弥漫童味。如今，实验小学的学生运用童谣灵活自如，无论在课堂上、课间、家里，还是路队、集体活动，都能看到学生形式多样的展示。每个班都成立了童谣编写社团，培养出了一批童星。每个教师灵活运用童谣上课，学校编辑出版体现不同教育教学主题的系列童谣集，形成了低、中、高三个年级段的新童谣校本课程。学校各项教育教学工作处处突出“童乐”的主题，整个校园浸润在童谣的氛围中，形成学校的另一特色。

在实验小学，不仅书法艺术课程、童谣艺术课程是全员参与的，还有器乐艺术课程和绘画艺术课程同样也是如此。后两类课程主要是与音乐、美术课程整合，结合年级特点，重点深化学习相应的课程，让学生在课堂上不仅掌握基本的知识，还学有专长。同时，学生从60种走班课程（即社团活动）中自主选择自己喜欢的课程，发展特长。

为了让艺术课程落到实处，每次期末考评，学校都会重点考评年级相应开发的艺术项目，并将成绩记入学生的综合素质成长手册中，学生的成绩还作为该课老师的教学成绩，纳入学期末的量化考核。

（四）让学生在节日课程的浸染中悄然拔节

节日作为资源，对于学生的教育有不可估量的作用。

中国的春节、元宵、清明、端午、中秋、重阳、元旦等传统节日，都是通过一代代人传承下来的。这些传统的节令风俗反映了我国古代人民的经济状况、生活习惯，体现了亲情及伟大的民族精神、崇高的民族气节、高尚的民族情感、良好的民族礼仪等，构成了中华民族深厚的文化底蕴，更承载着中华民族的文化渊源。实验小学注重和加强关于传统文化教育的活动，让学生在了解传统、效仿敬老、增进亲情中拔节成长。每周升国旗活动以及“学雷锋活动日”“六一”“七一”“八一”“教师节”“国庆节”等纪念日，学校都会制订活动方案，有序地组织学生开展内容充实、多姿多彩的教育活动。学生在活动中不仅培养了实践能力，接受了德育教育，还增强了民族自豪感。

学校引领学生在传统节日中接受文化的熏陶，还确立适合学生个性发展的校园节日并固定下来，作为他们展示个性的舞台，这是实验小学自己的节日——四月份的体育节，学生能够最直接地体验拼搏精神、最直观地体悟参与的快乐；五月份的艺术节，师生、家长齐登场，这是一个才情的盛宴；十月份的科技节，以“创新无大小，小发明展示”为主，鼓励学生养成创新、勤思、动手的习惯。专家学者、科技大师进入学校开讲座，被学生称为“知识超市”；十一月份的读书节，学生人人读书，写出读书心得，开展“读书达人”评选活动，让学生逐渐认识到“读书节是一辈子都要过的最长的节日”。

每一个节日都是学生日常学习、训练的展示平台，每一个节日都是激发学生继续努力的舞台。每一个节日都有鲜明的活动主题，精彩有序，全员参与，人人体验成功的快乐，触发积极向上的力量。

（五）让学生在健康课程中幸福成长

健康不仅指一个人没有疾病，还指一个人有良好的身体和精神以及适应社会的状态。身心健康才能快乐健康地成长。因此，学校进行了健康课程的开发，主要包括心理健康教育课程和阳光体育课程。

1. **心理健康教育课程让生活充满阳光**

学校成立了领导小组，组建了中心教研组，组织教师积极参加训练课程行动和心理健康知识业务培训。在地方课程周安排了一节健康教育课，中心教研组的老师上好示范课，引领健康课堂教学，提供专业指导；班主任上好心理健康教育课，关注学生平时的情况，落实好心理健康教育；非班主任队伍立足于每一节课，挖掘教材中心理素质对应点，结合教材内容向学生渗透健康教育。为了更好地指导教学，学校编写了为教师使用的执行课程《彩虹积极心理素质训练校本课程》；针对不同年级学生的特点，编写了适合学生阅读的《我的生活我做主》、男女生版《追逐阳光，关爱成长》等读本，让学生自由阅读，从小树立健康的理念。

学校根据学生不同的心理需求，完善心理咨询室，优化咨询平台，开展多种咨询渠道，进行个体疏导；开展团体讲座，进行集体辅导，解决学生的共性问题；提倡学生写心理日记，排除不良情绪；构建育人导师制，建立心理档案，家校共育，综合各种信息对学生实施有针对性的教育，营造心育氛围；开发“彩虹桥”课程，密切家长、老师、孩子的关系，让学生在自我反思中进步，在老师和家长的鼓励下健康成长。

2. **阳光体育运动课程让学生身体健康**

运动是教育最重要的内容之一，懂得运动、热爱运动、养成运动的良好习惯，对于学生来说是终身受益的。为了让学生有一个健康的体魄，实验小学内外间抓，一是重视体育课的教学，将游戏融入体育教学，将儿歌、童谣渗入体育教学，实施了游戏化教学法，让学生爱上运动。二是重视课间活动，创编课间运动模式。课间 10 分钟，让学生玩体育课上学到的小游戏；大课间，一改传统的做操单一、训练幅度小的活动，开发了以“律动唱游，健体修身”为主题的阳光体育课间活动。学生在《阳光体育之歌》曲目中跳拍手舞、做七彩阳光操、跳皮筋等。活动结束时，学生齐诵《少年中国说》绕场地蛇形退场，令学生兴趣盎然。三是重视节假日的运动，让学生养成天天锻炼的习惯。每次放假之前，体育教研组会统一给学生布置作业，教给他们运动的方法，下发运动记录表，让家长监督并每日一记录，开学时根据家长的记录和体育测试情况评选体育运动小明星。四是重视体育展示比赛活动，激发学生运动的欲望。学校把 4 月份定为体育节，重点举行集体展示和个人特长体育比赛；每年的 10 月，学校都会组织大型运动会，让学生在参与中体会“文明其精神，野蛮其体魄”的内涵。积极组织学生参加上级组织的各类比赛，培养了学生团结合作、集体主义的品质。五是成立球类的、游戏类的各类体育小社团，每天下午的走班社团培养了一大批体育特长生，引领班级运动的开展。

“六年健康教育，起步幸福人生。”几年来，学校形成了以课堂、校园、家庭、社会、活动、咨询为一体的健康教育特色模式。心理健康和体育阳光课程的开发，让学生不仅具备了健康的身体，还有了阳光的心理，充满了活力，精神风貌焕然一新。

“书香课程”“德育课程”“艺术课程”“节日课程”“健康课程”互为贯通，它们以润物细无声的形式作用于学生，使学生的积极性得到充分调动、情操得到陶冶、品位得到提高。课程的丰富性使学生总能找到自己的最爱，从而保证个性得到长足的发展。这些课程就如同在学生心中播下的一粒粒幸福的种子，使学生终身受益。

四、创生：教师与学生的智慧历程

教师是教育实践的直接承担者和教育变革的实施者，一切教育改革和发展都离不开教师的参与，而教师的发展水平的高低又直接决定着教育改革的成败。只有给教师赋权增能，肯定教师对课程的独立判断能力和创造能力，使之真正成为课程开发的主体，成为“创生取向”的卓越课程研发者，才能使校本课程的实施成功。

学校不只在学科课程中让每一位教师按照整合的方法，发挥自己的创造才能进行课程整合，在学校课程开发中，也充分发挥教师的主观能动性，按照学校课程开发的总要求，结合教学实际，进行创造性的实施。在班级层面上，本着“我定标准，提供帮助，我来验收；你做承诺，自做课程，我不干预”的课程管理模式，将自己的生命体验融入到课程之中，呵护每一个学生的心灵，开发了一个个触及生命成长、深入人心且各具班级特色的课程。

（一）我是小学生了——一切都值得纪念（开学课程）

美国完美教室的典范雷夫·艾斯奎斯曾坦诚地说：“第 56 号教室之所以特别，不是因为它拥有什么，而是因为它缺乏了这样一种东西——恐惧。”

开学第一周，如何消除一年级新生畏学、恐惧的心理？实验小学一年级的老师都会进行认真的思考与规划，通过“开学课程”的实施，来缓解一年级新生的畏学情绪，让他们在最短的时间内适应学校、爱上学校。

丁培霞老师在还没有见到一年级的学生之前，就早已把他们的姓名熟烂于心，在开学的前几天，用心为每一个学生制作礼物。新生报到，丁老师面带微笑叫着每一个学生的名字，送上最真心的见面礼，牵着学生的小手熟悉校园。

不知不觉，到了第一周周五下午的最后一节课，学生都获得了数量不同的冲关卡，丁老师带领学生举行了隆重的暮省仪式，为冲关成功的学生颁发了“冲关小能人”或“冲关小超人”的奖状，并告诉孩子们，老师祝贺他们已经是合格的一年级的小学生了。小朋友们兴奋地把奖状举过头顶，手舞足蹈。

至此，为期一周的“开学课程”圆满结束。学生入厕、午睡、列队、整理，井然有序。这期间，没有一个学生哭闹，取而代之的是一张张开心的笑脸。家长接到孩子，孩子兴奋地把奖状递给父母，说：“我是合格的小学生了！”

家长们也纷纷在班级 QQ 群里感叹：“这几天，我的孩子真的好开心啊，没想到他这么快就适应小学生活了，还学到了很多新本领！”

（二）今天是你的生日——一切都值得铭记（生日课程）

每个学生都是重要的，每个学生都是老师的孩子，班级学生都是最好的兄弟姐妹，每到哪个学生过生日，班级的学生和老师从来不会忘记，都会采取各种方式给他（她）过一个温馨而又有意义的生日，让他们感受到这就是他（她）的家。

6 月 20 日是朱老师班的程馨的生日。

清晨，程馨一走进班级，全班同学就唱起了生日歌《祝你生日快乐》，在这样的祝福中，程馨同学慢慢地走上讲台，幸福地听老师为她而编写的生日诗歌：

银色的雨——送给程馨
勇敢地跃下，
一条条，一颗颗，
喜了翠苗，醉了花朵，
带给大地一阵快乐。
圈圈点点，涟漪四扩，
程馨在笑，
旋起一个个酒窝。
小溪流水，
一路欢声笑语。
亲爱的程馨呀，
只要坚守信念，面朝大海，
向着明亮那方，
你就一定能抵达胜利的彼岸。

老师朗诵完了，接着全班同学齐诵，把最真心的祝福化作诗歌送给了程馨，程馨激动地无以言表，高兴地行礼表示感谢。

生日诗歌与其说是老师送给学生的生日礼物，不如说是全班师生对生命独一无二的祝福。教室墙上"生日快乐"栏目里张贴的一张张小寿星照片和装饰精美的生日诗歌见证着师生度过的每一个充实而快乐的日子。

（三）她的故事被人传唱——一切都在继续着（孝亲课程）

在实验小学有一位叫万丽华的老师，她对传统文化情有独钟，一直身体力行地践行传统文化、传播传统文化，用孝来教育孩子、感悟家长。三年来，她带领"青竹儿"班的学生不断诵读经典，观看《中华德育故事》，学唱孝亲歌曲，让国学文化无声地浸润学生的心田。她带领学生养动植物，体验生命的意义；学习生活技能，担起家庭的一份责任；让家长和孩子共写《爱的日记》，增进亲子感情。她经常给家长做培训，让家长做好"上行下效"，家长深受教育。她带领学生走出校门，与西藏同学书信来往，让学生增强了责任意识；走进敬老院，为老人们带去食品衣物，为老人们表演节目，这些都让老人们感动得热泪盈眶。学生在践行孝道文化中明白了“凡是人，皆须爱。天同覆，地同载”。

在万丽华老师的带领下，学生从一年级开始就一直坚持做孝亲作业，并且将这种对家人的孝，延伸到对社会的爱。她的孝亲教育让学生受益终生，让家长深受感染，他们的孝亲故事在诸城大地上被人传唱。曾经一位家长给她写过这样一段评价：

“青竹儿”班建立爱的日记档案馆，给更多的人留下美好的记忆，您传递的爱会让更多的人珍惜爱，让更多的家庭享受爱，让更多的人学会传递爱、给社会增添爱。

“青竹儿”班的孝亲文化，得到了专家领导的赞扬。王敏勤教授、宋金宝主任、薛炳群科长等先后参观“青竹儿”班，看见走廊版面“爱的摄影展”“理想飞扬、竹苗茁壮”等不停拍照；看见班里“敬老爱老”“生命教育”等版面赞不绝口；看见花草、蒜苗在爱的环境下快乐成长，自言自语地感叹：“这才是真正的班级文化！”

（四）我要上更大的舞台——一切皆有可能（乐队课程）

孙志勇老师有一个梦想，他希望自己的学生多才多艺。他发挥个人特长，组建了“金童乐队”，师生 58 人全部参与乐队训练和表演。他把口风琴作为普及乐器，择优分层分类培训了学生钢琴、电子琴、手风琴、笛子、葫芦丝、大鼓、小鼓、小叉等乐器。为了不断激发学生争先创优的热情、增强学生的自信，他因地制宜组织开展了“家长会展示”“研讨课汇报”“走班制观摩”“庆祝日祝贺”等乐器展演活动，每年的“六一”会演，“金童乐队”的器乐合奏是整台节目唯一的班级作品，受到了广泛的好评。

“金童乐队”的组建带动了班级各方面的发展，学生的器乐水平逐步提高。这一典型做法在学校层面和全市现场会上做了交流，并由“金童乐队”进行了现场展演，受到了各单位领导、师生的广泛好评，同时也赢得了学生和家长的一致认可和支持。2013 年 7 月 6 日晚上 8 点，在诸城市府礼堂的广场举办的消夏晚会上，他们的表演震撼了全场。

“金童”班今后的奋斗目标除了要搞好常规教育教学外，更着力将“金童乐队”锻造成“金童乐团”，走上更高、更大的舞台。

（五）我毕业了——一切都让人留恋（毕业课程）

童年，是每个人心中永远的记忆，那份天真，那份懵懂，那些顽皮，那些幻想，那些欢笑，那串眼泪，都是那么令人难忘。每临近毕业，毕业班级都会盘点六年来那些难忘的记忆，为学生举行隆重的毕业典礼。

2013年，六年级学生已迈出了母校的大门，在毕业那一天，每个班级完成了毕业课程的一个仪式，他们聚集在启正楼的五楼大厅参加毕业典礼。首先，校长致毕业贺词，然后教师代表发言提出希望，最后学生代表发言，感恩教师，感恩母校六年来的培育，他们信誓旦旦地说："今天我因学校而骄傲，明天学校一定因我而自豪!"在校歌《我们幸福，我们快乐》中，仪式进入第二段。这时，随着舒缓的音乐，"三味书屋"班的师生走上了舞台，共同走进了他们小学六年来的美好回忆，当入队仪式、"三八"节活动、教师节活动、圣诞节活动、读书课程、晨诵课程、暮省课程、生命课程、离别课程……这一个个温馨的画面利用多媒体展现在大家的眼前时，"三味书屋"班的师生泪流满面，在座的每一位老师也泪眼迷蒙。这六年里，师生完成了一次次精彩的课程，迎接了一次次生日的庆典。狭小的舞台，短暂的展示，让我们听到了学生六年来生命拔节的声音。随着键盘的敲击声、教师的呼唤声，当全班58名同学的名字依次出现在大屏幕时，老师满含眼泪说："你们的名字将永远留在老师的心中，希望你们一直坚强地走下去，让自己的名字大起来、亮起来。"当全班同学把父母请上舞台，送上自己的书信和他们紧紧的拥抱，并大声地喊出："爸爸妈妈，我爱你!"时，当所有孩子大声地喊出他们任课教师的名字并将老师请上舞台，送上鲜花时；当毕业课程进入到尾声，家长、老师依次用诗歌的形式表达对孩子的祝福，孩子用铿锵有力的誓言依次回应，相互承诺再过也许10年、20年、30年，老师与58个家庭再次相聚，参加你们一个个更为重要的人生的庆典时，全场为之动容。整个毕业课程，师生们是流着泪展示完的。每一句话、每一个眼神、每一个动作，都在那一刻成为永恒。

这是一个短小的毕业课程展示，让我们看到了老师的用心，用心留存学生成长的点滴，用心地与学生过着每一天。班级课程的开发要呵护好每一个学生，珍惜好每一个日子！怀着对生命的敬重和期望，把温暖、信念、幸福、理想播种在学生的心田。时光走过，一切已留在师生的心中，一切都让人留恋……因为我们曾经用心地过着每一天。

（六）只要行动——一切都在改变着

班级课程激发了每一位教师的创造力，让每一名学生都找到了对学校的归属感，让每一名学生都发生了改变。

班级课程的开发赋予老师课程开发的权利，让他们体会到了自己生命的丰盈。班级课程的开发让教室变成了一座神奇的宫殿，每一间教室，都有一段美丽的传说；每一株植物，都是一个课程；每一只动物，都有一个故事；每一个特色课程，都富含师生的智慧，只有受益其中的人才知道它的珍贵与魅力。

班级课程的开发不仅教师全部参与，家长也被带动起来。班级成了师生生命发展的重要“场”，课程本身赋予师生生命成长的重要能量，这个能量也辐射到了家长身上。

“雁行”班的朱夏祺的妈妈在班级主题帖这样写道：“你的幸福课程对于孩子的成长太有意义了，很幸运孩子能跟着您学习，我们全家都跟着受益。我们担当的角色太多，尽职尽责就有了幸福的感觉。谢谢您！”

在班级课程开发的过程中，变化最大的无疑是学生。每天放学时，学生依依不舍地离开教室，早晨，充满期待地走进教室。如今，若你经过喧嚣的街道走进实验小学推开门走进每一间教室，会发现相同面积的教室里，班级装饰异彩纷呈，相同空间里流动着不同的文化气息，每一间教室有每一间教室的特质，教室已不仅仅是教师教书、学生听课的地方，更是图书馆、实践场、探究室、操作间、展览室，更是习惯养成地、人格成长室、共同生活所、生命栖居室。

班级课程的开发为学校文化再添一方绿洲，更重要的是，它改变了师生每天的教育生活，改变了教师的行走方式，改变了学生的生存状态。它让师生体验到了幸福不只是一种味道，完整不只是一种色彩，生命需要用生命去缔造，生命需要用生命去书写，生命会因生命而完美。

五、课程的价值从课堂中体现

课堂教学不仅意味着对学生“知识生命”的培养，更在于对“价值生命”的养育。课堂是课程实施的主渠道，课堂教学是否有效，不仅决定着学校育人目标能否实现，更关系着学生今天是否快乐、将来能否幸福。

因此，为使育人目标更好地从课堂中得以落实、使课程价值得以体现，我们围绕“幸福快乐”的核心理念，结合学校的办学实际，对三级课程进行有机整合，探寻教学核心理念，走出了一条“三级建模”的课堂文化建设之路。

（一）形成核心教学理念，让教学有标可依

传统课堂教学多是以教师的传授为主，教师将自己的理解灌输给学生，学生只是一味地被动接受，这看似减轻了学生的负担，实则禁锢了学生的思维，严重限制了学生潜能的发挥。事实上，教师在讲授、命令、评价时，并没有拿出时间来反思、关注学生的状况，致使学生失去了探究的欲望、学习的兴趣，对他们而言，学习变成了一种苦役。

一个让学生喜欢的课堂，才能使学生积极参与其中，知识与技能、过程与方法、情感态度价值观也才能落到实处。因此，我们从不同年级各抽查了100名学生进行了调查问卷，问卷的主要内容围绕学生喜欢什么样的课堂而展开的。通过调查，发现学生比较喜欢的教学方式主要有探究式（占33%）、讨论式（占26%）、活动式（34%）、讲授式（占6%）。

从问卷中，我们可以看出，学生比较喜欢前三种教学方式，而喜欢讲授式教学方式的学生很少。前三种教学方式的共同特点都是以生为本，都是以学生自己体验和探究为主的学习。可见，学生不喜欢老师在课堂上唱主角戏、一言堂的传统教学模式，渴望做学习活动的主人，渴望通过自己探究来获取知识。由此看来，学生是否喜欢学习、学习投入程度如何，最深层的原因并不在于学习的内容本身的趣味与生动，而在于学生的内在体验和价值认同。

省课程中心李秀伟主任说，属于学生的教学价值的流程是教学首先要顺应性情，顺应学生的情感；然后要让学生获得方法，学会自己去学习；其次要让学生积累兴趣，积累从方法得来的内在兴趣；最后要让学生形成习惯，形成一个自觉学习的习惯，通过方法、通过兴趣进入审美自觉的学习状态。李主任的课堂价值观从始至终，都是以学生为根本，从顺应性情到获得方法、积累兴趣到形成习惯，遵循学生的发展规律，挖掘学生的潜能，最终内化成自主行为，达到“成自觉”的价值境界。

2001年，教育部印发《基础教育课程改革纲要（试行）》明确指出：“改变课程实施过于强调接受学习、死记硬背、机械训练的现状，倡导学生主动参与、乐于探究、勤于动手，培养学生搜集和处理信息的能力、获取新知识的能力、分析和解决问题的能力以及交流与合作的能力。”

总观以上分析，我们提出了“以人为本，自能探究”的核心教学理念。

通过这样的理念引领，让教师改变传统的教学方式，以生为本，关注学生，给学生提供各种尝试的机会，创造各种条件让学生自己去探究，让学生在自我探究中获得学习的兴趣，获得成功的体验，追求“从心所欲，不逾矩”“乐此不疲”的真实教学。

（二）构建三级建模，让教学有章可循

我们遵循总的教学理念，总结经验，不断梳理、创新，在课堂教学改革中，取得了突破性的进展，确定了课堂教学以构建幸福快乐高效课堂为目标的三级建模（校级建模，一校一模；学科建模，一科多模；个人建模，一模多法）。

1. 校级建模，一校一模

（1）金字塔理论给我们的启发

“金字塔理论”是 20 世纪 60 年代美国的教育研究成果，它用数字形式形象显示了采用不同的学习方式，学习者在两周以后能记住内容的多少。它是一种现代学习方式的理论。如图所示：

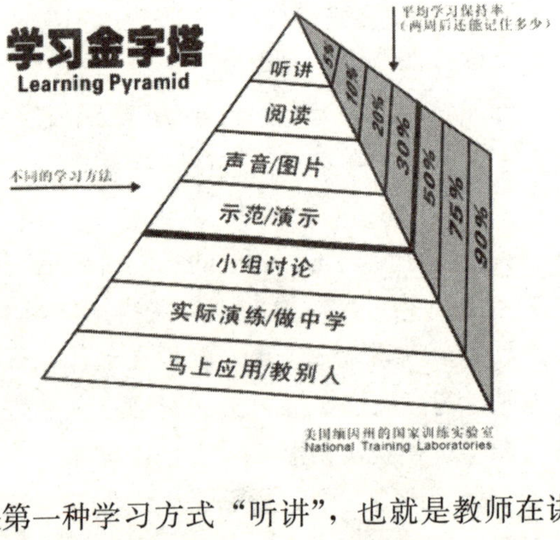

在塔尖，是第一种学习方式“听讲”，也就是教师在讲台上面说，学生在讲台下面听，这是我们最熟悉、最常用的教学方式，学习效果却是最低的，两周以后，学生只能记住 5%的学习内容。

而第二种学习方式，即通过“阅读”方式学到的内容，两周以后，学生可以记住 10%的学习内容。

第三种学习方式是用“声音、图片”的方式学习，两周以后，学生对

学习内容的记忆可以达到 20%。

第四种学习方式是“示范”，采用这种学习方式，两周以后，学生可以记住 30%的学习内容。

第五种学习方式是“小组讨论”的学习方式，两周以后，学生可以记住 50%的学习内容。

第六种学习方式是“做中学”或“实际演练”，两周以后，学生对学习的内容，记忆可以达到 75%。

在金字塔基座位置的学习方式，是“教别人”或者“马上应用”，两周以后，学生可以记住 90%的学习内容。

（2）优秀课例给我们的反思

我们一直坚持周听评课，每周一小评，每月一大评，每学期一总结。从这些总结反思来看，高效课堂有以下特点：课堂教学中运用评价，充分调动学生学习的积极性，学生能主动参与学习；学习方式多样化；教师有良好的点拨技巧，能启发诱导学生开阔思维，能引起学生的情感共鸣；让学生走上讲台讲课，其他学生听得更认真，效果更好；能及时练习应用，实际演练，学生记得快、学得牢。

（3）理想课堂给我们的启示

新教育实验构筑理想课堂项目研究认为，课堂可以从教学活动基本框架的落实、知识理解抵达的深度、主客体之间及主体间的对话质量三个层次来考察其成败。这三个层次上的优化，可以谓之理想课堂的三重境界。

第一重境界：落实有效教学框架——为课堂奠定一个坚实的基础。

第二重境界：发掘知识这一伟大事物内在的魅力。

第三重境界：知识、社会生活与师生生命的深刻共鸣。

基于以上分析和课改现状，我们总结各科教学以往的经验，学习其他学校的优秀做法，结合新课标理念，最终将课堂教学模式确定为：“三勤四让五环节”，并将其作为学校课堂教学的总指导纲领。

“三勤”为暗线，贯穿在整个教学过程中，让学生全身心参与学习。它既是课堂的内在动力，又是课堂所要达到的目标。“四让”就是教师在执教的过程中，把读、练的时间让给学生，把讲、议的机会还给学生，把评、用的权利放给学生，真正实现以学生为主体。五环节为明线，每一环都以学生为主，任务明确、做法具体、环环相扣。

模式流程图：

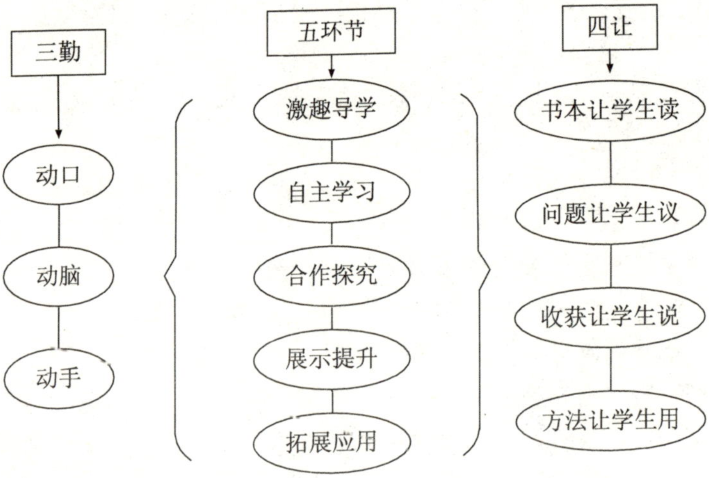

五环节的具体流程如下：

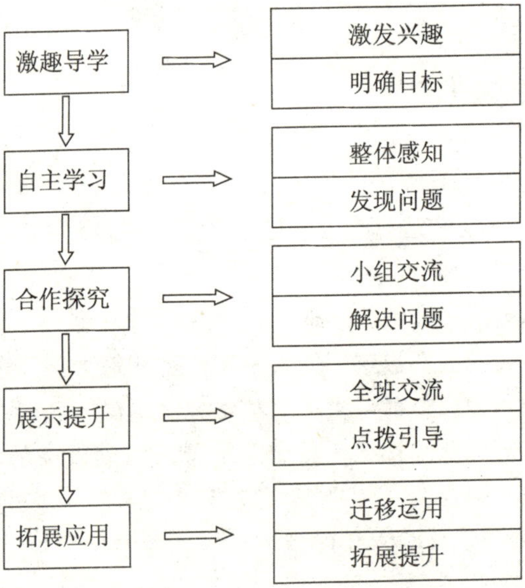

将课堂的理念物化为可操作的教学流程，以及与之相适应的师生课堂规范，使教师能够把课堂学习的时间和空间还给学生，用丰富多彩的主体性学习活动代替单一的讲解接受式学习，促使学生由被动接受走向主动学习，让学生主动地完成知识的构建、能力的提升和道德的升华。

2. **学科建模，一科多模**

老师们在践行总模式教学中发现，每个学科有每个学科的特点，每个学科有不同的课型，总模式只能是一个纲领。课堂应有的走向是什么？特别是面对学科内涵挑战时，如何将学科特点发挥出来，并运用课堂优势呈现出来，是成功教学的关键。为了更好地适合学科教学，我们又走上了学科建模的道路。

我们首先结合学科特点，确定了每种学科的课型，遵循总教学理念和总模式，针对每一种课型结合周听评课这一常规教研活动，采取了三步走战略：模式形成阶段，各学科教研组通过“同课异构”，初步形成各学科教学流程，“异课同构”验证初步形成的教学流程。模式实践阶段，利用示范课学习流程，达标课普及流程。模式成熟阶段，进行了创新课评选，让老师们展示自己的研究成果，促进课改向纵深发展。在系列活动中，每位教师的比赛成绩都会作为课堂教学量化成绩纳入期末量化成绩。

用这样的方法确定了每个学科的课型，形成了学校“学科建模，一科多模”的特色。

建立模式的过程就是创新的过程，实践模式的过程就是形成特色的过程。学科模式的构建，是围绕学校的“自能探究”总的核心理念，在总模式下创生出来的更符合各学科特点的教学流程，这样，各学科的课程价值更能在课堂上得以实现。

例如，数学教学流程：

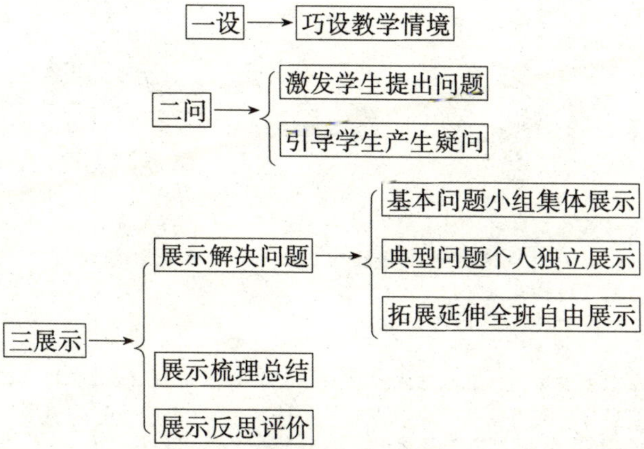

“一设、二问、三展示”数学教学模式最早是由核心研究团队董凤兰主任研发出来的，经过教研室领导及潍坊专家的多次指导，逐渐完善、成熟，依次在全校、全市做了推介，在这三步数学教学课堂上，学生的假

设、提问、解答、展示活动逐次展开，学生深度的思考、独到的思路、充分的交流，让许多听课老师赞叹："这才是真正的学数学！"董老师的"一设、二问、三展示"教学法在2012年荣获潍坊市教育教学创新奖。

附：董凤兰小学数学"一设、二问、三展示"教学法课堂实录

<table>
<tr><td colspan="2">学校</td><td>实验小学</td><td>年级</td><td>六</td><td>学科</td><td colspan="2">数学</td></tr>
<tr><td colspan="2">授课人</td><td>董凤兰</td><td>班级</td><td>十</td><td>备课时间</td><td colspan="2">2013 年 2 月 23 日</td></tr>
<tr><td colspan="2">课题</td><td colspan="3">相关链接"利息"</td><td>授课时间</td><td colspan="2">2013 年 2 月 24 日</td></tr>
<tr><td colspan="2">教学目标</td><td colspan="6">1. 了解储蓄的意义，理解本金、利率、利息的含义。
2. 掌握利息的计算方法，会正确计算存款利息。
3. 注重学生观察、对比、总结能力的培养，并让学生感受数学在生活中的作用，增强应用意识，提高实践能力。</td></tr>
<tr><td rowspan="4">教学</td><td>重点</td><td colspan="6">理解本金、利率、利息的含义，掌握利息的计算方法，会正确计算存款利息。</td></tr>
<tr><td>难点</td><td colspan="6">掌握利息的计算方法，会正确计算存款利息。</td></tr>
<tr><td>方法</td><td colspan="6">个人独立思考、小组合作探究。</td></tr>
<tr><td>模式</td><td colspan="6">小学数学"一设、二问、三展示"教学法。</td></tr>
<tr><td colspan="2">学习目标</td><td colspan="6">1. 了解储蓄的意义，理解本金、利率、利息的含义。
2. 掌握利息的计算方法，会正确计算存款利息。</td></tr>
<tr><td colspan="8">教学过程</td></tr>
<tr><td colspan="7">师生活动</td><td>教学活动解析</td></tr>
<tr><td colspan="7">一、谈话导入，激发兴趣
师：同学们，当你们家有多余的钱暂时不用时，你的父母都是如何处理的？
生：存入银行？
师：为什么要存入银行？
生：可以得到利息。
师：刚才这位同学提到了一个词——利息。
（板书课题）
师：谁来说一说什么是"利息"？利息是谁支付给谁的？
生：利息就是你到银行存钱，银行就会付给你一定的钱。
师：那到银行存款看来对个人有好处。除了对个人有好处外，你知道存款还对谁有益？
生：我知道存款还对银行有益，银行可以进行贷款，支援国家建设。
师：同学们太棒了，存款既然有这么多好处，那我们就进一步探究一下有关存款的问题。
【设计意图】让学生了解储蓄的意义，感受存款不但利民而且利国。学生可以从信息中明白银行存款可以为国家建设发挥作用，从而增强储蓄的意识。</td><td>"一设"巧设教学情境。
创设教学情境时，注重课本知识与学生的日常生活和认知水平之间的联系。通过简单的谈话，激发学生对知识的求知欲和学习兴趣。

学生了解储蓄的意义，培养积极参与银行储蓄的意识和爱国思想。</td></tr>
</table>

续表

教学过程	
师生活动	教学活动解析
二、提出问题，解答疑惑 师（谈话引入）：当存款人把钱存入银行后，银行要相应地给存款人一张凭证。 （课件出示存单） 师：同学们仔细观察这张存款凭证，你能从中知道哪些信息？ 生1：这是一张中国工商银行的存单。 生2：这张存单存的钱是8000元。 师：这里的8000元是“本金”。 生3：钱是2005年存的，到2008年到期，存的时间是3年。 生4：这张存单有密码。 生5：存款利率是3.24%。 师：利率3.24%表示什么意思？ 生6：我举一个例子说明，也就是存款100元存一年，所得利息是3.24元。 师：如果存1000元呢？10000元呢？8000元呢？ 生6：1000里面有10个100，一个100元的利息是3.24元，10个100元的利息就是32.4元…… 师：那么利息的多少和什么有关系呢？有怎样的关系呢？ 生1：与存款的时间有关，时间越长，利息越多。 生2：还与银行的利率有关，利率越高，当然获得的利息就多。 师：同学们仔细观察一下存单，思考一下在这些信息当中，哪些是存款人不能决定的？ 生：利率。 师：那利率是由谁决定的呢？ 生：国家。 师：很对，利率是由国家委托中国人民银行制订的，所以无论是什么银行，同一时间的利率都完全相同。为什么统一利率呢？ 生：为了便于人们存款，更便于银行之间的公平。 师：在这些信息中，哪几项是存款人说了算的？ 生：存款时间、本金、银行、密码、存款时间…… 师：那么老师有一个问题请教同学们。我想到银行去存款，怎样做才能获得更多的利息呢？ 生：我认为您要考虑两个方面，一是本金多则利息多；二是存的时间长点，那么利息也就多一些。 【设计意图】给学生思维的空间，让学生身临其境地感悟生活中的数学。经过师生互动、生生互补，学生可以掌握存单中涉及的相关信息，明确存单的填写方法，渗透初步的理财观念。 三、合作学习，展示成果 1. 师（出示信息）：对于存款人来说，他把钱存入银行后，最关心的是什么？ 生：到期后能取回多少钱？ 师：那么快来帮这位存款人算一算，他到期后能取回多少钱？老师还要给大家补充一项重要的信息：国家规定，存款的利息要按照20%的税率纳税，国债、教育储蓄的利息不纳税。	“二问”激发学生提出问题，引导学生产生疑问。 通过对存单上信息的分析，让学生体会根据存单提出问题和解答疑惑的过程，让学生在提出问题、分析问题、解决问题的学习中切实掌握存单中所涉及的信息，自然而然地学会了存单的填写方法。 “三展示”展示解决问题，展示回顾梳理，展示反思提升。

续表

教学过程	
师生活动	教学活动解析
2. 小组合作探究。 小组中的四位成员先针对问题进行独立思考，然后带着自己的结论和疑惑进行小组内的讨论，统一解决问题的途径和方法。 3. 小组集体展示： 生1：我来“找信息”。解决这个问题所用到的数学信息是：本金8000元，利率3.24%，存款时间是3年。还有一个隐含信息是国家规定存款的利息要按照利息的20%的税率纳税。 生2：板书算式 利息8000×3.24%×3=777.6（元） 税后利息：777.6－777.6×20%=622.08（元） 取回的钱：8000＋622.08=8622.08（元） 答：到期时可以取回8622.08元。 生3：这道题的解题思路是求存单到期后他能取到多少钱，就是用本金8000元乘以利率3.24%，再乘以3就是存款利息。按国家规定，存款要按照利息的20%交纳利息税，所以要从利息中减去所交利息税，最后加上他的本金8000元，就是存单到期后他能拿到的钱。 生4：这道题在解答时要注意：第一，本金×时间×利率=利息；第二，按国家规定按利息的20%纳税；第三，减去利息税的利息才是存款人应得的利息；第国，税后利息加上本金就是到期后存款人能取到的钱。 师：对于以上的解答，你有没有疑问？ 生：没有。 师：那么大家经过合作学习，一定发现了利息的多少与本金、利率、时间之间的关系，哪位同学来根据老师的提示总结出公式： （师板书“利息=”） 生：利息=本金×时间×利率。 （师板书“税后利息=”） 生：税后利息=利息－利息税。 （师板书“取回的钱数=”） 生：取回的钱数=本金＋税后利息。 【设计意图】为学生营造自我发现、自我总结的空间，让学生从实践中概括公式，在合作中分享自己与他人思考的成果，体会成功的快乐。学生在兴趣的驱使下，主动参与小组合作，在合作中积极思考，得出利息及税后利息的公式，并因为经历了概念的形成过程，为知识的应用做了良好的铺垫。 师：请同学们思考一下，对于这位存款人，能不能不交纳利息税？ 生：不能，因为不交纳利息税的有三种情况：国债、教育储蓄、2008年后的存款，这三项他都不符合，所以他必须交纳利息税。 【设计意图】通过运用排除法，让学生进一步明确，在三种情况下，存款人不用交纳利息税。	通过自主探究和合作交流，让学生切实理解：利息=本金×时间×利率。 经历由特殊向一般的过渡，从而总结计算公式，理清知识点，为以后的运用打好基础。

续表

教学过程	
师生活动	教学活动解析
四、深化练习，巩固新知 1. 概念巩固 利率是表示（　　）的百分率。 A. 利息占时间 B. 利息占本金 C. 本金占利息 2. 实际应用 陈强把 3000 元存入银行，定期 2 年，年利率 2.43%。到期时，他能取回的钱是(　　)。 A. 3000×2.43%×2 B. 3000×2.43%×2×20% C. 3000×2.43%×2×（1－20%） D. 3000×2.43%×2×（1－20%）＋3000 3. 独立解决问题 小明家 2006 年 5 月存入银行 10000 元钱，整存整取定期一年，年利率是 2.25%，到期后应得税后利息多少元钱？ 五、总结归纳，回顾梳理 1. 计算利息时，需要知道哪些信息？ 2. 对于今天的学习内容，你想提醒大家注意什么问题？ 六、结合书本，生活实践 你有压岁钱吗？如果把这些钱存起来，你们想怎样存？会得到多少利息？你准备怎么使用？ 【设计意图】数学来源于生活，服务于生活，为学生设计的生活习题，其目的在于让学生感悟数学在生活中的价值，增强应用意识，同时培养学生乐于助人、勤俭节约的优良品质。	A. 是求利息 B. 是求利息税 C. 是求税后利息 D. 是求取加多少钱 让学生运用所学知识解决实际问题，特别是变式后，让学生不拘泥于只会求“到期后取回多少钱”。 通过学习培养了学生参与储蓄的意识，更重要的是将课堂所学知识运用到实际生活中，让它成为真正的知识。
板书设计	利息 利息＝本金×时间×利率 税后利息＝利息－利息税 取回的钱＝本金＋税后利息 利息：8000×3.24%×3＝777.6（元） 税后利息：777.6－777.6×20%＝622.08（元） 取回的钱：8000＋622.08＝8622.08（元） 答：到期时可以取回 8622.08 元。
教学评价	六年级“利息”一课，是与学生日常生活结合较为紧密的内容。教师在教学中，教学目标定位准确，教学理念先进，小组合作学习扎实有效，特别是在四人合作探究时，引入了“找、列、说、提”解决问题四步策略，让小组中的每位成员都有事可做、有法可循，不但保证了合作学习的有效性，而且教会学生解决问题的基本策略和途径。教学中处理好了教师的“教”与学生的“学”之间的关系，注重营造“以人为本”的数学文化。学生在课堂上表现出的独立思考、合作探究、集体展示、质疑答辩，充分证明了“一设、二问、三展示”教学法切实培养了学生的数学思维，提高了学生独立创新和质疑纠错的能力。（点评：潍坊市教科院　侯京友）

附：英语课堂教学模式

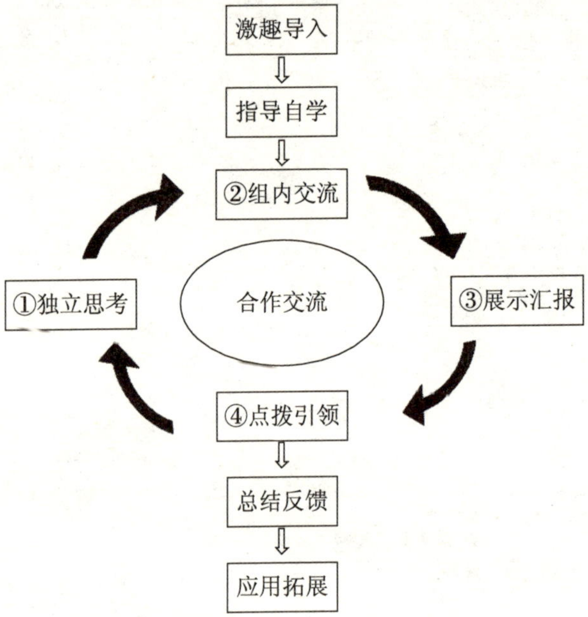

3. **个人建模，一模多法**

在模式引领的长期实践中，自能探究的理念渐渐融入老师们的思想，这种课堂教学方式也渐渐内化为师生的习惯。但是，学校考虑到，模式只是承载教学理念的一个形式，而主要的教学任务是形成一种学习环境，以最适宜的方式促进学生的学习和发展，但是没有一种模式是适用于所有学习风格的。

因此，我们进入了个人建模阶段，这个阶段主要是让教师走出模式，形成个人风格。在实施教学过程中，学校提出：教师应遵循课堂核心理念，根据教学内容和学生的学习情况，“自作主张”，灵活地运用模式，“可以仿照模式，但不可模式化”，把“课程整合落到实处”“把课堂真正还给学生”，以体现幸福快乐的高效课堂标准。老师们纷纷行动起来，特色化教学不断涌现。

学生当老师。解相花老师在语文课堂的阅读教学中大胆放手，让学生承担教师的角色，小老师们为了上好课，熟读教材，反复备课。课堂上，他们手拿教鞭，有声有色地传授知识。凡是上她班听过课的老师无不赞叹学生的精彩表现，一致表示：“就是老师也很难上成这样!”学生通过当小老师的经历体验到了当老师的辛苦，提升了自己的综合素养。这一做法获得诸城市金点子案例一等奖、山东省教育教学优秀成果二等奖。

有时候，教师的“无为”恰恰成就了学生的“有为”，学生群体具有巨大的潜力，这种潜力不仅仅是解决问题的能力，更是一种相互促进的心理动力源，把课堂还给学生，把讲授还给合作，其实，学生都可以成为学习的痴迷者。

数学与艺术结缘。郑老师是一个酷爱艺术的数学老师，兼着本班的音乐课。她每年创作100余首校园歌曲，许多获国家级奖项。她将数学与音乐、美术相整合，开创了“画、唱、赏、演”教学法，由欣赏情境到融入情境，自然发现问题，在兴趣中解决问题。通过音乐欣赏以及创编表演等，学生舒展身心，活跃思维，培养审美能力。通过画、折、做等操作活动，学生轻松愉悦地学习领会新知识。所以，她的课堂气氛热烈活泼，学生学习主动，师生互动默契，总是让人意犹未尽。她将“数学”这艘“大船”变成了“航空母舰”。2013年上半年，在全市的课题结题会议上，郑老师的这一做法得到了与会领导的高度肯定与赞赏，下半年在全市做了推广。

考级让识字变得多彩。褚金霞老师立志于让学生提前阅读、大量阅读。为了激发学生识字的兴趣，扩大识字量，为提前阅读打好基础，她在低年级实施了识字考级制，开发了六级识字考级教材。在课堂上带领学生学会识字的方法，鼓励他们在生活中识字，在阅读中识字，随时发“识字大王奖章”，定期举行识字考级，对于考级过关者发相应的考级证书。在她们班，有1/3的学生在3年内就认会了小学阶段要求会认的所有的字。这一方法在学校做了推广，带动了学校低年级识字教学的发展。这一事迹，潍坊电视台做了专题报道，这一研究成果荣获2013年诸城市中小学创新燎原奖一等奖。

在课堂教学改革方面，学校一直致力于改变学生的学习方法，激发学生学习的内驱力，特别是下大力气改变教师的教学方式。很多教师各具特色的教学风格和独特的模式受到了专家、老师的高度赞扬，如纪永梅、宋杰锋、李志慧和郭琳琳等老师以厚实的功底，全新的理念，展示出各自课堂的独特魅力，获得同行们的一致好评，学生、家长的爱戴。

（三）生成文化，让课程价值得以升华

1. 课堂文化

我们在教学上的改革已经三年，学生的诉说充满着快乐的气息。

在课堂上，我是自由的，自由地吮吸着知识的甘露，我们与老师一起交流，与同学一起探讨，不知不觉就下课了……

课堂上，我与老师争得面红耳赤，好过瘾。下课后，老师还对我竖起了大拇指，好兴奋……

老师们的感慨充满着职业的幸福感。

当我真正把心思放在学生身上时，我不仅看到了学生成绩的进步，还有学生对语文学科浓厚的兴趣，还有良好的师生关系。

好多年没有急于上课的冲动了，现在有了。我发现，一旦把课堂真正还给学生，学生和我每天都有新的收获。

教学是一种打磨，是一种身心的历练，每一节课都是不可重复的师生之间的认知与情感相谐的生命历程。最细微的实践孕育着最伟大的创想，而课堂实践与课堂创想又如此积极地进入了师生的灵魂深处。

课堂已成为知识思想的集散地、文本与生活的对接舱、智慧的孵化器、师生生命成长的平台。幸福快乐课堂不仅是一种模式，更是一种境界。在幸福快乐课堂里，教学不再是灌输，而是学生在充分预习之后的个人体验、探究与对话；课堂是激情燃烧的动感舞台，是他们求知、创造、展示自我与体验审美的地带。对老师和学生来讲，教即学，学即教。课堂上，师生快乐互动，有发现问题后的喜悦，有解决不了问题时的困惑，也不缺乏老师引导后的豁然开朗，每个环节均体现了师生的智慧、品德、情感和创造才能。这个时候，学习就是一种艺术享受，课堂就是让人流连忘返的幸福殿堂，课堂教学不仅实现了知识的复现，而且也实现了人的复活——师生生命的复活，课程价值从而得到了真正的体现。

2. **课程文化**

“三级建模”是学校对三级课程整合进行再加工、再创造，在学校文化基础上的融合与建构，它更符合学生、学校的特点和需要。学校课程的丰盈、班级课程的创生无不展示出“亮丽多彩”的文化延伸。每个课堂都是一个课程实验室，每个教师都是一个课程实验者，教师从被动的“消费者”成了主动的“生产者”，从单一的“教书匠”成了专业的“研究员”，从“传道、授业、解惑”的教师成了学生各方面的“导师”，从讲台上的“独奏者”成了舞台上的“伴奏者”。学生的能力、成绩不断提升，学生的素质发展硕果累累，每年，有千人次的学生在县级以上文艺、书画、体育、科技、电脑绘画等项目的比赛中获奖或在相应级别的报刊上发表作品。“书香人、文明人、自信人、快乐人”的品质在学生身上润物无声地散开来!

学生、教师、家长的幸福感不断增强，其影响力在不断地扩大，越来越多的教师行动起来……“课程整合自主化，学校课程丰富化，班级课程个性化，高效课堂特色化”成为学校教师的一种文化自觉，最终也成了整所学校的文化自觉，这样的文化自觉将带领我们走向课程改革的更深处。

第五章 行为文化

——“仁爱敬业，乐学进取”的形成

“为每一个孩子的成长和幸福奠基”是学校在多年的办学中逐渐形成的办学追求。经过不断的追寻，“幸福快乐教育”已成为广大师生不懈的追求。正是在“幸福快乐教育”的指引下，学校努力践行“仁爱敬业、乐学进取”的行为文化。仁爱是根基，“仁者爱人”；敬业是态度，“功崇惟志，业广惟勤”；乐学是方法，“好之者不如乐之者”；进取是精神，“天行健，君子以自强不息”。学校通过“仁爱敬业、乐学进取”行为文化建设，来指导广大师生的行为、引领广大师生的行为。

一、 人际行为：同心协力的关联体

在学校文化中，精神文化是精髓，物质文化是基础，制度文化是保障，而行为文化既是外在形式又是文化回归人本的自然结果。实验小学把行为文化作为校园文化建设的重点，让学校文化蕴含于各种文化行为活动中。通过开展各种活动帮助干部、教师、学生和家长形成正确的价值取向，自觉的行为规范，严谨的治学精神，高雅的行为方式，丰富的内心世界，豁达的胸襟气度，使行为文化建设起到了“知行合一”的教化作用。

（一）干群同心协力创辉煌

管理科学告诉我们，如果一个组织中的人们相信自己所处的是积极向上、前途光明的团队时，他们就会投入更多的时间和精力来谋求在这个行业中的发展。在这个过程中，员工会热情主动地投入任务中，甚至不计报酬地寻求创造性的解决方案。如果他们相信许多在工作中做出了业绩的同仁会得到赏识和奖励时，他们就会以更大的热情做出更大的成绩，反之亦然。

由此可见，密切干群关系、同仁之间建立彼此和谐信任的关系，是保证校园行为文化顺利实施的前提。

1. 人文关心，做生活贴心人

学校领导在工作中一直坚持待人以诚、与人为善、以人为本。在安排工作时，事先主动考虑教师的年龄、性别、性格、才干、健康状况、人际关系的搭配，以实现最佳的资源配置；重视教师的心理疏导，凡教师有职务岗位变动、工作遭受挫折、事业发展不顺、家庭遭遇变故等情况，都及时找他们谈心，真心实意地帮助他们解决实际问题；凡是教师要求反映问题、汇报工作的，认真倾听他们的心声，做好解释和疏导工作；抽出时间找外单位的职工家属谈心，沟通协调、化解矛盾，发挥了思想工作的最好效益；当教师职工身体不适或比较劳累时，及时得到了领导的“保重身体”的问候和“注意休息”的提醒，使群众倍感关怀和温暖。

学校领导通过各种途径，努力改善教师的办公条件，提高教师的福利待遇。青年教师结婚时，他们都会收到学校送的礼物或纪念品，都会感受到组织上的庆贺和关心；校长亲自为青年教师做证婚人，发表精彩的祝词，给新人和嘉宾留下终身难忘的印象；每年的传统节日，学校都会依据当地风俗发放节日礼物，如元宵节发放元宵、端午节发放糯米、清明节发放鸡蛋、中秋节发放月饼，春节就更不用说了，学校为老师们蒸好热腾腾的奶油大馒头，再发上择好的蔬菜，以及油、面、鱼、肉；学校在每位老师过生日时，都会送上精致的蛋糕及祝福的话；哪位老师的父母生病或过世了，学校领导都会亲自到场看望或悼念；国庆节期间，学校会组织老师们查体；当教师职工生病时，学校都要派人去探视慰问……让教师们在忙碌、疲惫之余倍感温馨，缓解育人活动中产生的不良情绪，进而产生一种归属感。

学校的教职员工都切切实实地感受到了学校领导对自己真诚的关心和关爱，而这种关爱则在教职员工身上转化为工作上无穷的动力和冲天的干劲，进而创造出超强的工作业绩。这是学校近年来教育教学成绩在市年底督导中位居前列之关键所在。

2. 民主管理，成为真正主人

学校一直以来重视发挥教代会和工会的作用，每周的行政会议都有工会主席参加，他们共同参与学校的管理工作，及时反映教师的心声。每学年至少召开一次教代会，审议学校发展规划、年度自评总结和财务收支情况，对重大问题进行研究讨论，收集教师意见，让教职工代表更好地了解学校教育改革的设想和经费的使用情况，从而提出意见和建议，促进学校改进工作。每学期都召开一次民主生活，充分听取每位教师对学校工作和领导班子的意见，由工会负责收集，交行政会议研究讨论，商量解决办法，再由校长在全校教师大会上做出答复或做解释工作，并要求有关部门限时改进。学校按市局规定的要求设立了规范的公示栏，开设在学校门口最显眼处，供家长和群众监督。通过办公信息网络、校刊，公开学校的日常管理，接受社会监督。通过飞信、家长开放日、家长会议等形式争取家长的支持，发挥家长的监督作用。同时，还设意见箱、校长接待日、教师座谈会、家长座谈会、举报电话等，了解教师、家长和群众的情况，及时发现问题，不断改进工作。利用公开栏、公示牌、办公信息网络、校园广播系统、电视传播系统、电子屏、《实小天地》校刊等进行校务公开。学校的大情小事都让每位教师知晓，凡涉及教职工切身利益的决策，如聘任、晋级、评优等均须经过严格的程序。领导真心实意地相信教师，教师充分享有决策权和监督权。教师是管理的主人，学校各项制度和决策的制订，尤其是牵扯到教师切身利益的问题保证让教师参与进来，满足教师渴望民主参与的心理，为广大教师搭建参与学校管理的平台，保障全体教职工对学校行政事务的知情权、参与权、监督权，使上下之间建立起团结、信任、平等的关系，以此凝心聚力，心往一处想，劲往一处使，营造民主、宽松、和谐的氛围。

（二）教师同心协力建和谐

对于教师的合作，孔子早就讲过“独学而无友，则孤陋而寡闻”以及“三人行必有我师焉”的道理。我国著名教育家叶圣陶也指出：“教师之间要团结无间，互相配合。”学校是一个集体，教师在学校里是作为一个教育集体共同担负育人任务的。教育过程不可能只靠一两个教师来完成，而必须依靠整个教师集体的协作、配合。如何发挥教师集体的整体效应，是教育效果的关键。

1. 与你相伴，真好

教育家加里宁说过：“教师的世界观，他的品行，他的生活，他对每一现象的态度都这样或那样地影响着全体学生。这点往往是察觉不出来的。但还不止如此，可以大胆地说，如果教师很有威信，那么这个教师的影响就会在某些学生身上永远留下痕迹。”可以说任何学生的成长，大部分要归功于与学生直接接触的教师集体努力的结果。那么这份集体力量发挥的大小主要取决于班主任与任课教师之间关系协调得如何。班主任与任课教师的关系在教学中是影响班级教学质量、影响学生素质、影响班风的一个重要因素。由此可见，班主任与任课教师之间协调好关系是十分重要的。学校每年在班级任课教师安排上，优先选择事业心强、协调能力强的教师做班主任，及时化解教师之间的矛盾。2011 年的暑期培训班，学校开展了“夸夸我的好搭档”论坛，每个教师夸夸自己班的任课教师，学校因此结集出版了校本教材《赞美如歌》一书，记录了论坛中老师们对自己搭档由衷的赞美，对于改善教师关系起到了“功不可没”的作用。

在学校假期培训班论坛上，丁金霞老师第一个上台，满怀深情地夸奖着她的搭档——管清华老师。

回首过去的四十余年，历数相亲相近之人，除家人之外，相处时间最久的就是同事，尤其是搭档老师，更是朝来夕往、俯仰可见。值得欣慰的是，我遇到了一个个善解人意、敬业负责的好搭档，他们给予我很多指导、帮助，这是我最宝贵的精神财富，激励我不断发展、不断进步。这么多的好搭档，不能一一详述，只说说我现在的搭档——管清华老师。

管老师不仅胸怀坦荡、为人真诚，而且善解人意、急人之困。新分班级时，事务繁杂，千头万绪，我常常忙得晕头转向、腰酸腿疼。每当这时，管老师常常说的一句话就是：“丁老师，你休息休息，我替你干。”管老师说话干脆，做事利索，我费好大劲儿才完成的事，她轻而易举地就能搞定。有时事情太多，忙得不能及时放学，当我急匆匆跑去教室时，教室已空无一人，不用问，又是管老师知道我忙，主动替我放了学。虽然扑了个空，但我的心里总是暖暖的，因为我有一个善解人意、急我所急、乐于援手的好搭档。

令我感动的不仅是她的人格魅力，更可贵的是她的工作热情和敬业精神。我们这个班级，学生基础特别差，而且差距很大，我深深地感到力不从心，仿佛老虎啃天——无从下口。但是管老师不急不怒，不放弃每一个学生。她耐心地辅导那些学习比较吃力的学生，更鼓励那些进步很快的学生，把爱的阳光洒向每个学生的心里。她上课总是神采奕奕，即使有时身体不适，也绝不带半点倦容进课堂。她饱满的热情、充足的干劲，常常令我钦羡不已。

管老师就是这样真诚、坦荡、敬业、负责、善解人意、乐于承担、关爱学生、体贴同事……其实，用在管老师身上，什么样的语言都显得苍白无力，都显得单调。我们的工作是辛苦、操心、忙碌的，可我正因为有了好搭档的关切与帮助，才感觉充实、愉快。

台下，管清华老师羞涩地低下了头，不好意思地嘀咕着：“哪有她说得这么好，我做的都是我应该做的。丁老师怎么不说说她是怎么帮助我的呀！”

2. 携手同程，开心

学校是一个大家庭，一个教研组就是一个小家。在这个小家里，老、中、青三代俱全，就像一个家庭中的三代人。不管是生活还是工作上，大家都是互相尊重、理解，互相关心、帮助。哪个老师身体不舒服了，其他人立马把她的任务接过来；哪一个请假不能来上课，其他教师就自觉代课，不让学生耽误一节课。我们六年级语文组一共九个人，个个都是精兵强将，每一个人都有自己独到的教学特色，同时每个人都能把自己的教学方法毫无保留地与人共享。教学中遇到难题的时候，大家群策群力，心往一处想，劲往一处使。一个个的教研活动，不定时、不定点地冒出来，有时如小溪一样潺潺流淌，有时又像大海一样高潮迭起，让我们每一个人的教育教学水平芝麻开花——节节高。身处其中，让我深切地感受到“一切为了孩子，为了孩子的一切”的浓浓氛围。每一位老师扎实认真地工作，六年级的这一群孩子们在快乐中不断地成长着、成熟着。每每想到这些，我都会替这一批孩子感到欣慰：人生四大遗憾“幼无名师，长无良友，壮无实事，老无令名”这其中的第一个遗憾孩子们没有了。我们语文教研组是最具活力的教研组，是学校教研教改的一道亮丽的风景线。

这是纪艳梅老师在文章《欢乐一家人》中的一段话，我们仿佛看到了她写到教研组时的那种自豪。

如纪艳梅老师说的那样，在实验小学这个大家庭里，老师们特别是同教研组之间的老师们工作起来不分彼此，其乐融融。若有一位老师生病了，同教研组的老师会来代课、上课、批作业、带学生，样样工作都不落下；放了学，相邀一起去探望一下，东西不在多少，那片情意会一直留在心中。

教研组文化氛围的营造对教师专业发展起着非常重要的作用。一个好的教研组是人际关系融洽、和谐的，大家互相帮助、鼓励支持、积极肯定、交流促进，具有团结协作的团队精神。为此，学校每年评选优秀教研组和优秀教研组长，2013 年，学校共评选出一年级数学组、二年级数学组、四年级语文组、六年级语文组、美术组和综合实践组六个优秀教研组，在年终工作总结时，与优秀教师一起进行表彰。

一年级数学教研组是一个专业的团队，他们有一股进取的力量、有一种严谨的治学态度和求实创新的科学精神。他们用智慧和汗水展现着教师的风采，用信任和鼓励引导着每位学生的进步，用真诚和勤奋锻铸着教研组的整体实力，用执着和热情诠释着教育的真正内涵！他们有追求理想教育境界的心愿、有争当教学领头羊的信念。“精诚合作，团结进取”的精神润泽着他们的心灵，演绎着精彩的互动平台，也成就了他们的今天！为这支优秀的团队喝彩！

当学校领导宣读完毕颁奖词，一年级数学组的教师站在主席台上，奖牌举起的一刹那，所有老师都站起来，为他们喝彩。幸福溢满了一年级数学组的老师们的脸庞。

众人拾柴火焰高。学校经常举行系列班主任论坛“我和我的班级教师”、教研组论坛“向其他教师学习的技巧”等活动，这些活动的开展，拉近了教师之间的距离，加深了教师之间的了解，极大改善了教师之间的关系。

（三）师生同心协力见真情

世间平凡质朴之爱——师爱。一尘不染、至真至纯，催人奋进，育人终生；清贫、坚守和操劳，沉淀为儿时梦想的沃土、沃野的绿洲，用坚韧而超然的爱让希望发芽、让幼苗茁壮。师爱是牵引学生成长的动力，老师是扫除学生前进道路上荆棘的拓荒者，是圆中心那个不差毫厘的永恒定点。

师爱，那赞赏目光的传递，坚定了孩子自信的胸膛，架起了通往心灵的桥梁；那不经意间肩头的爱抚，让寒冰释然，胜似千言；那额头嘴唇片刻的轻碰，是体温表上的高烧数字，体温骤减；那额前刘海的自然梳理，是真情的流露，美在天然。世界爱之大，师爱似微尘，渺小之形同虚设却广袤无比。虽只是冰山一角，却如沙漠中那酣甜可掬的一汪清泉；虽无太阳的光芒，却把余晖洒向整个世间。露珠之所以晶莹剔透，是因为荷叶为它擎起了一张温床；蜡烛之所以伟大，是因为用最后一滴泪见证了灰烬的历程。春天亲吻大地，才得以让花草树木吐露芬芳；不吝啬秋毫，才得以看见那满园的春色；无须华丽篇章的镶饰，却能滋润孩子们渴望雨露的心田。

这是学校的老师在校本课程《师爱无尘》里写下的序言。

“亲其师，信其道。”这条古训一语道破了良好的师生关系对于学生的重要影响——良好的师生关系能使学生拥有良好的情绪去面对学习。为维护良好的师生关系，学校引导每位教师从四个方面进行践行。

1. 泼洒仁爱的雨露

高尔基曾经说过：“谁最爱孩子，孩子就会爱他，只有爱孩子的人，他才可以教育孩子。”教师职业是太阳底下最光辉的职业。教师不仅要有渊博的知识、精湛的讲课技能，还要具备一颗仁爱之心，去热爱学生。浓浓的师爱具有神奇的魔力，不仅能够使教师的授业质量提高，而且会使学生的学习技能大幅提高。因此，师爱在教育中具有举足轻重的作用。

在一次班级论坛上，宋英梅老师很动情地谈到一位学生在她的努力下所发生的转变：

三年前，我接一年级新班的第一天，就有一位家长来告诉我，她的儿子一凡听力不好，说话也说不清楚，要求给予照顾。我一听，就懵了。这可是我任教近20年来遇到的一个大难题：59个正常孩子和1个有听力障碍的孩子怎么一起上课呢？学生可主要是凭听力的来上课的，听不见老师讲课怎么能行呢？

我跟家长进行了一次长谈，得知这孩子是两岁左右感冒打针而导致了耳聋，因刚开始学说话，家长以为孩子说话晚，可直到三岁以后他还不说话，邻居们甚至家人都把他当作哑巴，只有他的妈妈相信儿子一定会说话，一有空就跟孩子交流，教孩子说话，给孩子讲故事。慢慢地，孩子能说了，但说的话很不清楚。他的妈妈为此不知哭过多少次，笑过多少次，常常是眼含热泪一次次地鼓励孩子。

听了这位妈妈的诉说，我被这位伟大母亲不放弃的精神深深地感动了，同时又深感忧愁。看着家长那恳求无奈的泪眼和孩子天真无邪的面容，我决定尽最大努力关爱这个孩子，心想：还是特别的爱给予特别的他吧！于是我对家长说：“放心吧！我会尽力的！”然后摸了摸孩子的头，鼓励他：“好好学！”孩子好像听懂了，高兴地笑了。从此，他就走进了我的心里，走进了我的教育生活。

第二天，我就把个子较高的他调到第一排，安排一个聪明伶俐的同学跟他同桌，讲课时尽量放大声音。可是，我发现这孩子1米以外就很难听清楚别人的话，所以每次上课，我很少站在讲台上，除了板书外，都要走到离他最近的位置，每次讲完都问问他听明白没有。特别是一年级教学拼音时，几乎每天下午都要给他单独讲解。他学得很用心，虽然发音不准但口形是对的，书写很认真，只要是默写，他几乎一个都不错，但听写时就会错好多。于是，四年来每次听写生字词，我都走到他身边。从一年级开始，期中、期末考试前，为了不让这孩子因听力影响考试成绩，每次我都要提前对监考老师说一下他的情况，如果有需要强调或改动的地方，麻烦监考老师个别提醒。老师们也都很理解。这孩子也真的很争气，每次考试成绩还都比较理想（对于这样的他来说）。凡是任课教师，我都会和他们说明情况，老师也都给予他特殊关爱。平时，我注意经常和家长沟通交流，让家长对孩子有信心，同时取得家长的支持与配合。就这样，一直坚持了四年，直到分班后他到了别班。说实话，分班后最牵挂的就是一凡同学，当我知道他分到了哪班时，我第一时间告诉老师这孩子的情况，希望老师能给予他特别照顾。

学校每年举行“我最喜欢的老师”评选活动，通过家长、学生的无记名投票，选出最受欢迎的老师进行表彰，并让这些教师介绍经验，继而进行征文活动，写一写老师是怎样改善师生关系的。“世界上最宽阔的是海洋，比海洋更宽阔的是天空，比天空更宽阔的是人的心灵。”法国著名作家雨果的这句话是一直实验小学教师的追求。

教育的沟通是心灵的沟通，对于教师的付出，学生是看在眼里，记在心里的。

孔老师，我想对您说

六年级（2）班　祝家铨　王业昕

从小到大，我遇到了许多老师，但您是我最喜欢的一个。

当我踏入四年级的教室见到您的时候，您的微笑便给我留下了很深的印象，你是那么美、那么亲切，像我的妈妈一样。我默默地想：“您笑得真美啊！您一定是一个十分和蔼可亲的老师！”很令人高兴的是，当时幼小的我并没有看错，您的确是十分和蔼、爱笑的。

而您真正走进我心底的，是那一年的深秋。那天，您穿着厚厚的外套走进教室。您完全变了——您的声音不再洪亮，而变得无力，您的面色不再红润，而多了一点苍白，您的脸上不如平常一样挂着甜甜的笑容，而是满脸憔悴。您发烧了，在上课时，您的声音有些沙哑，变得有气无力，也小了好几倍，我们那一节课上得格外好。工作劳累加上感冒，一下课您便趴在桌子上休息。您感冒了，而且很严重，但是您还是坚持来为我们上课，也让我们对您有了更深刻的印象。

“春蚕到死丝方尽，蜡炬成灰泪始干。”敬爱的老师啊！您何时说过一句自夸的话？那天下间艳开的桃李就是对您最高的评价！

2. 种植民主的种子

人民教育家陶行知先生明确指出：“最能促使创造力发挥的条件是民主。”如何充分发挥教育的民主作用呢？

（1）创设民主化课堂

行为文化建设，最难的是课堂建设。让传统的课堂成为乐学进取的课堂，最主要的是在行为文化建设理念下构建民主化的课堂，通过创设一种平等、民主、和谐、愉悦的课堂氛围，将文化知识与学生的生活体验有机结合起来。

本着“以生为本　自能探究”这一宗旨，我们实施了以小组合作为抓手的自主学习课堂教学改革。自主课堂的学习模式是“先学后教，学生执教”。教师对于所教知识要在教研组内先备课，确定所授知识中学生的先知和未知内容。在预习课上，以小组为单位，根据教师的预习要求进行充分的预习。新授课上，学生以小组为单位，上台来当小老师，将预习课上的学习和思考过程，全程呈现给全班同学。在这期间，学生可以争辩，可以质疑，可以喝彩，未知往往就这样解决了，最后教师就学生未触及和未解决的知识点进行讲解。这样的课堂，不但使学生在自主、合作、探究的氛围中习得知识，而且也让他们掌握了获取知识的技能与方法，为他们全面而个性化发展的人生奠定了基础。

民主和谐的教学氛围是促使学生主动学习的软环境。只有在一种和谐的教学氛围中，学生才会才思敏捷，才会敢思、敢说，才会敢于表达自己的见解。民主化课堂树立“学生是学习的主体，发展的主体，是未来社会的主人”的学生观，真正做到“一切为了学生，为了学生的一切，为了一切学生”。

（2）进行民主化管理

新课程理念下的班级管理应该是以学生为本的民主化管理。现代社会需要的是具备民主自律人格、充满竞争意识的公民。随着新课程改革的深入，学生在学校活动中的主体地位日渐突出，班级管理更应该是学生民主化、自主化管理的具体表现。

群体规定可以帮助学生改变不好的行为方式，使学生形成自我约束，从而健康稳步地成长。这个规定要在老师的指导下、学生的广泛参与下制订，才能具有导向性和凝聚力。每一位班主任各有各的招数，有的在学生和家长中征集班规，再在班内集体讨论通过；有的是在学生犯了错误后，讨论今后遇到这样的事情该怎么办，而后形成班规。总之，班级内的每一项奖惩尺度和评分标准都是通过集体讨论而产生的。这样，学生就会感觉到，他们遵守的是自己制订的规章制度，也就能更好地维护和遵守它。用规则看护心灵，这就是班规的最大作用。

在班级管理中，教师充分调动学生的积极性，让每一位学生参与到班级管理中来，构建全方位、多层面的集体自我管理机构，以体现管理的主体性。开学初，每个班级都会经过民主选举选出一支责任心强、自身素质高、工作认真负责的班干部队伍，形成班级的核心和纽带，增强班集体的凝聚力。一个班级没有相对稳定的班干部队伍是不行的，但这个组织一成不变也是不行的。在此基础上，实行班干部轮流负责制，规定凡是在一周内表现最好的，经民主选举通过的同学当选为值周班长，一周内各个方面得分最高的小组成员与值周班长组合，组成一届临时班委，负责本周内班级的日常事务。这种形式为每个学生提供了参与班级管理的机会和条件，既锻炼了学生的能力，又增强了他们的自我约束力和主人翁意识。

3. 引领成长的航向

每一个学生都是一个完整的生命个体，他们有独特性和差异性，教育的根本目的和任务就是针对个体差异和个性特点，最大限度地挖掘个体的潜能，培养学生形成健全的人格，使他们将来人尽其才、才尽其用。每一位教职员工都有责任、有义务为实现这一目标而努力。学校构建的“三全”学生成长导师制的出发点就在于关注学生的整体成长发展，关注学生的精神生活质量与个性化学习需要，充分发挥每一位教师的育人功能。

“三全”学生成长导师制内容包括：全体教师参与（全员），通过学生的自主选择和整体协调，确定辅导教师名单，做到“教师人人是导师，学生个个受关爱”；覆盖全体学生（全覆盖），一至六年级的每一位学生都有一位导师，除了得到家庭、班主任的关心外，他们又多了一位“良师益友”，六年的小学生活，导师与学生携手共成长；全面指导学生成长（全方位），做学生全方位的导师，给予学生学业指导、生活辅导、心理疏导、职业导航、人生规划指导等，努力为每一个学生创造主动发展的无限空间。

“三全”学生成长导师制实施后，导师们真正关心学生的学习进步及个性特长发展，全面了解学生各方面的表现，力所能及地帮助他们解决在学习、生活、身体、心理等方面的困惑。在课堂上，关注结对学生的课堂情绪、心理状况以及对其学习方法的指导。在日常的交流中，帮助结对学生形成良好的思想道德素质和心理健康素质。导师制让教师从导“学”走向导“行”，由传统上模糊认识的“学业导师”真正变为“人生成长导师”；从“导师制”走向“导生制”，教师的指导最终是为了激发学生的自主发展需要。通过学生成长导师制的实施，充分发挥教师和学生两方面的积极性、创造性，真正做到教师人人都是导师、学生个个受到关爱。

下面是夏洪芳老师所做的记录。

受导学生及家庭基本情况登记表

<table>
<tr><td>姓名</td><td>朱炯翰</td><td>性别</td><td>男</td><td>班级</td><td>四（6）</td><td>出生年月</td><td>2002 年 4 月 23 日</td></tr>
<tr><td>特长爱好</td><td>跆拳道</td><td>身高</td><td>1.43m</td><td>体重</td><td>30kg</td><td>是否午托</td><td>是</td></tr>
<tr><td>主要心理个性特征</td><td colspan="7">语言表达能力较强，喜欢回答问题；性格活泼，但朋友不是很多；在学习上，接受能力较弱。属于活泼型气质。</td></tr>
<tr><td>身体学习行为表现</td><td colspan="7">家庭教育较好，对人有礼貌，尊重老师，喜欢帮助别人。身体素质较差，经常长病。学习基础较差，被动学习。喜欢画国画，处于初级阶段。</td></tr>
<tr><td>何时何地获得何种奖励或处罚</td><td colspan="7">获得过学校文明礼仪之星、学雷锋小标兵。</td></tr>
<tr><td>家庭住址</td><td colspan="5">×××</td><td>联系电话</td><td></td></tr>
<tr><td>家庭成员</td><td>姓名</td><td colspan="2">年龄</td><td colspan="2">工作单位</td><td>文化程度</td><td>政治面貌</td></tr>
<tr><td>父亲</td><td>×××</td><td colspan="2"></td><td colspan="2">×××</td><td>大本</td><td>群众</td></tr>
<tr><td>母亲</td><td>×××</td><td colspan="2"></td><td colspan="2">×××</td><td>初中</td><td>群众</td></tr>
<tr><td>家庭年收入等基本情况</td><td colspan="7">母亲已下岗，父亲是一位语文教师，和爷爷生活在一起，全家人的开销由父亲一人承担。母亲性格开朗，照顾孩子。父亲在农村执教，一星期回家3～5次。</td></tr>
<tr><td>备注</td><td colspan="7">2013 年寒假，孩子因脑炎住院，因此母亲特别娇惯，病好后经常请假。</td></tr>
</table>

导师工作记录表

日期	地点	指导帮扶关爱学生具体内容	效果
9 月 12 日	教室	谈心，如何端正态度，认真对待学习	较好
9 月 23 日	教室	如何专注学习	较好
9 月 27 日	教室	与同学如何相处	较好
10 月 10 日	教室	端正态度，认真学习	较好
10 月 18 日	教室	如何提高专注力	较好
10 月 25 日	教室	针对作业中出现的问题，找出解决办法	较好
11 月 12 日	教室	加强体育锻炼	较好
11 月 18 日	教室	专注学习	较好
11 月 26 日	教室	要认真对待作业	较好

续表

日期	地点	指导帮扶关爱学生具体内容	效果
12 月 5 日	教室	加强体育锻炼	较好
12 月 18 日	教室	与同学如何相处	较好
12 月 25 日	教室	加强专注力训练	较好

导师与学生深入交流记录表

谈心交流时间	受导学生姓名	地点	活动内容		
			受导学生和导师交流的具体内容	导师对受导学生的评价	导师对本次活动效果的评价
9 月 12 日	刘明	教室	粗心问题	好	较好
9 月 28 日	刘麟	教室	没有完成家庭作业	好	较好
10 月 15 日	王艳	教室	如何提高计算能力	好	较好
10 月 21 日	王旭	教室	运用方法，学会动脑	好	较好
10 月 28 日	林睿	教室	如何专注听讲	好	较好
11 月 4 日	高博文	教室	要按时完成作业	好	较好
11 月 24 日	胡祥宇	教室	作业敷衍问题	好	较好
12 月 6 日	李欣芮	教室	上课不积极动脑思考	好	较好

导师家访（电访、信访或家长校访）记录表

家长姓名	刘金祥	交流方式	电话访问	交流时间	9 月 18 日
学生姓名	刘帅孜	所在班级	四（6）	交流地点	教室
双方交流内容	如何端正学习态度、认真完成各种作业。				
导师对本次活动效果的评价以及家长的意见和建议	通过与家长的沟通，家长愿意协助老师，认真督促孩子完成、完好各种作业。				

续表

家长姓名	×××	交流方式	电话访问	交流时间	10月23日
学生姓名	王震	所在班级	四（6）	交流地点	教室
双方交流内容	平时不善言谈，孤独冷漠，不喜欢集体生活，不会关心别人，不善于与他人相处。在一次托管吃饭时，他把自己爱吃的里脊肉、大鸡腿一股脑儿放在自己的碗中独自享用，全然不顾周围的同学们。				
导师对本次活动效果的评价以及家长的意见和建议	1. 要让学生懂得与人和睦相处的意义，体验与人和睦相处的喜悦。 2. 培养孩子的同情心。 家长愿意协助老师，共同教育好孩子，让孩子尽快融入班级这个大集体。				

受导学生发展评价表

受导学生姓名	班级	评价方式		
		受导学生自我评价	导师对受导学生评价	班主任对受导学生评价
刘帅孜	四（6）	通过与老师的谈心，明白了要端正态度、认真学习。	聪明，但懒散，加强监督，孩子定会不断提高成绩。	孩子能力较强，加强监督，成绩在不断提高。
胡轩宇	四（6）	要按时认真完成作业。	智力一般，再加上家长不加管理，学习习惯需加强养成。	孩子的学习能力需多方面提高。
刘轩一	四（6）	没有家长的监督，总想偷懒。	家长忙于工作，对孩子的管理不到位，孩子懒散。	需要加强监督。
李子璇	四（6）	有时上课管不住自己，爱做小动作。	爱做小动作，不会听讲。	聪明，但纪律不好，不会听课，成绩不太好。
任子涵	四（6）	听课不认真。	不会听课，不能参与到学习中来。	听讲不认真，习惯不好。
刘　涛	四（6）	经常与同学打闹。	纪律不好，爱与同学打闹，自制力差。	自我约束力差。

续表

受导学生姓名	班级	评价方式		
		受导学生自我评价	导师对受导学生评价	班主任对受导学生评价
谢　斌	四（6）	经常偷懒，想办法不写作业。	写作业有时偷懒，对待学习的态度不端正。	学习不自觉，需严格监督。
黄昊霖	四（6）	上课有时做小动作，老师经常提醒。	上课专注力不强，爱做小动作，学习不认真。	上课不认真，对新知识不能及时掌握。

导师工作案例分析表

案例简介	小晨一天到晚总是忙忙乱乱的，做事毛手毛脚、慌慌张张、丢三落四，每天总会把一些学习用具落在家里；平时挺聪明的，可一到考试总因为马虎，做错好多题；在家做事不是摔坏这个，就是碰坏那个，父母、老师怎么提醒也不管用。
分析和收获	分析：做事马虎、毛躁、慌张、丢三落四是行为习惯较差的表现，这样的孩子往往待人热情外向，爱交朋友、爱帮助别人，小晨高估了自己，认为自己任何事都能办，可总是不能把事情办好，显然，这样的孩子做事条理性差，随意性太强。久而久之，没有养成良好的习惯。 作为老师，针对这种情况，采取了很多措施，稍有收获： 1. 扬长避短。当孩子对新鲜事物产生好奇感、有强烈热情时；当孩子对同学的一些事情表示要予以热情帮助时……老师要及时对其正确引导，提示、引导孩子如何才能把事做好。 2. 做事有计划性。利用晨会、周会或个别教育的时间，教育学生一个人不管做什么事，都应有一个周密的计划，先做什么，后做什么，也可以让学生在做事之前在一张小纸条上，写上自己要用的物品及时间安排，如晚上睡前整理书包、早上出门前思考等，都会产生事半功倍的效果。 3. 放手让其独立。经过帮助和引导后，应让学生独立完成某一件事，其间可能会碰到这样或那样的困难，那就让学生去解决，要知道对于学生来说，自己的教训是最好的教训，自己亲身体验的是最好的经验。 2012 年 6 月 7 日

4. 开启心灵的光亮

如果说导师制建立的最终目的是让每个学生在导师的引领下茁壮成长，那么学情会商制度，则是要有效地调动各方面的积极因素，有针对性地关注不同学生的个性成长，使学生在一个平等自主、备受关爱、舒心愉悦的氛围中健康发展。

每学期开学后一周内，班主任和学科导师根据所包靠学生的实际进行“家访”“校访”“信访”“电访”等，摸清班内所有学生的情况，形成详细的班级学生综合情况台账。由德育组负责摸底排查各班特殊群体学生情况，对家庭条件优越生、单亲家庭生、经济困难生、孤残儿童以及特异体质生等八类学生重点掌握，梳理出“八大类特殊群体学生”状况，建立个人成长情况账户——学情会商分析记录表。由班主任主持，每周举行一次班级学生情况会商活动或者进行一次征求任课教师意见碰头会。会商时与班主任及本班其他教师双向相互详细分析学生学习、家庭等状况，导师对号入座，翔实记录所包靠学生的情况，掌握学生学习、生活、心理、生理、家庭氛围等详情，对班级管理、特殊群体学生教育提出意见和建议，并落实相关的关爱措施。

四年级（8）班王晓明同学，平日纪律涣散、常常打架斗殴，上课常出怪声音，经常不完成作业。班主任、导师和家长多次会商认为，该孩子智力很好应予鼓励，学习无目标、习惯不好应予以引导。经过联合努力，王晓明同学进步很大，在期末考试中，语文、数学、英语三科跃居班级中游以上，班级单项评比获得奖牌 12 枚，获得“学习进步奖”，并被评为“优秀少先队员”。

诸城市实验小学学情会商案例分析表

学生姓名	刘明	性别	男	所在班级	四（6）
导师姓名	郭丽丽	任教学科	数学	班主任	郭丽丽
案例简介	刘明迷上了玩游戏机，一次，一次，又一次，妈妈把刘明从游戏机房里拖出来；一次，一次，又一次，刘明挡不住游戏机的诱惑，偷偷溜进游戏机房。刘明妈妈急得没办法，只得每天提前到校接他，让他回家看书做作业，双休日更是和他形影不离。 从表面上看，孩子不去玩游戏机了，实际上孩子的注意力并没有真正转过来，因为他学习时仍是三心二意，成绩依然如故。从客观上讲，游戏机动感强烈，内容新奇多变，色彩鲜明，极易吸引孩子的注意力；从主观上讲，刘明缺乏对学习的兴趣，缺乏对学习目的性的认识，缺乏良好的意志品质，这就造成了他对学习三心二意，对玩游戏却是一心一意。				

续表

分析和收获	1. 用有吸引力的刺激物吸引孩子，即转移孩子的注意力，如带孩子上公园走走、踢踢足球、买些孩子喜欢的读物，把孩子的注意力从游戏机引开，不要急着硬逼着孩子学习，因为孩子本身就不爱学习。 2. 教给孩子一些调控注意力的方法，如学习时间过长，可以听听舒缓的音乐，或远眺绿色，休息一会儿，再来学习。 通过采取一系列的转化方法，孩子的注意力稍有提高，学习成绩也在逐步提高。

学情会商制度的落实最终要由全体导师来完成。教师人人都是导师，人人成为学生成长路上的引路人和标向灯。

五年级（7）班的张森同学在5岁那年不幸被确诊患有再生障碍性贫血，2011年暑假，张森的病情恶化了，每天靠药物维持生命，昂贵的药费使这个原本并不富裕的家庭陷入困境之中，张森的遭遇引起了班级导师的高度关注，经“校级—年级—班级”三级组织会商后，由学校德育组牵头，立即制订切实可行的“爱心体验行动”活动方案，动员和倡导全体师生、家长慷慨解囊，奉献爱心，全校共募得捐款8.5万元，全部用于张森同学病情的检查和治疗，帮助其家庭度过了一时的难关，全校师生的道德教育也润物无声地得到了升华。“一方有难，八方支援”的传统美德在落实学情会商制度中得到淋漓尽致的体现。

以下是宋玉洁同学在捐款后写的文章。

爱在我校

今天，老师告诉我们，五年级（7）班的张森同学得了白血病，他们家生活本来就不是很富裕，而且治疗还得花上一大笔钱，这笔钱对他的家庭来说就是个天文数字。我们听了之后，都想尽一份力。我想：我一回到家，衣来伸手，饭来张口，像个小皇帝一样。我非常惭愧。老师要我们自愿捐款，我一回到家，就跟爸爸妈妈讲述了张森的遭遇，爸爸妈妈听了之后，很感动，就从钱包里拿出了100元，我自己也拿出200元的零花钱，我把这300元一起捐给了张森同学，大家都捐了不少，有1元、2元、10元、20元、50元……看见同学们那么热情地捐款，我仿佛看见那位同学康复后上学开心的样子。

（四）学生同心协力共提高

“一个篱笆三个桩，一个好汉三个帮。”这句话足以说明了人与人之间合作交流的重要性。一个人要立足于社会，离不开竞争和合作交流。而现在独生子女较多，非常需要培养学生的团结合作能力。

1. 小组合作互帮助

学校采用的小组合作教学法，在很大程度上教会了学生合作。在小组学习中，教师鼓励学生合作起来完成一项学习内容。学生通过互相学习，探究问题、解决问题，逐步懂得了合作的重要性。在你帮我、我帮你的过程中，学生掌握了教师要求学会的学习内容，既心情愉悦又提高了效率。在学生管理中，学校推行的是小组捆绑式评价，以小组为单位进行评价，一人荣则一组荣，一人损则一组损，这就使得小组里的任何一名学生不能掉队，再好的学生也需帮助别人才能取得成功。学生在这种评价方式的指导下，学会了有效沟通，学会了彼此了解，学会了相互帮助、相互支持、相互鼓励。

2. 活动实践聚心力

心理学研究表明，一个集体若没有丰富的集体活动，必然死气沉沉，缺乏活力，也就会有碍于班集体的健康发展。是理念的载体，活动是生命张扬的舞台，在活动中学生会不断成长，逐渐走向成熟。因而，开展丰富多彩的班级活动来培养学生的合作意识和团队精神是一种有效的途径。

每年，学校都会组织春秋两季学生运动会。春季运动会在四月的体育节举行，重点是广播操和花样游戏比赛。秋季运动会则根据学生的年龄特点，举行各种球类比赛。2013 年秋天，五年级举行的那场激烈的篮球比赛，如今师生提起来还是津津乐道。比赛前一个月，五年级各班的篮球健将们就开始了比赛前的热身赛，操场上时时处处都有他们的身影。比赛那天，五年级的所有同学聚集在操场上，篮球健将们在操场上你追我赶，你夺我抢，打得不亦乐乎，每个班的啦啦队也不甘示弱，比着哪班的呐喊声大，最后直接打出了“必胜”的横幅，后勤保障员们还买来了水和糖，给队员们“加油”。比赛结束了，赢了的班级欢呼声响成一片，输了的班级垂头丧气，放出狠话：“等着，明年见。”

2013 年，为了引导学生过一个有意义的元旦，学校举行了一次“吟班诗、唱班歌、诵美文”比赛活动。赛前，各班都非常重视，精选诵读篇目，反复排练，认真准备。比赛中，学生们全员参与，情绪高涨。学生以表演唱、诗配画、情境朗诵等各种形式，或声情并茂，或慷慨激昂，精彩演绎了各班的班歌、班诗，诵读了许多脍炙人口的千古名篇。深情的诵读、激情的表演，把一段段优美的文字化成了一幅幅生动的画、一曲曲悠扬的歌、一幕幕感人的景。此次活动，为学生营造了一个健康向上的文化氛围，为塑造他们的完美人格打下了基础。

各种集体活动的开展，增强了学生的集体凝聚力，提高了他们辨别是非的能力，调动了每个集体成员的积极性，使学生学会团结互助，学会宽容与感恩，对形成健康积极的集体舆论和良好风气起到了很好的作用。

3. 学生伙伴同进步

学生的成长蕴含着方方面面的力量，其成长的途径也丰富多彩。为进一步加深学生成长导师制的内涵，充分体现教育过程中学生的主体地位，尊重、信任每一个学生的能力，发挥学生间相互教育、共同提高的有效作用，实现学生人人既是学生，又是先生的真正教育目的，学校实施了学生成长伙伴制。

学生成长伙伴制是对班级小组合作学习的进一步细化和丰富，两者互为结合，相互补充，共同促进。班主任指导本班学生理性选择一个结对伙伴，要选择切合实际、易于两人接受的、积极向上的结对活动内容和方式，相互学习与帮助。这样，成长伙伴之间交流帮助的内容看得见、摸得着。班级通过发挥各方面典型学生的影响力和带动作用，营造品德优良、行为端正、习惯良好、友善和谐、诚信关爱、争先创优、蓬勃向上的浓厚班风。班主任对本班学生成长伙伴制活动情况进行过程化和阶段性跟踪把握和总结，每月进行一次活动成果汇报交流班会，分期分批让结对学生书面交流活动收获和体会，确保活动有始有终、富有实效。从2013年实施此项制度以来，学校组织结对伙伴具体开展了“六个一”活动，即互赠一张成长进步卡、交流一本好书、学习一种好习惯、掌握一种新本领、同做一件好事、进行一次团结互助竞赛。

良好的伙伴关系在学生的成长过程中有着不可估量的作用。建立和谐的关系可以帮助学生学会对心理和学校生活进行调适，从而让他们在愉快的环境中不断进步。

（五）家校同心协力促成长

中华民族有着悠久的文明史和丰富的民族文化，在家庭教育方面取得了不少的成功，也形成了许许多多被后人学习借鉴的家庭教育经验。但在现实生活中，许多家长还存在一些错误的教育观念，比如，“棍棒出孝子”“树大自然直”，结果家庭教育脱离了正确的轨道。在这种情况下，学校开通了一系列家校沟通渠道，通过家长委员会的建立、家长学校的成立，向家长系统传授科学的家庭教育思想和方法，使家庭教育走出误区，促进学校、社会、家庭的和谐发展。

1. 家长委员会的建立

儿童健康成长是学校教育和家庭教育的共同目标。建立家长委员会，对于发挥家长作用、促进家校合作、优化育人环境、建设现代学校制度，具有重要的意义。2008年，学校成立了家长委员会，动员组织家长参与学校的教育教学活动和管理工作，取得了积极的成效。

按照一定的民主程序，本着公正、公平、公开的原则，在自愿的基础上，选举出能代表全体家长意愿的在校学生家长组成学校、年级和班级三级家长委员会。校级家长委员会在学期初听取学校全年的工作计划，在了解了学校工作计划之后，带领年级家长委员会的人员共同分享这个计划，参与学校的大型活动。在家长委员会中，发生主要作用的是班级家长委员会。班级家长委员会随时和班主任老师、年级家长委员会、校级家长委员会组织者保持沟通，随时参与班级管理和班级活动。学校开展的实践游学活动，主要由班级、年级家长委员会组织。二年级（4）班的家长委员会连续两年组织学生到常山春游，带领学生欣赏家乡美景，在上山的路途两边树立警示牌，沿途宣传环保知识，将环保意识的种子撒在孩子们的心田。

2. 成立家长学校

建立家长学校，不仅有利于协调家校关系、处理家校矛盾，更重要的是能整合社会力量，形成教育氛围与教育合力。为此，学校开设了家长学校。每学期两次，班主任按照潍坊市统编家长课程《牵手两代》进行授课。引导家长改变教育观念，帮助家长树立正确的人才观，重视孩子良好习惯的培养，改变那种对孩子期望值过高或过低的做法。同时根据学校实际情况设立校本课程，向家长宣传学校的办学方针、教育指导思想，介绍教育发展方向。积极向家长宣传家教理论或实践等身边先进的科学育儿经验文章。每学期，学校从家长学员的作业中选取一部分专刊登在展示橱窗里，供过往家长学习借鉴。定期邀请家庭教育专家来校做有关家庭教育方面的报告，给家长们以指导。

这是王秀萍老师班的刘常锴妈妈在开完家长会后，写给王老师的信：

通过家长会，接触到“赏识教育”一系列的知识后，我深刻地反思自己以前对孩子教育的种种行为，原来是我真的不懂孩子。当我意识到“家庭是孩子成长的土壤，孩子身上的种种缺点都与父母存在一一对应的关系”时，当我们对他大声呵斥时，也就培养了他的大脾气。当我们做事拖拖拉拉时，孩子同样也是这样的做事方法。后来，我们下定决心修正自己，谁知这个稍稍取得成效的过程竟然用了半年多。人的脾气可不是一时半会儿就能改过来的，这个时间我在暴脾气与温和之间反复地转换，弄得孩子也是如此，甚至孩子有时变得比我们大人都快。直到最后我痛下决心改掉自己的坏脾气，哪怕是孩子发火时我也一定不能发火，先忍下来然后慢慢给他改正。就这样，我坚持着，没想到他真的改变得很快。

3. **开展家长开放日活动**

为了鼓励家长积极参与学校教学活动，直接了解学校教学和教师的工作情况，以及孩子在学校的表现，学校建立了一年一度的课堂教学家长开放日制度。家长开放日为每年的三月和十月，每个年级开放一天，邀请家长来校现场听课，然后组织课任教师与家长面谈，听取家长的意见和建议。通过一天的活动，家长对老师们的工作有了更具体的了解；在一个个细致入微的环节中，他们感受到老师工作的琐碎和辛苦，从而更能理解老师的工作。同时，家长也感受到了参与孩子们活动的快乐，理解到家校配合教育的重要性。

家长开放日活动的举行，增进了家校之间的沟通，拉近了学校与家长的距离，统一了教育思想，掀起了家校共育的高潮。

4. **建立家长接待日制度**

每月的10号晚上为学校固定的家长接待日。学校领导、班主任、任课教师均在办公地点随时接待家长来访。他们与家长交换意见，交流学生的学习情况、活动情况，共同商讨教育办法和措施。每位家长也可用打电话或发电子邮件的方式与学校进行交流，对学校的教育教学、环境卫生、管理工作、学生活动、听课情况等提出意见和要求。

5. **坚持家访活动**

在电话、手机普遍使用的今天，家访依然具有无法替代的教育作用。教师通过家访，不仅能掌握大量的一手材料，有效地加强学生思想和心理方面的教育，而且能与家长之间建立起一种牢固的信任关系，使家庭教育与学校教育同步发展。学校要求每位班主任每学期进行3～5次家访，深入学生家庭，特别是对一些特殊家庭，如单亲家庭、寄养家庭、下岗家庭、后进或学习困难学生家庭更要给予有效的指导。

2013年暑假，学校要求所有行政干部和年级分主管领导必须带领各年级班主任到优生、贫困生、学困生家里家访。冒着炎炎烈日，学校的领导干部和班主任一起走街串户，与孩子和家长们见面、谈心，反馈学生的发展情况、进步与不足；对如何科学合理地安排好学生暑假生活进行耐心的指导；在与家长交流、沟通中，解决了他们在家庭教育中的不少困惑。大多数班主任都访问了10人以上，在家长们热情的接待及一声声“老师，您辛苦了”中，老师们感到无比充实与温暖，同时更切实体会到了自己的使命与责任。

6. **建立校务公开制**

搞好学校管理，必须有教师、学生、家长、社会的共同参与。结合市教育局“争创社会满意学校、家长满意教师”活动，学校设立了校长信箱、网上校长信箱、校长接待日、校长回访日，公开校长电话，向每班家长发放教情调查问卷、教情满意度测评表等，请家长评议学校的各项工作。对于家长的正确意见积极采纳，对于工作中彼此产生的误会予以耐心解释和说明。学校为家长开辟了发表意见的渠道，使他们能够畅所欲言，家长有了参与学校民主管理的机会，为学校管理出谋划策。学校因此也有了广泛听取学生家长意见的机会，根据家长的意见，结合实际情况，不断改进完善学校管理方案，使教学质量不断提高。

二、 教师行为：从小课题开始改进自我

教育事业要发展，教育科研需先行。教育科研是衡量一个国家教育发展水平的重要标志，重视教育科研已经成为当今世界教育改革与发展的潮流。随着教育改革的不断深入，“向教育科研要质量，靠教育科研上水平”已经成为教育工作者的共识。教师作为教育和研究的承担者，其科研意识、科研水平以及参与科研的程度都决定着教育质量的发展。

学校在2011年申请立项省级课题“小学生责任心的培养与研究”，在随后几年的课题研究中，不少教师在这一大课题的引领下确立了自己与之相关的小课题，仅2011年一年，在学校教师申报的小课题中就有“传统文化与语文教学相结合培养孩子责任心的研究”“低年级班级管理中学生责任心的培养与研究”等6个与大课题相关的课题，这些小课题均收到了很好的研究实效，为大课题的研究提供了动力。以这样的课题研究为抓手，将一批骨干教师团结在一起，共同学习，共同研究，共同提高，这样聚合一批人，带动一批人，培养一批人，推出一批人，有效推动了学校名师团队的建设。学校自2011年以来，承担了10余项省级和国家级课题。在课

题研究与实施的过程中，学校发现，通过课题研究提高教师队伍素质是一条最直接、最有效的途径。

在教学工作中，教师每天都要面临大量的问题，到底选什么样的课题进行研究呢？学校送给老师三把钥匙："近""实""小"。"近"就是贴近教育，贴近现实，贴近学科学习背景。"实"就是实在，课题实实在在，研究实实在在，结论实实在在。"小"就是切口小，从小事、小现象、小问题入手，对小主题，深探究。在这一原则的指导下，老师们根据自身实际，选取了自己的小课题研究题目，人人申报市级或校级课题。

学校坚持以"学校为主导，教师为主体"，让"大课题搭台，小课题唱戏"，强力推进小课题研究实践活动。学校的主导作用体现在制度导向和业务引领两个方面。制度导向就是建立起一整套能够较好地激活学校课题研究活动的管理机制，使小课题研究的各个环节有据可依、有据可循。业务引领就是为教师提供小课题研究知识的指导与服务。成立学术指导委员会，通过讲座、培训等向教师传授如选题方法、反思技术、"问题台账"建设、研究报告的撰写等方面的知识。采取典型带动的战略，推广部分教师较成熟的做法，邀请省级专家亲临指导、点评、鉴定，促进了小课题研究的整体提高。"大课题搭台，小课题唱戏"，大小联动，上承下接，整体推进，较好地实现了学校课题研究工作和谐、有序、高效开展。

随着小课题研究的推进，教师成了教材建设和课程开发的主人，并向专家型教师转型。大量特级教师涌现出来，许多优秀的人才早已成为各个学校的领导者。学校还涌现出了一大批课堂教学、班级管理以及文学、艺术、体育、科技等方面的名师，现有全国百名班主任之星、省教学能手、潍坊市级优秀教师和教学能手等近 50 人，16 人次获"诸城市重大教育教学问题行动研究成果"一等奖。小课题研究也成为学校在开展课题研究方面的一个新亮点，38 项小课题研究成果被诸城市教科所作为样板在全市进行了推介。学校承担的 7 个国家级课题中，山东省教育科学"十二五"规划 2011 年度课题"培养小学生责任心的实践与研究"2013 年 9 月份已结题。潍坊市教育科学"十二五"规划 2011 年度课题"小学语文'自主互动、读写互补'单元主题系列化教学法"已经结题。

下面是学校教师小课题研究汇总表，从这份表格可以看出学校的教师立足于教学实际，解决了自己在实际教学中存在的困惑。

诸城市实验小学市级立项课题鉴定目录

2013 年 4 月 19 日

序号	课题编号	课题名称	负责人	单位
1	ZCXXKT2012021	“心灵之约”书写幸福童年的实践研究	王泽贞	实验小学
2	ZCXXKT2012022	低年级数学“画、唱、赏、演”学习法的研究	郑连叶	实验小学
3	ZCXXKT2012023	让生活化随笔走进小学生作文的实践和研究	王　娟	实验小学
4	ZCXXKT2012024	小学生孝道教育的实践研究	万丽华	实验小学
5	ZCXXKT2012025	共写随笔促进学生健康成长的实践研究	解相花	实验小学
6	ZCXXKT2012026	小学体育“创、编、展”游戏化教学法实践研究	金向丽	实验小学
7	ZCXXKT2012027	低年级学生数学课堂倾听习惯培养的研究	王炳芬	实验小学
8	ZCXXKT2012057	组建金童乐队放飞童年梦想的实践研究	孙志勇	实验小学
9	ZCXXKT2012049	小学生自信心的培养与研究	隋炳霞	实验小学
10	ZCXXKT2012057	在班级管理中培养学生责任心的实践研究	郑明岩	实验小学
11	ZCXXKT2012028	提高小学生朗读能力的探索与研究	王淑秀	实验小学
12	ZCXXKT2012029	小学数学高年级两极分化现象的成因与对策研究	夏洪芳	实验小学
13	ZCXXKT2012030	家校协同促进小学生健康成长的实践研究	王秀萍	实验小学
14	ZCXXKT2012031	小学低年级听说读写能力培养的研究	臧传芳 徐翠兰	实验小学
15	ZCXXKT2012032	小学生语文预习习惯的养成性课题研究	臧真娟	实验小学
16	ZCXXKT2012033	小学体育教学“123 活动”的实验与研究	徐洪波	实验小学
17	ZCXXKT2012034	解决小组合作学习中中等生被忽略问题的研究	杜叶军	实验小学
18	ZCXXKT2012035	培养小学生英语阅读能力的研究	刘星霞	实验小学
19	ZCXXKT2012036	小学生课内外阅读衔接策略的研究	孙桂萍	实验小学

续表

序号	课题编号	课题名称	负责人	单位
20	ZCXXKT2012054	小学美术“活力色彩”教学研究	刘秀彬	实验小学
21	ZCXXKT2012055	运用“奖励卡”培养低年级学生良好习惯的研究	刘福艳	实验小学
22	ZCXXKT2012038	小学生计算错误原因分析及矫正方法的研究	宋新霞	实验小学
23	ZCXXKT2012039	小学生倾听能力培养的探究	周绪梅	实验小学
24	ZCXXKT2012040	小学生语文自主学习能力的培养与研究	宋杰锋	实验小学
25	ZCXXKT2012041	小学生行为习惯养成教育研究	赵卫云	实验小学
26	ZCXXKT2012042	培养中年级段学生的阅读兴趣	朱秀华	实验小学
27	ZCXXKT2012044	小学生数学良好学习习惯培养的探究	管芳芳	实验小学
28	ZCXXKT2012045	闲暇时间学生课外阅读的内容、方法与动力研究	丁金霞	实验小学
29	ZCXXKT2012046	关于纠正学生写字姿势的研究	纪艳梅	实验小学
30	ZCXXKT2012047	小学高年级“习作赏评改”的探究	宋英梅	实验小学
31	ZCXXKT2012050	小学科学课堂教学有效性研究	寇　波	实验小学
32	ZCXXKT2012037	小学英语开心作业布置的实践和研究	郭琳琳	实验小学
33	ZCXXKT2012051	小学生减少错别字策略的课题研究	孔祥叶	实验小学
34	ZCXXKT2012048	小学英语“活力课堂”教学模式的实践研究	李志慧	实验小学
35	ZCXXKT2012056	小学低年级学生良好习惯的培养与研究	张　弘	实验小学
36	ZCXXKT2012052	应用小学生的生活经验解决生活问题的研究	崔艳青	实验小学
37	ZCXXKT2012043	小学低年级学生语文课堂倾听习惯的培养	张建青	实验小学
38	ZCXXKT2012053	小学数学练习设计的有效性研究	初广宏	实验小学

王娟老师是一位年轻的语文老师，她的学生的作文成绩一直不是很好。她在随笔中写道：

现在的学生一听作文就犯愁，甚至是谈“作文”色变。布置作文后，尽管我在课堂上拼命地左引右导，学生仍是无话可说、无话可写。一个个皱着眉头，咬着笔头，满脸愁容。写起习作来，抓耳挠腮，绞尽脑汁，其痛苦状不言而喻。更有甚者，东拼西凑，这儿抄一段，那儿抄一段，往往是前言不搭后语，或是干瘪无味，读来味同嚼蜡，让人看得哭笑不得。更为严重的是，学生习作的效率很低，一篇作文下来，快者要写一个小时，慢者更不用说了，考试时，好多同学都写不完作文。这可怎么办呀?

王老师是个有心人，在学校确定小课题研究的时候，她也开始了“让生活化随笔走进小学生作文的实践和研究”研究。她根据课题研究的内容和目标，在课题的研究过程中，从挖掘教材内涵、课堂拓展练笔、学校活动、缔造完美教师、写游戏作文几个方面入手，进行了如下尝试：将一切生活的活水引入学生的视界和世界，从而让学生把生活中的点点滴滴融入到写作中去，真正从多渠道入手，解决学生无话可说、无话可写的作文现状。

一分耕耘，一分收获。有付出才有回报。一年来，在师生的共同努力下，大多数同学都已生成了自己的文集，且不少同学以写作为趣，广泛阅读，广开积累素材。学生的习作多次在省市级征文比赛中获奖。其中，颜嘉雨的习作《弥漫在书香里的爱》荣获山东省教育厅组织的征文优秀奖，《书缘》发表在《快乐作文》2013 年第 2 期，周芳宇的习作《童年的老故事》在郎酒特曲杯中获三等奖。曲直、丁昕、王汇程等同学的习作也多次获奖。

三、 学生行为：自主自愿的公民意识

《国家中长期教育改革和发展规划纲要》（2010～2020）明确提出，要加强公民意识教育，树立社会主义民主法治、自由平等、公平正义理念，培养社会主义合格公民。实现国家现代化和民族复兴，是中国人民的梦想，这一梦想要得以实现，需要以坚实的物质文明为基础，需要现代化的政治制度作保障，更需要具有现代公民意识的人为支撑。

（一）树立正确的权利和义务观

胡适先生说过：“争取你自己的权利，就是争取国家的权利；争取你自己的自由，就是争取国家的自由。一个自由民主的国家，从来不是一帮奴才建成的。”从社会发展的角度而论，争取个人的权利，标志着公民意识的觉醒，只有公民意识慢慢成长、成熟，社会才会发展成为权利意识明确的公民社会。

我们坚持“课堂教育是主阵地、自我教育是关键、参与教育是升华”的新课程理念，有针对性、有层次性地开展一些培养学生权利意识的活动。在高年级思想品德与社会课上，开设民主选举模拟现场，以此让学生对民主的合理性和相对性、实行民主的物质条件、民主程序、民主与法制等问题有所了解。让民主不再是课堂上的说教，而成为学生的经历。假期里，教师积极鼓励学生自主走向社会，围绕公民权利、权利意识由学生自主决定开展一些社会调查。

权利的本质是平等。在树立公民权利意识的过程中，平等是关键。为此，学校要求教师在教育教学活动中，对学生要一视同仁，不能因为任何理由而对学生采取不同的态度；激励每个学生参加班干部竞选活动，实行班级民主管理制度。

这是于廷环老师写的一篇案例《生活细节培养平等意识》。

生活细节培养平等意识

“情感如同肥沃的土壤，知识的种子就播在这个土壤上。”在教会学生知识的同时，我们还要让他们的思想感情得到深化。只有这样，我们的教育才能培养出高素质的人才，我们的民族才有希望！

有一天课间休息，一个学生来到办公室，对我说：“老师，我想借个杯子喝水服药。”我坐在椅子上，用手指了指角落的书柜：“哦，第二层抽屉里有，自己拿吧！”学生找到杯子后，自己倒水服了药，说：“谢谢老师！”然后走了。上课了，这节课是自习课。学生在讲台下面做题，我在讲台上批改作业。这时，我手中的红色圆珠笔没油了。于是，我轻声地问前排学生：“谁有红色圆珠笔，借给我用用？”虽然是轻声，但许多学生听见了。于是，坐在前排的学生都争先恐后地从书包里拿出文具盒，然后以最快的速度打开，找出圆珠笔，他们纷纷把握着笔的手伸向我：“老师，用我的笔吧！”“老师，用我的！”每一双眼睛都充满了真诚的渴望。还是那位课间向我借杯子的同学反应迅速，坐在第三排的她几乎小跑着向前，把笔递到我的手中——在递给我笔之前，她还细心地将笔芯转了一下，把原来的蓝色转成红色。

这个小小的动作引起了我深深的思考：为什么学生向我借杯子的时候，我想都没想过亲自把杯子递给她呢？而我向学生借笔时，为什么学生没对我说：“哦，文具盒里有，自己拿吧！”再延伸一步：为什么校园里师生相逢，往往是学生先问老师，而不是老师先招呼学生而且学生问候老师，老师还爱搭不理的？为什么上课前学生毕恭毕敬地向老师鞠躬：“老师好!”而老师只是敷衍地说声：“同学们好。”，甚至只是“嗯”一声？为什么学生到医院看望老师不过是“应有的礼貌”，而如果老师到医院看望病中的学生就成了难能可贵的“事迹”？为什么老师去家访时，学生总会为老师搬来椅子，而学生到办公室很少享受“请坐”的待遇？

一切都源于根深蒂固的潜意识：师生是不平等的。

平等只能靠平等来培养，让我们从细节做起——比如，下次学生再向我借杯子时，我一定亲手递上……

权利与义务，彼此之间相互联系，不可分割。没有无义务的权利，也没有无权利的义务。一方享有权利，就意味着另一方承担义务。现在很多学生是独生子女，对他人要求多，自己付出少；要求的权利多，履行的义务少。作为社会人，小学生除享受一定的权利外，还必须履行义务。学校从孝敬父母入手，告诉学生，赡养父母就是一种应尽的义务，也是一种责任。

为了让学生体验母亲的辛勤付出、感悟母亲的养育之恩、培养学生的责任感，学校在母亲节开展了以生命教育为主题的体验活动“护蛋行动”。下面是学生在护蛋行动中所记的日记：

护蛋记

五年级（6）班　王均菡

10月23日　星期日　晴

今天晚上，我做完了作业，刚要睡觉，突然想起了解老师布置的另一个特殊作业：准备一个鸡蛋，下周一开始要“护蛋”一周。于是我赶紧找鸡蛋。

我想起妈妈上次买的鸡蛋在冰箱里，我就把那些鸡蛋找了出来，经过左挑右选，我选择了一个表面光滑的小鸡蛋，小巧玲珑，粉红色的外衣，我还给它起了个可爱的名字“小宝贝”，我又找了一个盒子，在里面放了一些柔软的棉花，这就是小宝贝的“家”了。睡觉时，我想，小宝贝住在里面一定很温暖、很舒服。

10月24日　星期一　晴

今天早上，我带着小宝贝去上学。一路上，我紧紧地攥着盒子，特别兴奋。手心里都是汗，生怕小宝贝会掉出来。

到了教室，教室里像炸开了锅，同学们有的在谈论着鸡蛋的大小，有的在讲着拿着鸡蛋上学的经历；有的则在生气地埋怨自己没带鸡蛋……

而我却时时担惊受怕，一下课就看看小宝贝。一整天过去了，我的小宝贝安然无恙，我这才放心地舒了口气。

10月25日　星期二　阴

今天，我又带着小宝贝去上学。下课了，我把小宝贝从盒子里取出来，心里有种说不出的感觉。我轻轻地抚摸着它，然后把它小心翼翼地放进盒子里。

放学后，我写完作业，突然想起了小宝贝，看看它吧，我小心翼翼地把小宝贝拿出来。跟它说了些心里话，再将小宝贝放到它的家里。晚上，我把小宝贝放在我的床头，和它一起进入甜甜的梦乡。

10月26日　星期三　晴

今天，是我护蛋行动的第三天。虽然才过了两天，但我感觉好像过了很长时间一样。

下午放学了，我把书包拉出来整理，小宝贝差点掉在地上，幸亏我眼疾手快，接住了，要不然，它就没命了，总算有惊无险。

10月27日　星期四　晴

今天学校举行运动会，大家都在操场上观看激烈的比赛，可我总是心神不安，一直牵挂着课桌里的小宝贝，担心我不在的时候，会不会有人不小心撞到我的桌子，把它摔烂了。提心吊胆过了半天，中午，我一吃完饭就静静地坐在课桌前，一边看书，一边守护着小宝贝。

放学回到家，我把作业写完，想要给小宝贝洗个澡。我拿来一块布，醮了点水，给它擦身，擦好后，又拿来一块干布，把它擦干，然后轻轻地放回盒子。我想，小宝贝洗完澡肯定很舒服。

10月28日　星期五　阴

今天，我“护蛋”终于成功了，看着盒子里完好无损的“宝贝蛋”，我的高兴劲儿简直无法用语言来形容。真是功夫不负有心人。

一周的护蛋行动，充满乐趣，也饱含着艰辛。通过这次活动，我真正体会到了爸爸妈妈养育我的不易。从小到大，无数个日日夜夜，无数次担惊受怕，我不知给父母增添了多少麻烦，可他们依旧无怨无悔，我真想对他们说一声：爸爸妈妈，你们辛苦了！

（二）培养学生的自由和规则意识

呼唤自由、崇尚自我，向来就是人类的本能。培养独立自主的公民意识，就得从自由的校园开始。学校要实现“培育书香人、文明人、自信人、快乐人”的育人目标，就要培养学生的自由意识。

把说话权还给学生。“老师，您说的这个问题，我有质疑”“老师，您说的这个科学家的这个观点我觉得不是很准确”……在我们的课堂上，你会经常听到学生与老师平等的对话、对老师的质疑。一个人最终是否能形成自我，很大程度上取决于他是否有机会和能力自由地、自信地表达自己的意见。课堂是实现育人目标的主阵地。学生在课堂上，没有发言权，不能充分地表达自己的观点，他便不会质疑，更不会创新。学校要求教师在课堂上一定要将说话权还给学生，让学生大胆质疑，大胆提问，为学生的自由学习提供充足的空间。

把选择权还给学生。尊重学生的选择权，是确保学生自由活动的重要途径。学校设置了选修课程，尊重学生选择的自由，将上课的自由还给了学生；班级内实施小组合作量化制度，组员之间进行选择，自由组合；学生还可以自由地选择同桌、选择班内职物、选择阳光大课间健体活动……

现代社会提倡讲求个性和创新，其实与规则并不相悖。学校在培养学生追求自由的同时，也不忘对学生进行规则意识的培养。俗话说：“没有规矩，不成方圆。”生活在一个集体中，必然要有规则来约束个人的行为。规则意识是现代社会的一个重要内容，规则意识越强，公民的素质就越高，社会的文明程度就越高。

小学阶段是个体规则养成的关键阶段，也是个体品德形成的关键期。学生的各种良好行为习惯的养成，就在于健全规章制度和严格严肃的规范训练。只有形成严格要求、严格训练、严格管理的约束氛围，才会让学生养成良好的习惯。

在日常的教学中，学校从遵守家规、遵守课堂纪律、遵守班级纪律、遵守校规、遵守交通秩序等方面对学生提出要求。如学校规定：课间在楼道里行走慢步轻声靠右行，不说笑打闹；课间不奔跑追逐，不大声叫喊，学会休息和游戏；上课前认真做好上课准备，学习用品要整齐放在课桌指定的位置；发言、提问，按规定的姿势举手，发言时要姿势端正，声音响亮等。开学初，各班班主任利用班队会时间领着学生对学校的校规在班内展开全员大讨论，在此基础上制订出与之相符的班规，班主任监督和引领学生执行班规，在学生心中树立规则意识。栽种思想，成就行为；栽种行为，成就习惯；栽种习惯，成就性格；栽种性格，成就命运。

（三）培养学生的环保和生态意识

对于青少年来说，必须具备一定的环境素质，才符合现代社会对每个人基本素质的普遍要求。从这个意义上讲，环境教育是现代素质教育的基本内容之一。学校充分结合少先队的组织优势，以少先队活动为载体，对学生进行环境意识的启蒙，训练他们的环保技能，培养其良好的心理品质和行为习惯，提高其综合素质。

1. 走进大自然，激发热爱自然的情怀

学生是通过与环境中的人和事物相互作用来获得知识和形成概念的。大自然中的各种景象是学生进行环保教育的自然课堂，而学生对大自然的认识是以热爱大自然为基础的。在环保教育中应该激发学生热爱大自然的情感，以及关心和爱护环境的情感和愿望。学校借春游、秋游以及假日活动之机带领学生走进大自然，在学生游玩的时候给他们讲解，让他们领略大自然的美好风光，了解大自然的奥妙，认识周围环境以及环境与人、动物、植物之间的密切关系，从而唤起对大自然的热爱，培养对动物、花草树木的爱心。

2. 亲身体验活动，成为环境保护小主人

学校靠近九龙河，遍地的垃圾使沿河风景失去了往日的美丽。在综合实践活动课上，同学们在老师的带领下组成环保小卫士，沿河捡拾垃圾，调查水质污染情况，并分发宣传单，以增强人们的环保意识。二年级（10）班的小同学，2012年国庆节长假，在老师和父母的带领下，到常山秋游，他们玩得很开心。但看到沿途的垃圾和被破坏的植被后，他们非常着急。2013年五一劳动节，他们又和家长来到常山，在垃圾多的地方树起了“离文明只差一步、保护环境”的牌子；在被破坏的植被前树上写上“我很疼，别掐我”等字样的牌子，为环保做出了自己的贡献。

学校利用节假日组织学生组成雏鹰假日小队，到社区义务劳动。学生们有的打扫社区的垃圾，有的清理墙上的广告，有的发放环保宣传单……他们在实践中学到了环保知识，增强了环保意识。

四年级（9）班的王稳超同学在日记《爱护环境　人人有责》里记录了在社区劳动的场景：

我们小区的居民，虽然很注意个人卫生，家里收拾得干干净净，但小区的环境卫生却总是不尽如人意。我看见我们单元的楼道里有很多烟头、废塑料袋、果皮纸屑等垃圾，楼道里的扶手也脏了，就拿了抹布、水桶、簸箕、笤帚来打扫楼道。

我先把抹布放在水桶里，然后拧干，就擦楼道里的扶手了。我先擦一楼的扶手，把抹布叠成原来的四分之一大小，然后打在扶手上，就可以擦扶手了，擦完了一楼，我又跑上去擦二楼的扶手，我擦呀擦，终于二楼的扶手也被我擦完了。这时我感觉四肢无力，但是一想到“爱护环境，人人有责”这句话，我突然感觉浑身充满了力量。紧接着我又擦完了三楼、四楼、五楼的扶手。

我又拿起笤帚去扫楼道里的垃圾，用笤帚把周围的烟头、废塑料袋、果皮纸屑扫成一堆，然后用簸箕倒进垃圾桶里。

我还写了一张“请不要乱扔垃圾”的字条贴在墙上，提醒随便乱扔垃圾的人。

虽然小区里有清洁工，但清洁工也不是随时会将垃圾清扫干净的，不是你在哪儿扔，清洁工就去哪儿扫。虽然我们不能立马就让所有人知道不要随便丢垃圾，但可以先从一个人再传到好多好多的人，有句话叫：“一传十，十传百，百传千，千传万。”慢慢地，大家可能就会自觉地不破坏环境了。

3. 开展课题研究，进行环保意识教育

学生的小课题研究是一种很好的实践活动，它着眼于学生把学习过程中的发现、探索、研究等凸显出来。学校在各中队组织开展环保小课题研究，让全体少先队员在研究的情境中，亲自实践，获取直接经验，掌握基本的科学方法，从而提高实践能力、增强环保意识。

学校在不同年级开展了一系列的有关环境保护的小课题研究，如乱扔垃圾的危害、怎样节约用水、废弃垃圾如何处理、破坏绿化环境带来的危害、垃圾食品危害大、改善环境我们能做什么……通过有关环保的小课题研究，培养学生的环保意识，锻炼学生的实践能力，促进学生的创新意识，培养其创新能力。

附：科技实践活动方案

关于汽车尾气污染的调查

六年级（2）班　宋玉洁

一、活动背景

现如今，社会发展迅速，人们的生活水平也在不断提高，许多家庭都已买上了车，可是，一辆又一辆的小汽车却在不知不觉中排放了许多汽车尾气。这些尾气是好还是坏呢？对此，我做了详细的调查。

二、调查主题

汽车尾气对环境的污染。

三、调查时间

十一国庆节期间。

四、调查人员

宋玉洁。

五、调查途径

网络搜索、生活观察。

六、调查过程

利用十一国庆节假期期间，我观察了汽车尾部的结构：汽车的尾部有一到两个排气管道，在汽车发动时，从里面会排出黑色的尾气，味道非常刺鼻，我觉得这一定对环境无益！我还在和平街调查了一下汽车尾气排放量的情况：一辆公共汽车正要进站，我走到车的后面一看，一股股黑烟从车的尾部排出，夹杂着汽油味，不禁令人作呕。一辆红色出租车呼啸而过，留下的是一股黑烟弥漫在大气中，在空气中狰狞，狂笑……一辆面包车发动了，随着发动机声音逐渐增强，尾气的数量也随之增加，短短的几十秒之内，不知有多少黑色烟雾从“牢狱”中“释放”出来，得到了永久的“自由”！以上三个镜头为典型的汽车尾气排放污染。我又来到了一个十字路口，对汽车通过的数量进行了调查：3 分钟内有 15 辆摩托车通过，排气量为 22.5 升；有 56 辆小汽车通过，排气量为 54.8 升；有 11 辆公交车通过，排气量为 16 升。在 3 分钟内，这些车的排污量达 85.3 升。那么，按照这个数值算一年内的排污量大约为 1500 万升。一个市就有如此大的排污量，那么，一个城市、一个国家，乃至于整个地球一年的排污量是多少呢？地球母亲又承受着多大的痛苦呢？

六、形成原因

我查找了很多相关的资料，发现，汽车尾气污染是由汽车排放的废气造成的环境污染。汽车发动与行驶过程中要排放出多种气体，汽车尾气排放由三步组成：通过排气管排出的内燃机废气、曲轴箱泄漏的气体以及油箱和汽化器等燃料系统的蒸发气体。

汽车尾气中含有一氧化碳、二氧化碳、含铅化合物、烟尘等污染物。据统计，汽车发动机每燃烧 1 千克汽油，要消耗 15 千克新鲜空气，同时会排出 150～200 克的一氧化碳、4～8 克的碳氢化合物、4～20 克的氧化氮等污染物。这些污染物会危害城市环境，造成地表空气臭氧含量过高，加重城市热岛效应，使城市环境恶化。

七、调查结果

汽车尾气对环境有很大的污染。

八、解决方法

我在网上也搜集了几个解决方法。

1. 控制汽车的数量。适当减少汽车的购买量，把汽车的数量控制在生态平衡允许的范围内。同时要使公共汽车、地铁等公共交通工具迅速发展起来，提倡市民骑自行车、乘坐公共汽车和地铁，尽量降低汽车尾气排放量。

2. 严格把关，提高汽油质量。

3. 采用先进的汽车尾气处理技术，对不符合尾气排放标准的汽车进行淘汰或改造。

4. 推广以天燃气为燃料的燃气汽车，并对燃气汽车进行改造，解决其存在的发动机性能低、储气瓶占用空间大等问题。

5. 加强宣传，增强市民的环保意识。加强对环境保护重要性的宣传，让群众自觉使用公共交通工具，不购买尾气排放量不达标的汽车，坚决不购买、制造含铅、低质汽油。

九、调查感想

看来汽车的尾气真是对环境一点好处都没有，专家发现进入21世纪，汽车污染日益成为一个全球性的问题，汽车排放的尾气占了大气污染的30%～60%。随着机动车的增加，尾气污染呈现愈演愈烈之势，由局部性转变成连续性和累积性，而各国城市市民则成为汽车尾气污染的直接受害者。我想，为了我们今后能生活在一个无污染的家园里，大家应该少使用汽车，多使用自行车或走路出行。即便是使用汽车也应按照上述的一些防污方法减少污染，为环保做贡献！

（四）培养学生的公德意识

2013年10月1日，来自全国各地的约11万名群众冒雨在北京天安门广场观看升国旗仪式，庆祝中华人民共和国成立64周年。升旗仪式结束后，天安门广场留下了5吨的垃圾。共同导演了一幕“举头望升旗，低头扔垃圾”的盛况，实在令人震惊。

马丁·路德·金说得好：“一个国家的繁荣，不取决于它的国库之殷实，不取决于它的城堡之坚固，也不取决于它的公共设施之华丽；而在于它的公民的文明素养，即在于人们所受的教育、人们的远见卓识和品格的高下。这才是真正的利害所在，真正的力量所在。”

小学生公德意识的强弱是关乎国家的未来和希望，关系国家前途、民族兴衰的大事。因此学校加强小学生公德建设，意义重大。

学校为培养学生的公民意识开展了一系列的体验活动，为学生成长搭建各种平台，通过各种活动让他们在体验中不断成长。如开展“我是小小交警员”活动，让学生在维护交通秩序中，感受遵守交通法规的重要性；开展“啄木鸟”行动，让学生知道写错别字的危害，从而体会到学习语文的重要性；参加“格林达尔”公益活动，为偏远山区的孩子捐书，给他们写信，培养学生助人为乐的品质……

精彩纷呈的校园活动，既面向全体，又注重差异，既培养学生自信、自尊、自强的心理品质，又极大地促进了学生的知识学习，学生认识、感受、创造幸福快乐的能力在不断提升。

四、活动行为：幸福快乐的走班社团

为了活跃学校的学习氛围，提高学生自己管理自己的能力，丰富学生的课余生活，培养学生的主动意识与自主精神，学校于2010年成立了走班社团。

活动开始前，学校向广大家长、学生及教师分别发放了调查问卷，就学习内容和活动方式，听取多方意见，充分尊重学生意愿，开设了内容与形式丰富多彩的活动社团。既有传统的合唱、书法社团，又有体现特色的电声乐队、轮滑社团；既有动手操作的电脑绘画、剪纸社团，又有锻炼口语能力的美文诵读、小记者团；既有富有激情和活力的篮球社团，又有展现优美身姿的舞蹈社团……

学校走班社团课程一览表

艺术类	器乐类	民族乐器（古筝、古琴、二胡），西洋乐器（电声乐队、小提琴、钢琴）
	声乐类	独唱、合唱
	戏曲类	京剧、诸城茂腔
	舞蹈类	民族舞、现代舞、国标舞
	美术类	国画、儿童画、水粉画、建筑欣赏
	手工类	剪纸、编制、泥塑
体育类	球类	乒乓球、篮球、门球、羽毛球
	武术类	跆拳道、拳类
	棋类	象棋、围棋
	田径类	长跑、短跑、跳远

续表

科技类	信息技术类	动漫、编程、电脑绘画、摄影、录像
	军事类	兵法、武器装备、著名战役、著名将领研究
	交通类	飞机、汽车、火车、轮船研究
	科普类	科普知识、科技制作、小发明、魔方、天文
生活类	研究类	茶文化
	技能类	烹饪、面点
语言类	表达类	记者采访、朗诵、演讲、古诗吟唱
	研究类	地域文化（景观文化、历史文化、现代文化、地方方言）
	曲艺类	相声、小品、山东快书、表演剧

社团共分5大类30多个类别，每星期二和星期四下午第三节课进行走班活动。学生自愿申报，也可根据自己的兴趣和学习情况进行二次“走班”。

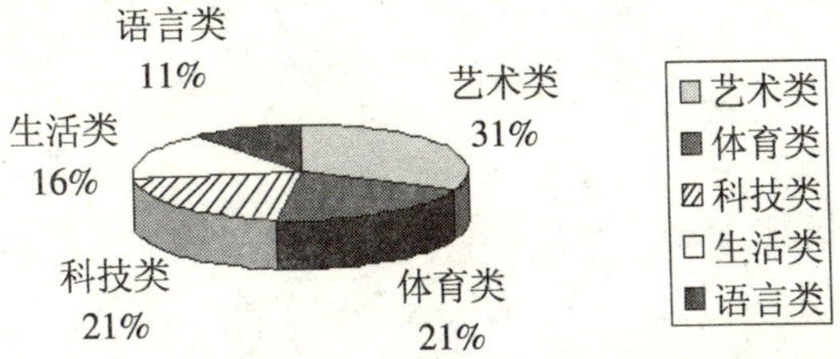

指导教师是各活动团队的核心和关键。学校首先利用好校内关心学生个性成长、具备相当专长的教师，其次是广泛挖掘社会上的专业人才担任团队辅导员。目前，共有90余名校内教师成为各活动团队的指导教师，其中外聘10名。要求指导教师根据学生的个体需求和团队性质，知识性和趣味性并重，艺术性和操作性兼顾，以活动为核心，以实践作支撑，制订活动方案，开发活动课程。学校“走班制”活动课程领导小组层层把关、审核，形成了系列化、特色化、有一定深度和广度的校本活动课程。在活动中，老师们从严、从细、从实训练，做好每一次的活动记录，确保每一次的活动效率。

通过走班社团这一舞台，锻炼学生的身体素质，促进学生的身心发展；培养学生的竞争意识、合作精神；拓展学生的知识面，尽最大可能地发挥出学生的才智，挖掘学生自身最大的潜力。

乔然同学的少年儿童科学幻想画《绿色学生通道》荣获第27届山东省青少年科技创新大赛一等奖。在“星星火炬”全国少年儿童英语风采展示活动中，王艺融、赵文婕、王博宇、刘婧琪、陈润同学荣获山东总决赛金奖。在潍坊市第四届中小学生艺术展演活动中，学校团体荣获“精神风貌奖”，在艺术表演、节目创作、艺术作品等方面有10个学生项目获奖。胡婕同学的绘画作品《花开富贵》刊登于《山东青年报》，王一同学被评为潍坊市第二届“鸢都十佳好儿童”。刘浩、杨林、肖和3名同学参加了在山东临淄举行的中央电视台“读书”节目“我的一本课外书”（寻找中国最会读书的孩子）“读书达人”决赛。在第四届星光校园·全国中小学音乐舞蹈优秀获奖作品汇演中，学校的18名参赛选手中9个书法、绘画等个人项目和1个群舞全部获得金奖。学校因此被授予“全国青少年艺术人才培训基地”。学校仅2013年一年就有将近1/3人次的学生在县级以上文艺、书画、体育、科技、电脑绘画等项目的比赛中获奖或在相应级别的报刊上发表作品。

这是四年级（6）班舞蹈艺术社团的一个同学，在2013年10月份去济南参加某一比赛时的获奖感言。

当我从评委手里接过荣誉证书时，心里是说不出的激动，我为自己感到骄傲、感到自豪。那四个金光闪闪的大字“荣誉证书”意义深刻。它是对我几年来的舞蹈学习的一个肯定，我一定会继续学习下去，实现自己舞蹈家的梦想。

这是美术艺术活动社团的一名同学的活动感言。

我有一个梦想，就是长大后当一名服装设计师，然而通向这个理想的大门，就只有一扇，那就是美术。我酷爱绘画，从小美术成绩就比别人突出，但是，妈妈怕耽误学习，不给我报校外的特长班，正在这时，学校成立了美术社团，我第一个报了名，通过老师的指导和与同学们的切磋，我的绘画水平大幅度提高，在2013年举行的比赛中，获得了市级元旦画展一等奖、校级科幻画展一等奖等荣誉。想起那个令人兴奋的时刻，我要感谢学校提供了这样的条件！

这是器乐艺术活动社团的刘洋同学的活动感言。

学习古筝不仅培养了我的性格，还磨炼了我的毅力，今后我将继续认真学习，练好古筝弹奏，用优美的音乐给父母和老师、同学们带来美好的享受，不辜负大家对我的期望和厚爱。

这是剪纸艺术活动社团的王秋华同学的活动感言。

每次过年时，看到那些美丽的剪纸作品，我就想什么时候我也能剪成这样该多好。我从四年级参加了学校的剪纸艺术社团，一开始，我先用剪刀剪苹果、树叶、黄瓜，觉得这些还算简单。可过了一些日子，老师就让我们用刻刀刻一些比较难的作品，如蜻蜓、喇叭花、黄瓜花、米老鼠（米奇和米妮）、小老鼠等。我有时候忍不住说："难死了，早知道就不报这个班了。"可我还是坚持学了下来。到现在我已经出了不少作品了。

因为剪纸需要用剪刀剪，有时候因为拿剪刀剪得时间太长，我累得大拇指都不敢动了。每当这时妈妈就会心疼得掉下眼泪来，可我还是坚持了下来。正因为这样，我才更加有耐心。我从前做事马虎，总想着玩，现在我无论做什么事，都有足够的耐心。

一个参加二胡艺术社团的学生在日记里这样写道。

在学拉二胡的过程中，我慢慢有了成就感，一是多次在比赛中获奖，二是每次考级都能通过，三是自己已能听音准了。过六一儿童节的时候，我还在全班同学面前拉了一首《二泉映月》，那如泣如诉的音乐声，打动了在场的所有同学。一曲拉完，同学们半天都没回过神来，而后才响起了雷鸣般的掌声。现在，我练琴已不用妈妈监督，它成了我学习之余的一种享受。那些音乐带给我的快乐，已足以让我忘记苦和累。

一根琴杆、一个琴筒、一张蛇皮、两根弦、一张马尾弓、一曲悠扬的乐曲，成为我童年最美的生活时光。

看到学生在走班时兴高采烈的情景，总让人感到那是一群放飞的小鸟，总是渴望尽力飞翔，享受自由的快乐。

第六章

信息文化

——“互联互通，合作共赢”的搭建

Rang Meige Xuesheng Dou Xingfu

信息文化是人类社会发展到信息社会，由信息技术的发明和应用而发展起来的一种新型文化，它反映在工作方式、学习方式、生活方式等社会的各个领域中。学校始终处于信息识别、沟通、创造的前沿，由信息社会多媒介综合而形成的信息文化深远地影响着学校教育的发展。信息文化成为学校文化新的领域、新的特质而显现出来。学校信息文化是指教师、学生、家庭、社会以及一切媒体之间一切信息交流的总称。信息文化的发展，加快了社会发展的节奏，缩短了交流的距离和减少了时间的限制，“海内存知己，天涯若比邻”，信息文化解决了由于地域和空间的阻隔带来的文化交流或文化交融困难的问题，为人们提供了广阔的交往空间。诸城市实验小学作为区域教育发展示范性学校，又处于改革开放的前沿，信息文化的凝练就具有普遍的意义。

一、 开放的教育价值体系

信息文化的发展，为学校带来的是学校教育价值体系的开放。现代学校的开放性可归结为学校教育的社会化和国际化，突出特点首先是学校教育空间的无限开拓。由于教育观念的更新和先进教育技术的推广，封闭的学校空间被打破，全国乃至全球的优质教育资源被广泛利用，学校及其师生有了全球视野。其次是社会教育资源的充分利用。学校通过深入社区、联系社区来优化自身的教育系统，整合教育资源；积极吸收校外各类有关人员进入课堂，参与教学活动或指导社会实践，使学校教育力量和非学校教育力量从一种相互独立的关系变为一种新型的合作关系，以满足学生走向社会、了解社会、参与社会的实际需求；同时，学校还通过对学生的培养和输送出去影响社会的观念、知识、文化、风尚和生活结构，以保证学生的发展与社会的要求相一致。

（一）全民动员的社会教育资源

随着经济全球化与教育信息化的到来，树立大教育观念、发展开放性教育是教育发展的必然趋势。它使全体社会成员不仅是教育的接受者，而且是教育的提供者，从而达到教育者与受教育者双重角色的统一。

1. 利用媒体，宣传学校办学理念

学校建设开放性教育最直接的呈现方式就是活动礼仪和文化宣传。学校是教育的组织者，教育教学的成功离不开家庭和社会教育的配合，没有家庭教育和社会教育的支持，学校教育是很难做好的。学校只有做好宣传工作，才能使家长和社会及时了解学校、认可学校、认可教师的作为。

学校非常注重对外宣传工作。开学初，学校领导班子聚在一起，制订该学期的宣传策略和宣传计划，明确要求，分工到人。学校每次举行大型活动，各相关科室要根据自己的活动安排做及时的报道。2013 年上学期，全国首家创新教育学术辑刊《创新教育》以题为《以有限而观无穷——诸城市实验小学课程创新的大智慧》宣传报道了学校的课程改革，以题为《一点浩然气，千里快哉风——山东省诸城市实验小学学校文化建设探微》宣传报道了学校的文化建设；《中国教育报》第四版“教育展台”整版以题为《让生命在幸福快乐中绽放——山东省诸城市实验小学的教育“突围”》报道了学校教育；《中国艺术报》《中国德育》《山东青年报》、中央电视台、山东卫视、潍坊电视台、诸城电视台各家媒体先后对学校的教育从不同层面进行多次报道。加大对外宣传报道力度，及时把学校的各项信息对外宣传，提高了学校的知名度，为学校树立了良好的外部形象，在学校与社会、家长之间架设了一道沟通的桥梁。

学校还积极组织学生参加各种校外活动，在活动中表现学校的风采和精神面貌。2013 年，6 名学生参加了中央电视台的“芝麻开门”节目，向全国小朋友介绍诸城恐龙；6 名学生参加中央电视台的“读书达人”节目，其良好的人文素养得到入会专家的高度赞扬；2013 年暑假，两名学生参加山东省青少年模拟联合国活动，获得突出表现奖；学校参加诸城市广场文艺专场演出，向全社会展示学生风采。只有让更多的学生参与到活动中，丰富自己的学习和生活，才会让学生对学校产生更大的认同感，同时这对学校的发展以及对外的形象都会有很大的帮助。对于各个系统举行的、凡是能展现学校风采的重大教育活动，学校积极争取，尽量吸引到学校举行。仅 2013 年一年学校就承办全国会议一次、省级会议两次、全国学生海选活动一次、地市级会议和学生活动数十次，吸引了社会上更多的关注，充分展现了学校的良好精神面貌和学生素质。

如何将学校文化的理念、精髓和内容导入教师和家长的头脑中，宣传是至关重要的一部分。学校将开展的重大活动、优秀教师事迹和学生的突出事迹，制成光盘和宣传片，播放给家长和来校嘉宾观看。遇到重大活动和获得的重要奖项，以电子屏的形式告知师生。这些做法在发挥宣传舆论功能的同时，在培育师生向心力、凝聚力和上进心等方面起到了不可或缺的重要作用。

2. 招能纳贤，形成立体教育合力

打开大门办学，充分利用社会资源，才能形成全社会关注的立体教育办学合力。学校先后吸收了不同层面的办学力量参与学校办学。

（1）中华少儿联合会山东省活动基地。中华少儿联合会是由来自世界各地的华人华侨少年儿童机构和社会团体代表发起，并依法注册成立，以关注并致力于中华少年儿童人才发掘、培养、教育、推介、权益保护为己任的社会团体。

学校于2012年4月被中华少儿联合会山东省管理委员会确定为活动基地，并在4月8日学校承担的教育部重点课题“非物质文化遗产校园传承研究”中的“小学书画类”子课题“书法教育校园传承研究”开题仪式上举行授牌仪式，中华少儿联合会副主席孙旭东先生亲自为基地负责人授牌。学校以活动基地为依托，在深入实施素质教育的过程中，不断凸显以书法艺术教育为核心的办学特色，在普及的基础上培养和造就一大批个性化艺术发展特长学生，并倡导学生踊跃参加中华少儿联合会组织的有关文艺类竞赛活动，将学校的文学艺术特长人才推出诸城，推向全国，推向世界。

（2）诸城市书法家协会书法培训中心。诸城市书法家协会是由诸城市文联主管的诸城市最具权威性的书法艺术群团组织，其培训中心荣落学校，这对学校的发展有着重要而又深远的意义。

学校是诸诚市小学教育的窗口和龙头学校，一直以来，遵承“为每一位孩子的幸福和成长奠基”的育人目标，全面、扎实、高质量实施素质教育，注重凸显书法艺术教育这一鲜明的办学特色，树立“书法立人”理念，让学生端端正正写字、规矩方圆做人。从课时开设、师资队伍、课程研发、课外训练、名师指导、活动开展、课题研究等方面，做出了科学、合理、有效的规划。学生的书写质量和艺术素养在同类学校中脱颖而出，多年来始终赢得家长、社会和教育专家的一致赞誉，涌现出了李子才、逄建广、焦建和、鞠新光、朱奕洁、玄鸿锐、于越、赵仪宁、邢春燕、胡婕、孔誉、王昱婷、程鑫等一大批在全国省市县级比赛中获奖的书画名师名生。2012 年 2 月，学校被批准立项承担教育部重点课题“非物质文化遗产校园传承研究”中的“小学书画类”子课题“书法教育校园传承研究”的实验研究，该课题对学校的书法教学和书法艺术教育向更高、更深层次的发展插上了腾飞的翅膀。目前，学校的书法艺术教育和研究已经取得了较为丰硕的成果，形成了硬笔书法、毛笔书法两条主线，课上课前、校内校外两大训练渠道，普及教学与典型带动两种方式，活动展示和段位评比双条激励措施浑然一体的书法教育格局。

在 2013 年六一儿童节庆祝大会上，诸城市书法家协会主席高金新先生亲自为学校授“书法培训中心”铜牌。这对进一步繁荣学校的书法艺术教育活动，不断提升学校的办学特色和品牌内涵，拓宽学生的书法艺术视野，提升师生的人生品味，起到锦上添花和催化剂的作用。

(3) 诸城市演讲与口才协会党支部。诸城市演讲与口才协会党支部是诸城市委组织部、诸城市民间组织管理局党委、诸城市文联党组管理的党的基层组织。多年来，学校重视推广普通话工作，规定普通话为校园语言，倡导师生课上课下、校内校外坚持使用标准普通话，并成立了学校国旗下讲话、校园红领巾广播、班级校级集体活动仪式小主持人、朗诵小能手培训小组，聘请了校内外普通话和朗诵名家为校外辅导员，定期来校指导训练，涌现出了一大批小主持人和朗诵小名士。学校依托少年文学院成立了演讲与口才协会，聘请市演讲与口才协会常鸣主席为名誉会长。在过去工作活动经验的基础上，更加广泛地开展各种演讲、朗诵表演等活动，整体提升生学生的综合素质。

学校先后还聘请了具有文艺、体育、书画、科技等特长的专家和各条战线上的模范先进人物作为校外辅导员。校外辅导员的聘用，拓宽了学生的知识面和参加社会活动的广泛面。

(二) 以我的精彩影响世界

健康有序的教育合力实现了各种教育间的互补作用，取得了最佳的整体教育效能，也让学生的素质和思想道德上了一个新台阶。

1. 用学生的精彩影响社会

(1) 学生成为家庭好少年

学校坐落在舜帝的故乡诸城。虞舜文化是我国原始社会发展到鼎盛时期文明的综合代表，是远古社会人类明德的集大成者。太史公在《五帝本纪》中言：“天下明德皆自虞帝始”，后来在《史记卷三十七·卫康叔世家第七》中说："舜之德可谓至矣"。舜的"忠、孝、礼、仁、智、爱"等优秀品德，对后世产生了巨大的影响。

作为虞舜故乡的儿女，"弘扬虞舜文化，传承中华美德"是我们义不容辞的责任，同时也是加强学校德育、全面推进素质教育的需要，更是弘扬中华民族优良传统的需要。学校充分发挥舜帝故里地域优势，开发和实施以"虞舜文化"为特色的系列校本课程，并将其纳入课程管理，按年级、分项目，使虞舜文化课程主题化、系列化。一年级重在"忠"，二年级重在"孝"，三年级重在"礼"，四年级重在"仁"，五年级重在"智"，六年级重在"爱"。围绕不同的主题，开展了一系列虞舜文化的探究学习活动。利用节假日，让学生通过各种方式搜集整理虞舜故事；每年四月确立为"感恩教育月"，每个年级的学生在家中开展一系列感恩活动，如给爸爸妈妈洗一次脚，为爸爸妈妈做一顿饭，帮爸爸妈妈干一次家务，做一件令爸爸妈妈开心的事，给爸爸妈妈写一封信……学生在活动中深深体会到了父母的艰辛与不易，感恩之情油然而生，学生在家的表现也令父母赞叹："学校开展这些活动太好了。"

（2）学生成为社区好少年

学校从实际出发设计制作了学生"五个一"家庭、社区文明岗服务卡。通过家庭和社区实践，学生人人确立好家庭服务和社区服务岗位，培养基本的家庭社会责任感和生活服务技能。懂得孝敬父母，自理自立，热爱劳动，勤俭节约；学会生存安全等方面的基本知识；锻炼适应社会的能力，做文明小公民，争当爱家乡的典范。认真落实社区志愿者实践体验行动，队员自发组成假日小队，自己选择队干部，自己确定活动内容，以探究学习、服务环境、奉献爱心为主，每次活动在一小时左右，每个小队都建立了活动记录，每月在本班教室内举行一次活动成果汇报会，交流活动心得，分享活动快乐，升华活动内涵。

下面是在学校"我是社区小能手"评选活动中，选手的参赛文章：

我是社区小能手

五年级（11）班　脱小娴

今天天气可真热，走到哪里都可以听到蝉儿们的歌声，小狗伸着长长的舌头为自己降温。我津津有味地品尝着手中的雪糕，感受着冰爽的气息，这可真是一大享受！

当我蹦蹦跳跳地走到小区门口时，看到了这样一幕：门卫爷爷正在挥汗如雨地打扫着小区卫生，滴滴汗水湿透了他的衬衫。我怎么也不好意思就这样看着，便把手中的雪糕迅速解决掉，把爷爷手中的扫帚拿了过来，请爷爷到椅子上坐着。爷爷再三推辞，说："不用了，我干就行了。"可他还是拗不过我，笑呵呵地到一旁坐下了。

刚开始扫的时候，我感觉还是比较轻松的。但没过一会儿，我便汗流浃背。爷爷笑着说："怎么样？这活儿可不容易吧！"说着，便接过扫帚又开始干了起来。看着爷爷辛勤的样子，我心里很内疚，才干了一会儿就坚持不住了，太丢人了。

这时，我看见了浇花的水管，便灵机一动：我可以帮爷爷浇花呀！征得爷爷同意后，我便把水管的一头接在了水龙头上，打开开关，开始浇花了！"咕嘟咕嘟……"，花儿尽情地喝着水，小草和小树都被洗得干干净净，咧着嘴笑呢！看着自己的工作成果，我的心里甜滋滋的。

回家后，我开心地向妈妈说了今天的事情，妈妈高兴地夸我长大了。让我们都来做社区小能手吧！

小小社区活动家

五年级（11）班脱小娴妈妈

女儿脱小娴，今年12岁，是诸城市实验小学五年级（11）班的学生，正在成长为一名初露头角的小小社区活动家。

小娴对我们所在的社区充满了爱心，总是自觉地维护和保持社区的优美环境，不但自己将垃圾投入垃圾箱，还劝说并帮助他人也将垃圾投入垃圾箱。

小娴热爱社会活动，社区里的老老幼幼，包括常在社区做生意的商贩都认识她、喜欢她。我想这是缘于她待人接物的一颗诚心。年三十的晚上，她看到门卫罗爷爷在值班，为罗爷爷不能同家人团聚心疼不已，于是，她叮嘱我多煮一碗水饺，要给罗爷爷送去。听到有的家长说起自己的孩子学习不好，她就非常着急，帮着家长出主意，主动同那些孩子交流，用自己的学习体会、经验和心得帮助他们。社区里的好多家长都喜欢和她交流，并建议自己的孩子常和小娴玩耍交流。

小娴还非常热心公益活动，热心宣传对大家有用的知识。这不，看到央视播出的"每周质量报告"中播出的不良商家用工业明胶制作胶囊的报告后，她急得不得了，不仅要求我告诉亲朋同事，还要求我发微博呼吁。下午，她到院子里玩的时候，又通知了好多小朋友，建议他们吃药的时候扔掉胶囊壳，并倡议拒绝吃果冻。

只要人人都献出一点爱，世界就会变成美好的人间！我希望热爱社区、乐于助人的脱小娴同学继续努力！学更多的本领，充分地实践，长大后服务社会，做更大的公益事业！

2. **以学校的精彩影响世界**

（1）成为兄弟学校的榜样

作为诸城市的龙头学校，学校每年都会接待大量的来自全国各地的兄弟学校的领导或同仁，学校从来都是不遗余力，热情接待，将自己的先进做法毫无保留地传授给他们。仅 2013 年一年，学校就接待来自江苏、浙江、四川、安徽、成都等省和加拿大友人千余人。市教育局安排在学校召开的各级会议，学校每次都会无偿提供会议材料，将学校的先进理念和做法毫无保留地分享。2011 年 3 月份，高唐部分学校的骨干校长一行 30 余人来学校，学习学校的语文课程整合过程和单元主题式教学法，学校挑选做得最好的骨干教师上课、解读，与他们交流。一年后，高唐地区的语文课堂改革呈现出勃勃生机，在学校的基础上进行创新，取得了很好的成效，学校 30 余名教师又受邀到高塘二度学习。

（2）成为共同体的核心力量

促进基础教育均衡发展，特别是缩短城乡学校之间的差距，已成为社会的焦点。自 2009 年开始，在市教育局的指导、支持和关心下，学校先后与辛兴镇辛兴小学、林家村初级中学等几所乡镇学校组成城乡互助共同体，以“资源共享，优势互补，互助成长”为目标，开展了丰富多彩的捆绑式帮扶活动，在城乡联合教研、资源共享、结对互助等方面做了大量的工作，在人力、物力上给予乡镇学校大力的支持，促进了共同体的协同发展。

每年学校都会派出 10 余名教师到共同体学校任教学习，乡镇学校也会派出相应人数的教师到学校任教学习，交流一年，期间所有的管理以所在校为准，促进了城乡师资的均衡发展。下面是学校在城乡互助共同体建设中所做的一些尝试，并取得了一定的成效。

① 聚焦课堂，加强联合教研

学校举办科任教师品牌课、达标课活动，每周有 16 名教师申报讲课。每天分学科、有计划地安排 40 余名共同体老师来听课、评课，人人撰写收获和体会，总结反思自己在教育教学过程中的得与失，共同体结对老师根据反思答疑解惑，帮助老师们以品牌课和达标课为载体，进一步探索适合自己的课改之路。

派出的到乡镇交流的教师平均每月安排 1 次示范课，有时还到偏远学校送课。一般连续安排 2～3 节，直至把该课题处理完，通过课前说课、讲课和课后交流，让听课教师把握整个课题的师生活动和教材处理，这样直观完整地暴露骨干教师的上课思路，便于共同体老师们活学活用。

邀请共同体老师以及有发展潜力的教师上课，这样的课是学科组磨课之后开展的，磨课的过程也就是提升的过程，送课教师在乡村学校起到了以点带面的示范作用，同时也把自己的经验带到了城区，起到了交流互助的作用。共同体学校定期举行同课异构活动，在“个人主备—集体研讨—主备人修改—中心教研组把关—个性修改”的基础上开展，同科教师一起分工观课、议课。评课标准以《实验小学品牌课、达标课评分办法》为主，开课人和其他教师全程参与，这种磨课式的同课异构活动，极大地促进了教师教研的深入发展，形成了新型共同体教研文化。

② 搭建平台，促进理念提升

借教研室说课比赛的东风，共同体学校利用假期培训班，开展了说课大赛。要求参赛教师除常规说教材、说学情、说教法外，更侧重于说课标、说课型。共同体学校在层层开展、层层选拔的基础上各选三名选手参赛。每位选手准确把握课标，深入挖掘教材，广泛尝试教法，充分展示了各自对课标的解读和对主题学习六大课型的探索，达到了“交流借鉴、资源共享、互助提高”的目的。

定期举行经验交流会。专题是课堂教学中的热点、难点问题，每月集中一个不同学科的专题，小主题，深探究，逐一突破。2013 年 4 月 21 日上午，在皇华小学进行了一次经验交流会。学校有 6 名优秀教师参加，分别介绍了自己在识字和写字方面的妙招绝技、育人管理方面的经验做法。老师们带去的一些教学材料和学生作品，更是引起了与会教师的兴趣，他们无不为学校教师的教育智慧和敬业精神所感动。

定期举行班主任论坛活动。来自共同体学校的优秀班主任从不同角度介绍自己在班级管理中的经验和做法，对班级管理工作进行深入的探讨，进一步明确班主任工作的重要意义和工作艺术。班主任工作论坛的举行，提高了班主任工作的创新与实践能力，加快了班主任尤其是青年班主任的成长，提升了班主任队伍的整体素质。

③ 资源共享，进行教师间深度交流

学科中心教研组按年级分学科组建。组长由学校的年级学科名师担任，数位副组长由两个互助单位分别选出年级学科优秀教师担任。学科人数少的根据实际由几所学校合并组成一个教研组，推荐一位担任副组长。

各组长负责协调双方教师的交流工作，定期上传交流资料，起到了“领头羊”的作用。各教研组从组长到成员实行捆绑考核，其中过程性评价考核占50%，包括互相交流时小组内发的各种材料、开展的专题活动次数、讲课节数等。终结性评价考核占50%，包括教学质量检测成绩、成绩提高的幅度等。

学校派出一名副校长、一名中层干部到共同体学校挂职参与学校管理，给农村学校管理注入了活力。皇华镇中心学校也将所辖14所小学校长轮流派驻到学校进行跟岗学习。跟岗期间，各位校长全程参与学校的管理和教学，学习学校的制度建设、班级管理、文化建设、教师发展等，深入课堂听课，积极参加教研活动和学习活动，参与学校的学生活动。学校的业务、德育、后勤副校长分别与他们做了有关管理方面的经验交流。所有教师与龙都、皇华的同年级同学科教师结成互助对子。建立互助对子搭档表，张贴在各办公室，结对教师通过手机、飞信、QQ等交流教育教学中的困惑与心得，交流互助，共同进步。

为了提高备课质量，学校推行了“主餐”加“套餐”的备课模式，对三级课程进行整合（如语文学科根据学校的课题进行单元整合和三级课程整合备课）。将知识点进行梳理和筛选，编写出人手一份的“通用教案”为主餐，实现教案资源共享；套餐为二次备课，写出“可圈可点”的教案，然后大家共同评议、修改、完善，然后在新学期使用。和共同体单位共享这套执行课程，就是优质资源最大程度的共享。

音乐教师林在霞老师在林家村支教一年，工作兢兢业业，和学生建立了深厚的感情。她在《一路走来，一路歌》中写道：“有一段往事，总是铭刻记忆；有一些经历，总能时时记起。2010年，对于我这个一直在城市学习、工作的人来说，却是不平凡的一年，是城乡教师交流为我开启了一扇窗口，使我感受到来自诸城东乡的，特别是来自孩子们的那份淳朴、天然、真挚的情感，还有领导老师们的那份朴诚与善良，无私忘我的敬业精神。这是我人生历程中的一段珍贵的经历。”正是因为这段经历，林老师在回校后，又参加了皇华艾东小学“童心童唱”志愿者活动，主要辅助青岛音乐专家对艾东小学的学生进行音乐培训，包括组建合唱团及进行音乐知识、发声技巧的培训。中央电视台对刘秀彬老师、李子才校长作为志愿者到艾东小学进行艺术指导也进行了报道。

④ 拉手结对，增进学生互助交流

学校与皇华镇艾东小学开展了“手拉手结对”活动，捐赠价值4000余元的学习用品，并到马耳山开展了“诸城市实验小学科学社会实践考察活动”。给石桥子捐书5000册，给皇华中心学校捐赠价值2万多元的学生床……最大可能地给共同体学校给予物质上的帮助。

在家长委员会的协助下，结对学生走出校门，开展了“走进农村、享受自然”的活动。有的学生给小伙伴送上了一份礼物，如一本书、一件文具或一份报纸，有的学生为小伙伴做了一件好事，还有的学生向小伙伴学了一种新知识、新本领。结对活动极大地丰富了学生的生活，培养了学生的交际能力，更重要的是，他们在日常生活中通过书信和网络等形式交流学习、生活情况，取长补短，共同进步。学生们在手拉手活动中，学到了在校内和课堂上无法获取的知识，增强了社会责任感，同时也净化了心灵，逐渐养成了勤劳俭朴、乐善好施的优秀品质。

在“拉手结对”等丰富体验的基础上，共同体学校举办“与爱同行”书法绘画大赛，大赛结束后，学生互赠作品，作为纪念；2013年4月份，组织共同体学校的部分学生代表去瞻仰王尽美烈士陵园，进行革命传统教育；2013年5月份，开展了以学校的校本教材《文明礼仪伴我行》为主要内容的“文明礼仪大赛”活动；2013年6月份，开展了“交换一本好书”活动，让学生爱上读书。

共同体学校组建后，名优师资不再是一所学校的资源，而是共同体学校共有的资源。他们面向多所学校，有力地推动了教师队伍整体水平的提升。管理共融，考核捆绑，城乡之间、校际之间的差距开始缩小。学生的视野从“狭窄”到“开放”。学生积极参加结对活动，积极参加共同体学校组织的主题活动，丰富了体验，开阔了视野，学会了交流和分享，懂得了责任和义务，养成了良好的行为习惯。在教研共同体活动中，实验小学和共同体学校一起携手，协作共享、优势互补，发挥了共同体学校和教师团队的教育优势和引导作用，推进了区域课程改革的整体进程。

二、 互动的班级信息平台

班级是学校教育活动的基本单位和前沿阵地，是学生生活的主要场所，是学生成长的摇篮，学生学校生活的质量主要是班级生活的质量，一个良好的班集体对每个学生的健康发展有着巨大的教育、促进作用。一个好的班主任，知道怎样充分利用现今的信息手段，做好学生和学生之间、教师和学生之间、教师和家长之间的沟通，使班级关系融洽、和谐。

（一）搭建班级网络家园互动平台

为了便于学生交流，每个班级都建立了班级主题帖，开通了班级博客，以记录学生成长的点滴，展示他们的进步。班主任将班内开展的各种活动配以图片随时发到网络空间，家长不受时间和空间的限制，随时浏览孩子在校活动的精彩瞬间。利用网络空间，发表有关亲子小故事、教子良方、陪伴孩子成长等一系列较好的教育文章，使家长掌握一些先进的教育方法，配合教师开展工作。教会家长在网络空间为自己的孩子建立个人成长日记，让家长和孩子一起成长。

为了给各班提供交流切磋的平台，学校将各班的博客和主题帖网址打印出来，发给每一位班主任，让学生在闲暇之余，浏览其他班级的网络空间，取长补短。从 2012 年 4 月份学校加入新教育实验以来，69 个班级全部建立了主题帖，发帖最多的班级达到了 100 多页。学校根据各班发帖的数量和质量以及家校互动情况，将班级主题帖的使用纳入班级量化和完美教室的评选中，极大地调动了各班的积极性。

每个班级建立了 QQ 群，学生和学生之间利用 QQ 群学习知识和交流思想。四年级（1）班的郑磊同学说："写完作业了，我们班的同学都喜欢到 QQ 群里聊天，聊一聊班里发生的事情，聊一聊不会的题，有时老师和家长也和我们一起聊天，真棒！"通过孩子们在网络上的互动交流，老师和家长也能够随时了解孩子成长中一言一行的变化，及时纠正孩子的错误。

三年级衣明翠老师是建设班级博客较早的一位老师，为了让老师们充分认识班级博客的重要价值，学校对她的做法做了推广。

2010 年 12 月份，我们成立了自己的班级博客"启航"并且逐步完善了班级日志、班级相册、班级留言等内容，使博客成为班级活动的展示平台、与家长沟通的桥梁、学生们互相学习的良师益友。

我们的班级日志主要有以下三个内容：一是班级活动的计划、总结、过程性材料，为的是家长足不出户就可以了解学校和班级组织的各项活动，这样一来，家长就能够积极配合老师，帮助学生进行准备活动，同时能够很好地了解活动的过程与结果。二是家庭教育常识，每每看到好的育子经验、家庭教育技巧等文章，我便将其转载到班级博客里，希望家长们读后能够得到启发，更好地进行有效的家庭教育。三是学生的日志，主要是平日里学生写的好文章和日记，发表到班级博客里主要是为了同学们之间互相鉴赏、学习，共同提高写作水平。

我们的班级相册到现在为止已经创建了几十个，主要是学生参加学校和班级的各项活动的图片，有一年级的折纸比赛、写字比赛、生豆芽实验、数数活动、故事大王演讲比赛、孝亲活动、读书小明星评选活动、入队仪式、六一儿童节演出等；也有二年级的我为家庭做贡献、广播操比赛、文明礼仪之星评选活动、讲故事比赛、橡皮泥作品比赛、缝沙包手工制作活动、绘画比赛等活动；还有优秀假期作业展评等活动的照片。我们组织丰富多彩的活动，鼓励学生积极参与，让他们在活动中充实自己的思想，认识生活、培养兴趣、丰富知识、锻炼能力，从而成长为既有一技之长又能全面发展的学生。同时，这些图片很好地记录了学生的成长瞬间，也让家长们通过班级相册看到了自己孩子的精彩表现，得到了大家的一致好评。当然，为了解除家长们的担忧，保护学生的隐私，我们给每一个相册都设置了密码，只有正确回答问题才能浏览相册。

（二）书信交流给学生插上隐形的翅膀

班主任管理班级的过程，实质上是教师与学生之间的一种双向的情感交流互动的过程。班主任只有尊重学生的人格和自尊心，平等地对待每一个学生，高扬“以人为本”的价值理想，才能使学生在学习和生活中有愉悦感、安全感、尊严感，才能使学生的潜能、智力得到充分的发展。学校在和学生利用网络现代技术互动的同时，更青睐于运用传统的互动方式——便条、书信和随笔来增进感情。

以下是解相花老师在班级中利用便条与学生的互动。

1. 用小纸条互相纠错

人无完人，老师在很多地方也犯过错误，很多老师要求学生有错就改，而老师自己也要以身作则。请同学们做老师的监督员，当老师犯错误的时候，请你用纸条的形式告诉老师，老师一定诚恳地接受指正。

当学生犯错误时，老师往往找其谈话或点名批评，可我们忽略了一点——学生也有自尊。所以，当发现学生犯错误时，我也用小纸条的形式悄悄地告诉他，让学生在无声胜有声中改正错误。

2. 用小纸条解除误会

日常教育教学中，由于事务繁忙，或由于断章取义，错怪过某些同学，很多同学因为我的武断，渐渐地和我疏远了。我就在班级宣布：“若老师冤枉你了，请你不要生气，也请用小纸条的形式告诉老师，澄清你自己。如果真是老师冤枉了你，老师一定会向你道歉。"

3. 用小纸条解决生活难题

学生家庭情况不同，每个孩子都有自己生活的烦恼，有些烦恼他们自己能解决，但更多的，由于年龄小，缺乏生活经验，有些解决不了，有些还难以启齿。为了让每个孩子尽量都有快乐的童年。我就跟你们约定：如果生活中有解决不了的难题，请用纸条的形式告诉老师，老师一定为你保密，尽量会想办法解决。

自从我们班有了这些规定，一张张小纸条犹如礼物一样送到我的手里，通过回复这些小纸条，学生越来越喜欢与我交流了。帮助他们解决完一个个难题后，他们变得越来越阳光。小小的一张纸不仅仅是一张纸条，上面全是学生对我的信任、对我深深的爱。

王淑秀老师坚持和孩子们一起共写随笔，营造良好班风：

1. 利用随笔，进行自我反思

一开始，我告诉学生随笔就是你最忠实的朋友，请把你的心里话告诉它，你会别有一番感受。经过一段时间，我发现每一天的日记，不管是学生还是老师，都在不断地与自己的心灵进行对话，不断地反思自己、成就自己。学生有的反思自己的纪律、学习和与朋友的交往情况；有的诉说自己的烦恼、快乐和人生的理想；有的在倾诉对母校和老师的无限眷恋……总之，就连最调皮的学生的日记无不闪现着"真善美"的光辉。

2. 利用随笔，进行个别疏导

通过每天阅读学生的日记，我可以及时地了解他们的心理动向，从而有针对性地进行教育，我有时直接在日记中给他们写封简短的回信，如面对同学的烦恼，我就会写上："你怎样对待生活，生活就会怎样回报你。不要拿着别人的错误来惩罚自己。既然改变不了别人，那就改变自己。"有时，为了一个问题学生，我会长时间"跟踪"，与他写心灵沟通日记，直到把他转化好为止，效果特别好。

3. 利用随笔，纠正错误现象

同学们的日记中，有很多是记录发生在班里的事情，这给我提供了了解班级情况的第一手材料。比如，班级现在流行什么游戏了，上课的纪律怎么样了，谁和谁闹矛盾了，班级又有哪些同学私下违反班规了……当我了解了以上情况之后，我就及时采取对策去管理班级，有时找某个同学谈话，有时在日记中委婉地指出；但大多数时候，让同学们直接利用课前读自己的日记。这种教育胜于老师千言万语，起到无声胜有声的效果。

多年来，王泽贞老师倾心呵护着每一个学生的心灵、关心着每一个学生的健康成长。她已经积累了几千封、10多万字的“心灵之约”对话信，现已整理成《心桥》专集，共14册。正是这些记录学生成长足迹的心灵对话，激励了一批又一批的学生养成良好的学习行为习惯，并不断地战胜自己、超越自己，从而逐渐地走向优秀、走向卓越。现摘录部分如下：

1. 充分利用“表扬信”，激发学生自信

我书写“心灵之约”的想法源于周弘的赏识教育，2001年，我买了一本周弘写的书《赏识你的孩子》，看后很受启发，于是开始试着给学生写“表扬信”，从而唤醒和激励学生。

当发现学生（特别是后进生）在某一方面有了哪怕一点点进步，我也会拿起笔来，以表扬信的形式告诉学生和家长，并且委婉地提出学生的不足之处，使学生能为自己的进步而高兴，也满怀信心地克服缺点与不足。

对于后进生，我注重对他们进行激励教育。小勇同学就是一个学习困难的学生，平时的学习习惯和课堂纪律都比较差，是令老师头疼的学生，家长教育也不得法，对孩子缺乏信心，不是打就是骂。刚升入二年级时，他的语数两科都不及格，我先是跟他谈心，逐渐了解到这个学生并不是不想学习，只是自制力差一点，再加上平时受冷落批评较多，有点自暴自弃。在我的悉心教育下，他终于第一次完成了家庭作业，我便抓住这一有利时机，在当周给他写了“心灵之约”表扬信：“小勇同学，你在学习上有了很大的进步，书写也较以前认真了，如果你能在课堂上听讲再专心些，相信你一定还会有更大的进步，努力吧！我和同学们都在时刻关注着你。若遇到什么困难，赶紧告诉我，好吗？”

没想到，他在周一上课的时候就能够认真地听讲，偶尔违反纪律，我只要看他一眼，他就会立马坐好。作业比以前写得认真多了，看到他有这样大的进步，我又给他写了一封信，对他的进步大力表扬，并提出了更高的目标。我首先在班里把表扬信当着全班同学读了一遍，他害羞地低下了头。这时，我走到他跟前，紧紧拥抱了他，就在小勇接到表扬信的那一刻，他的眼中噙着泪花，这时，我和同学们不约而同地鼓掌祝贺。小勇回信说：“谢谢老师的表扬，我会努力的。”接下来的日子，他大部分时间能完成作业了，让我感到很欣慰，家长也感动不已；之后，我又给他写了第三封信：“小勇，你是个非常懂事又有孝心的好孩子，听妈妈说，她给你和老奶奶每人买了一个肉烧饼，你却舍不得吃，全留给了老奶奶，更让老师感动的是你能按时完成作业了，课堂上听讲也更加专心了，继续努力，加油呀!”从此之后，他学习更加努力了，思想积极上进，总是主动早到校，打扫卫生，帮助老师做一些力所能及的事务，在班里威信越来越高，学期结束时被评为班级的素质发展全优生。

“心灵之约”活动还让我和学生成了无话不谈的好朋友。学生的妈妈回信说：“王老师，谢谢您，是您让小勇懂事了。”像这些特殊的学生是我一直关注的重点，正是通过这种跟踪式的观察和不断地写表扬信，让我们班这些特殊的学生慢慢走向自信、走向快乐、走向优秀。

2. 丰富作业评价，让学生拥有自信

我首先根据数学学科特点制作了评价专用印章，有“写优”“算优”“解优”“思优”“问优”“自律优”等，抓住他们的点滴进步，及时书写激励的话语。如学生作业书写认真、干净，就盖上“写优”，并送他一句“你的书写进步真大。”“书写太棒了，继续努力，会更加优秀”；若计算正确率高，学生就会得到“算优”；应用题思路新颖、算法独特，就会得到“思优、解优”；在单元测试中，学生在试题上总能得到“你进步真大，加油啊!”这样的评语。若学生考试优秀，我会向他祝贺“OK”“太棒了”。在家庭作业中，我也会不失时机给家长和孩子以信心，经常在家庭作业中出现“你最近学习有很大进步，继续努力，会更上一层楼!”“你的聪明让我羡慕，要是课堂上再专心些，该多好啊!”“真为你高兴，老师们都夸你进步了。”等等，让孩子和家长一起享受这份成功的喜悦，从而促进了父母与孩子之间的沟通。在学生作业本上这样写上几句鼓励表扬的话，他们一到家就会告诉父母自己取得的进步。无论是家庭作业还是课堂作业，我都一丝不苟地去批阅，抓住学生的点滴进步，及时书写激励的话语，其实这也在无形之中感染着学生认真地对待学习。

3. 增加奖励措施，让学生充满自信

在这瞬息万变的时代，教师只有不断地变换花样，才能更好地激发学生的积极性。最近两年，我又增加了一些新的奖励措施，根据学生在校表现，设计了作业之星、优秀小组，还有喜报。对于作业之星，我是这样规定的：只要完成作业，得1分；若全部正确，再加1分；若书写认真，再加1分。一份最好的作业一次可以得3分，连续5天，能得15分就可以得到“作业之星”的奖励。而对于小组来说，包括作业、卫生、纪律、课堂回答问题等等，凡是能计入小组成绩的都纳入小组量化，一周下来前三名的小组获得“优秀小组”的光荣称号。喜报是奖给一周以来，个人量化前10名或某一方面表现特别优秀的同学。那些学校评选出的文明之星、卓越学生以及六一儿童节演出优秀的同学，我也会及时给他们写一份喜报。每周五下午的最后一节课是发奖的时刻，学生既兴奋又期待，得到奖的同学都舍不得把奖励装进书包，总是拿在手上，没得奖的同学会主动向他们祝贺，在这样的激励下，学生幸福着、进步着，个个精神饱满，心情愉悦。

三、 互通的学校主题帖

（一）互通开放的学校主题帖，拓宽了资源共享的渠道

学校开发了实验小学网站，以新教育实验网页为依托，建设了“诸城市实验小学主题帖”“诸城市实验小学理想课堂主题帖”“诸城市实验小学师生共写随笔主题帖”“诸城市实验小学儿童阶梯阅读主题帖”“诸城市实验小学卓越课程”五个学校主题帖。主题帖由专人实行动态管理，随时将学校的一些热点、焦点问题上传话题，成立辩论舞台，引导师生和家长跟帖，发表评论，在辩论中，道理逐渐明晰，做法逐渐成熟。2013 年暑假，学校又推出了“实验小学暑假专题帖”，学生将假期中每天学习和阅读以及生活中的见闻、趣事和所思、所感、所想等，发布到学校暑假专题帖中，与同伴一起分享成长的快乐。

模拟省研修方式，学校和共同体学校建立了网络交流平台，为老师们的交流提供了方便。网上交流的内容包括先进的教育教学理念、优秀教案设计、精美课件、资料库等。邀请互助共同体学校来校听的“品牌课”和“达标课”，也在平台上进行评价、反馈、交流。同科教师把联系电话、QQ、飞信、博客等互相留存，便于最大限度地进行交流。

学校一直提倡老师们写教学反思，一月一篇的教学反思让老师们以自己的学习过程为思考对象，通过记录自己在学习过程中的点滴得失，从而提高自己的教学能力。通过几年的实践，学校发现，教学反思的撰写只是督促了教师对当月的教学行为的反思，并没有让老师们看到自己纵向的发展。为了引领教师向更深层次发展，从 2010 年开始，提倡老师撰写个人教育博客。老师以文字、多媒体等方式，将自己日常的生活感悟、教育教学心得、教案设计、课堂实录、课件等上传个人博客。老师们通过教育博客来记录自己的教育教学实况，跟踪自己的专业发展轨迹，分析进步、查找不足，积累和分享自己的成功经验和教育智慧。现在许多年轻的教师，已经把经营个人博客当成了课余时间的乐事，许多教师在自己的博客上认识

了不少教育同仁，拓宽了交往面和知识面。老师博客的开通，促进了老师个人隐性知识的显性化，并让全社会可以共享知识和思想，提升老师的生命质量和价值。

（二）校园网的建成，打造了办公自动化平台

学校在2001年末建成局域网，成立电教中心教研组，2002年初成立网络中心，至此，学校的436余台计算机全部互联相通，基本建成真正意义上的校园网。专线与城域网相连，为学校的教学、管理、办公、信息交流和通讯等提供了综合的网络应用环境。

1. 利用校园网进行网上备课

对于教师的网上备课，学校已经开展多年，其中有过多次反复。教师之间互相拷贝备课，存在着网载现象严重、教案打印费用高等问题，网络备课一直流于形式。从2011年起，学校下大力气进行网络备课改革，既要减轻教师纸质备课的负担，又要切实将电子备课落到实处。

学校利用假期培训班，以教研组为单位，对教材进行梳理，进行课程整合，然后确定教材每个单元的教学难点、重点，组内教师分工，每人负责一个单元，撰写电子教案，其中要加入超链接来引用互联网或校园网络的资源，几经组内修改，然后将电子教案打印成《执行课程》，人手一份，教师在此基础上，再进行个性备课。某一单元的负责教师，根据《执行课程》，开发出每一课的课件，每个课件要求以学科知识为基础，恰当地用文本、图片、声音、视频、动画等手段，科学、艺术地表现学科知识，并注重师生在共同参与、人机互动中进行知识建构式学习的策略设计。校本网络资源制作好后，学校利用网页作为中间媒介，采取结构网络化支持（校本资源总库、教研组网站、教师个人网页），在校园网上进行的各学科教学网站建设，特别是与教师课堂教学同步的内容建设，既可以供教师在课堂教学中使用，又可供学生在家复习使用。教师在校园网上设立了个人网页，将备课教案、课件案例、论文成果、试题资料等教学资料上传，实现了网上交流、教研与教学。

在校园网上，我们还建立了电子备课系统，这是一个大型多媒体资源管理和辅助教学软件，设有通用资料信息库、专用信息资料库、课文讲解资料库、多媒体资料库等。这些资料被有机地组织在一起，涉及教师教学与应用的各个环节，为教师备课、上课、写文章等教育教学活动和学习活动提供全面的帮助。学校校园网网站在诸城市学校网站评选中多次荣获一

等奖，在潍坊市教育网站评选中多次荣获一等奖，在诸城市教师主页、博客评选中，30余名教师获得一、二等奖。

校园网毕竟是信息资源有限的局域网，为了充分利用互联网资源，最大限度地丰富信息来源，学校将一些优秀的网站和教学资源库在学校主页进行友情链接，并定期进行更换，为师生在互联网上查阅教育资源提供最大限度的方便。如“老百姓在线”为老师们免费提供小学语文资源，包括教学课件、说课稿、教学设计与反思、教案、试卷试题等资源，是语文教师最喜欢的一个网站。

2. 利用校园网进行网上教学

信息技术作为认识工具，与教学的总体目标是一致的，那就是培养学生的信息素养和实践能力。而对学生实践能力的培养不仅仅表现在知识的建构与技术的掌握这一层次上，更主要的是体现在学生获取、分析、处理与应用的深层次的素养上。随着科技的不断发展，知识更新速度越来越快，传统的阅读方式与写作方式不能让学生获取更多的信息，传统的教学手段更满足不了教学的需要。为了满足不同学生不同程度的需求，学校充分发挥校园网的网上教学作用。

学校建有210台计算机的计算机室4个；建有集投影仪、计算机、实物展台等于一体的多媒体教室61个，教师用自己制作的课件在这儿上课，通过文本、图形、图像、动画、声音等多媒体信息使之形象化，将深奥的内容浅显化，将抽象的事物、概念、难以观察清楚的现象、跨越时空的事物、不易实现的实验等，通过动画、录像、投影的形式进行信息处理和图像输出，在显示屏幕上微观放大、宏观缩小、动静结合、图文并茂，在短时间内调动学生多种感官参与活动，使学生获取动态信息，从而形成鲜明的感性认识。

学校投入25万余元建起了一间100多平方米的自动高清录播教室。学校利用录播系统对各级各类精品课、研究课、优质课等课程进行全过程的视频录制，建立了教育教学资源库，向全体教师提供录播及培训服务。录播系统的建立实现了“一键式”课堂自动录播和上传，实现城乡学校同步课堂、教师课后反思、积累优质课堂教学资源，对优秀教师、优质课堂的宣传、推介和城乡优质资源共享具有重要的意义。

王淑秀老师执教公开课《安塞腰鼓》，这节课是共同体老师的一节共同研讨课，由于联建学校的老师临时有事，没能来听，很多教师感到很遗憾。学校将王老师的课堂同步录像传给了联建学校的老师们，老师们观看了录像后，高兴地说："王老师的课上得真不错，看这录像，和在课堂上听课没什么两样。"

随着信息技术的发展，传统的阅览方式已经不能满足人们对知识的需求。电子图书阅览已成为学校图书阅览的一道独特的风景，它以信息量大、更新速度快、不易损耗、便于下载等优点，受到了老师们的青睐。现在学校的藏书库和市图书馆以及 108 个社区图书馆联网共享，共享资源达到 120 万册。师生可以随时上网查找需要的图书，并办理网上预约借阅，学生的借书卡可以在全市范围内一卡通用。开通了教工"网上阅览"，老师们可以通过上网查找和阅览资料。学校还将不断地对电子图书室进行规划和建设，将经验用于刚刚开通的"学生电子图书阅览室"的建设，使之最大限度地发挥图书室的作用。

3. **利用校园网进行学校管理**

传统的学校管理模式是建立在书面化档案和手工操作的基础上的管理模式，缺点是消耗大量的人力物力。而基于宽带网络的校园网，改变了这种管理模式。在实践中，我们逐渐探索出以数据库和互联网技术相结合的新型的校园信息数据管理模式，校园网上建立了学校管理信息系统，通过该信息系统，可以为学校领导提供及时、准确的管理信息，逐步完善了学生信息、学籍管理、人事档案管理、财务管理等信息资源的数据库，校长在自己的办公室里通过校园网络就可以了解和管理学校里的各种档案资料或财务支出情况。

学校为了更好地维护学生的心理健康，研发了心理测试网络管理系统。

从 19 个方面形成测试量表，对学生的心理进行全面的分析，对于存在心理差异的学生由心理教师进行不公开疏导，收到了很好的效果。

某某是四年级（1）班的一名学生，他的跋扈全校出名，任课教师经常挨他的骂，班主任用尽一切办法，软硬兼施也没法改掉他的一些坏毛病。学校通过心理测试量表数据分析，发现他有严重的逆反心理和人际交往问题，心理教师利用每天大课间时间对他进行心理干预，半年之后，他的这些不良表现得到了极大改善，自己也充满了信心。

利用网络进行学情分析。学校建立了一整套学情分析量表，不仅分析整个班级在考试中每道题的得分与失分，而且分析每个学生在考试中的得分与失分，教师根据分析数据在日常的教学中调整自己的教学，对学生有针对性地进行辅导。

综合分析报告

单位：未命名一实验小学　　　　　　　　学科：英语　　　　　　　　人数：606

英语　客观题　满分值：20.0　得分：15.69 分									
题号	最高分	最低分	平均分	级均分	标准差	难度	区分度	知识点说明	注意
单选 1	2.0	0	1.76	1.68	0.66	容易	良好		闪光注意
单选 2	2.0	0	1.83	1.82	0.56	容易	尚可		闪光
单选 3	2.0	0	1.76	1.73	0.65	容易	良好		闪光
单选 4	2.0	0	1.82	1.72	0.57	容易	良好		闪光
单选 5	2.0	0	1.79	1.61	0.62	容易	良好		闪光注意
单选 6	0.5	0	0.33	0.31	0.24	偏易	优秀		
单选 7	0.5	0	0.45	0.44	0.15	容易	良好		闪光
单选 8	0.5	0	0.22	0.20	0.25	中等	尚好		注意

学校对英语学科成绩的整体分析图

学生分析报告

单位：未命名一实验小学　考员：1801040206　姓名：张雪龙　学科：英语　文理属性：不分文理

英语　客观题　满分值：20.0　得分：13.5									
题号	答案	分值	选择	得分	班均分	级均分	难度	知识点说明	掌握
单选 1	A	2.0	A	2.0	1.76	1.68	容易		较好
单选 2	B	2.0	B	2.0	1.83	1.82	容易		较好
单选 3	B	2.0	B	2.0	1.76	1.73	容易		较好
单选 4	A	2.0	A	2.0	1.82	1.72	容易		较好
单选 5	A	2.0	B	0	1.79	1.61	容易		未掌握
单选 6	C	0.5	C	0.5	0.33	0.31	偏易		较好
单选 7	B	0.5	B	0.5	0.45	0.44	容易		较好
单选 8	A	0.5	B	0	0.22	0.20	中等		未掌握
单选 9	C	0.5	C	0.5	0.40	0.39	偏易		较好
单选 10	C	0.5	A	0	0.25	0.28	中等		未掌握
单选 11	B	0.5	C	0	0.34	0.35	偏易		未掌握
单选 12	C	0.5	A	0	0.32	0.30	偏易		未掌握
单选 13	B	0.5	A	0	0.23	0.23	中等		未掌握
单选 14	B	0.5	B	0.5	0.23	0.25	中等		较好
单选 15	C0.5	C	0.5	0.35	0.35	偏易		较好	
单选 16	A	0.5	A	0.5	0.47	0.45	容易		较好
单选 17	C	0.5	C	0.5	0.43	0.41	容易		较好
单选 18	A	0.5	C	0	0.28	0.26	中等		未掌握

学校对某个学生的英语成绩分析图

安全是学校工作的重中之重。学校在校门口和校内关键地方安装了54个监控器，形成了全覆盖无盲区的监控系统，学校领导可以足不出户，在后台对学校师生进行安全管理。

数字化管理，实现了学校管理的现代化，使学校管理更加精细化，提高了管理效率和效益。

四、家校沟通无缝隙

学校网络文化是师生在教育实践过程中创造的，反映了学校的教育教学理念，是维系师生团体的精神力量，也是维系家校互通、合作共赢的桥梁。

（一）飞信传情，密切家校沟通

飞信是班级管理中重要的信息使者。教师利用飞信群，可以将学生的在校表现、学校的要求及时地告知家长。以前，学校要印发各种通知给老师、家长，不仅浪费了大量的纸张，还容易丢失忘记。而用飞信发通知，既快捷又节省，老师或家长还可以把重要的通知存储起来以备核查。2013年暑假，学校就利用飞信对学生的在家表现进行动态管理。家长每周五要用飞信和班主任汇报学生在家的情况，班主任也要根据学生的表现给予家长一定的指导，对于学生过一个安全、愉快的暑假起到了很好的监控作用。每天下午放学，各科老师布置的作业会汇总到班主任处，班主任汇总后发给家长，家长每天都可以收到各科老师布置的家庭作业，可以有针对性地对孩子进行指导。老师根据学生的在校表现，每天和家长联系，汇报学生的在校表现，让家长更多地了解孩子，检查督促孩子，和教师形成管理合力，一起教育孩子。刘欣丽的家长说："以前放假，孩子总是玩，等到快要开学了，才急急忙忙写作业，临近开学的时候，写作业都写到晚上将近11点。自从加入班级飞信后，这样的情况再也没有发生过，老师每天发飞信，计划当天的作业，同学之间相互督促，真是太省心了。"

教师与家长联系，并不是为了向家长告状，而是要多方面地了解学生，采取有效的教育措施。每个孩子在家长眼里都是优秀的，每个家长都希望听到老师表扬自己的孩子，即使只是一点点的进步，即使只是孩子按时背熟了一首古诗，即使只是孩子按时完成了一个小小的练笔，家长也会为之高兴。

李培娟老师在《利用现代媒体，架起家校沟通的桥梁》一文中写道。

我班有个叫喀国轩的学生，记得刚分班的时候，老师们都打听这个学生分到了哪班，当得知在我们班时，有的老师开玩笑说："李儿，你太有福气了！"果然，开学的第二天，我就接到了他妈妈打来的电话："李老师，我们喀国轩老实，从来不会打架，千万别让同学欺负他啊！"后来我才知道，所谓的老实就是反应慢，而且他的这种慢是全级部出了名的，上课睡觉且不说，考试能答一半就算了不得了。有一次，我们举行手抄报比赛，喀国轩的手抄报竟然做得非常认真，我一高兴，就给他加了10分（别的同学只能加5分），并把他的手抄报贴在教室的墙壁上，在接下来的几天，他上课不但不睡觉了，而且听讲非常认真，表现也非常积极。在一次习作课上，他竟然破天荒地当堂完成了作文，尽管短小，但意思表达清楚，我就用飞信把这一喜讯告知了家长。随着时间的流逝，这件事很快就被我淡忘了。在一天下午送路队的路上，我遇见了来接喀国轩的妈妈，没想到这个在电话里语气强硬的家长，竟然拉着我的手说："李老师，喀国轩现在可喜欢你了，回家后他每次都是先写语文作业。你那天给我发的短信，我把它转发给了所有的亲戚朋友，你不知道他爷爷收到短信后有多么高兴，老人家最心疼这个孙子了，一天到晚就担心老师不喜欢这孩子，就怕他孙子在学校里受欺负，现在看到他进步这么大，我们都放心了！"就这样，手指轻轻一点，赢得了一家三代人的尊重和肯定，作为老师，还有比得到家长的肯定更幸福的事吗？

每逢节日，家长总会鼓励孩子发短信向老师致谢，这单方面的问候似乎并不平等，现在教师利用电脑上飞信的方式群发短信，回复学生，问候家长，很好地促进了家校温情互动，加深了老师与家长之间的感情。

看看家长在收到金向丽老师的节日祝福时的心情。

三八妇女节那天，我们女教师都收到了学校发给我们的短信，当时心里觉得特别温暖。于是，我灵机一动，接着将短信重新编辑成了下面的内容："各位孩子的妈妈，世界因为有女人而美丽，家庭因为有女人而温馨，孩子因为有妈妈而幸福，我因为有您的支持而更加自信！祝各位学生的妈妈节日快乐！为了孩子的学习与成长，您辛苦了！"短信发出不到5分钟，我收到了很多家长的回信，邬骁的妈妈在短信中说："李老师，收到你的短信真的很高兴，这是我过的最难忘的一个妇女节！"仲孙雅馨的妈妈这样说："李老师，为了这群淘气的孩子，最辛苦的应该是您！非常感谢您对孩子的教育！"李晓璐的妈妈说："李老师，我知道您也是一个四年级孩子的妈妈，也祝您节日快乐!”像这样的短信还有很多很多，这些事例告诉我们：教师一句暖人的话语、一个温馨的举动会温暖一个家庭很久很久。现在，我经常用飞信与家长沟通，过节了，给家长发一条祝福短信；快考试了，发一条短信，与家长交流孩子的复习情况；学校组织活动了，发一条短信，征求家长的意见……只要我们认为有必要，都与家长沟通。在家长眼里，他们收到的不仅仅是一条短信，而是一声问候、一份关爱，更是一份尊重……

（二）巧用电话，强化家校沟通

网络成为老师和家长联系的主要手段，但电话联系也是必不可少的。教师利用电话与家长联系，可以和家长拉近距离，班主任利用电话能够更好地与家长进行沟通，更加及时地反馈一些突发事件。如孩子在校生病需要家长接走，孩子在校的一些异常表现需要告知家长并做进一步的了解，抑或孩子忘记带重要通知……对于这些状况用电话联系不但直接方便，而且很多时候能够加深教师与家长的感情，密切家校关系。

（三）书信之约，同家长共成长

王泽贞老师不只是在班级内与学生进行心灵之约，她与家长之间也进行心灵之约。

家长爱心书写——产生幸福的源泉

家长的爱心书信。我们班制订了《家庭一日常规》，要求每个学生把《家庭一日常规》贴在自己的书房里，每天按照常规要求自己。

每天我都会按照《家庭一日常规》的要求布置“开放性家庭作业”。“开放性家庭作业”是指做家务或帮助家人做事情、给长辈洗衣服、洗脚、捶背等。通过这些作业，学生养成尊敬老人、爱做家务、按时作息、生活自理的好习惯和好品质。从家长们给我的充满感激的反馈信当中，我看到了这些“作业”的教育效果远远大于做几道题和空洞的说教。家长们也会把孩子在家的表现以书信的形式告知我，如怡彤的爸爸在信中这样写道：“怡彤本周在家表现很好，具体情况向您汇报，周四晚饭时妈妈上班，怡彤择菜、洗菜，承担起做饭的家务。每晚怡彤自己刷牙时，也会帮我和她妈妈把牙膏挤好，考虑得很周到。周六晚自己洗澡，不用大人陪了。周日自己洗了两双袜子，还给我洗了一双袜子。特此表扬，并感谢老师的培养。”小宇的妈妈这样写道：“鉴于小宇本周在家的良好表现特提出表扬。

小宇本周能及时完成家庭作业，并帮助家长分担部分家务。尤其是本周末作业完成得非常及时，并且不用家长跟靠。另外，本周日还去恐龙公园捡拾垃圾，表现非常突出，为绿色环保出自己的一份力。我相信，在他以后的人生中，他一定会时刻从环保的角度要求自己并影响身边的人。希望小宇在以后的学习中更积极主动，在生活中更关爱他人、社会及环境。”

（四）班级博客，拓宽沟通空间

班级博客不仅真实地记录着学生丰富多彩的生活，而且多了一条让家长了解学校的途径，拓宽了育人空间。

在班级博客中，设有留言板，目的是让家长针对平日的教育活动以及孩子出现的种种问题和老师进行探讨，也希望通过这个互动平台让家长对学校和班级教育教学工作提出意见和建议，以便学校能够及时地发现问题、解决问题，更有效、更有针对性地实施教育。

许多班级实行家长、老师、学生共同管理班级博客的模式，这样不但减轻了老师的负担，丰富了博客资源，锻炼了学生的能力，还大大增强了家长参与教育工作的积极性。

三年级（2）班史宇的妈妈在阅读了《清华生妈妈谈教育方法》后，发表评论说：“孩子考上清华大学需要一定的智力水平，但是这位妈妈的做法对于每一位妈妈都有借鉴意义，其意义不在于我们要让每个孩子都考上清华大学，而在于要每个孩子都能成长为一个独立、自强、有责任感的人，确实值得大家细读。”

（五）信息公开，提供沟通平台

从校长到所有任课老师，从教导处到德育组，从总务主任到生活教师……每年的新学期开学第一天，学校新入校的学生都会收到一张特别的联系卡，上面不仅有自己所在班级所有任课老师的联系电话，还有校长、教导处、生活教师等部门负责人的电话、QQ 和邮箱。学校提倡任课教师晚上 10 点之前尽量开机，学校领导干部 24 小时开机，极大地方便了家校之间的及时沟通。

（六）学校主页，打开另外一扇窗

学校的主页，是外界了解学校的一个很重要的窗口，因此，在学校主页上开设了“学校简介”“物资管理”“校园风景”“校务公告”“教师频道”“课改动态”“课件下载”“学生频道”“家长频道”等栏目。主要对学校的基本设施、师资力量和教育教学管理进行介绍，定期将学校开展的各种活动中学生的风采通过主页展示给家长，让家长通过网络来了解学校理念和教学动态。

网络文化缩短了地域之间的距离，改变时空之间的连线，学校、教师、家长可以十分便捷地在网上学习、交流、借鉴，虽不“面对面”却可以“心连心”，为学生幸福快乐成长搭建了桥梁。可谓妙不可言、乐在其中！

五、 互联健康的网络世界

学校在教育经费比较紧张的情况下，开动脑筋，开源节流，积极争取社会各方面支援，多方筹集资金，改善办学条件，尤其是加大了信息技术教育方面的投入，投资约40万元建起了校园网，形成了班班有电视的闭路电视系统；投资80余万元建成机器人训练室、科学探究室和动漫实验室各一个。这些设施的投入，给学校网络文化建设带来了发展，为学校教育提供了丰富的信息资源与工具。

（一）师生学会使用网络

教师只有熟练地掌握了信息操作技术，才能把传统的教学手段与现代化教学手段有效结合起来，教学质量才能更上一层楼。

1. 教师基础知识和基本技能的培训

学校成立了信息技术教育领导小组和中心教研组。自编了“网页制作入门”“电脑动画”“博客知识”等辅导材料，组织教师进行电教知识培训，做到了人人灵活掌握多媒体投影的正确使用；集中时间和精力进行有关计算机网页培训、课件制作培训。

举行人人参与的“教师个人网页制作”“信息技术与学科教学整合课例”“博客论坛”等五项内容大赛，打印网页、主题资源网站建设、资源库建设、常规电教知识、微机、多媒体的基本操作使用方法等分发到广大专任教师手中，便于他们随时随地学习。这些内容的考核成绩纳入教师年度考核量化，从而激发全体教师自我加压、勤奋学习的热情。

2. 培养学生自主学习的操作程序

以多媒体网络、课件为教学信息整合的主要工具和载体，学校充分开发和优化课业环境资源，依据教学目标控制、情景教学、学生主动参与、发展学生能力、高效减负的原则，按照“情境激趣—重点内容分析—利用课件或网络品读—计算机辅助指导理解—扩展自主学习”的基本教学思路，结合学科教学实际，形成具体的课堂教学程序：“自学（网上搜集）—自学质疑—探索（合作学习）—组际交流（深化）—全班沟通（巩固）—过程评价（归结）”六步主题探究式教学模式。该模式的实施，让学生在教师的引导下学会合理使用网络资源。

3. 以活动为载体开展研究性学习

除抓好课堂主阵地外，学校以活动为载体，积极开展研究性学习活动，为学生获得更丰富的知识信息、独立自主地学习和探索提供了广阔的天地。

在坚持正常的计算机教学的基础上，三、四、五年级各成立一个机器人兴趣活动小组，参加兴趣小组的学生先后获得第四届潍坊市“启迪杯”中小学机器人大赛足球冠军及第四届潍坊市“启迪杯”中小学机器人大赛优秀组织奖、山东省第三届青少年2006年机器人比赛小学组足球小场地冠军、小学组足球大场地亚军、山东省2006年“世纪杯”第三届中小学电脑机器人大赛小学组足球亚军、第六届中国青少年机器人竞赛小学组足球（小场地）一等奖。

学校充分利用动漫实验室，开展了动漫教学，初级班训练学生用电脑绘画和利用flash创作动画并进行简单编辑，高级班学生通过分析不同的动画案例，理解动画的原理，并进行创作。迄今，已有5位师生的动漫绘画获得国家级奖项。

（二）学生要正确上网

网络的兴起，为学生了解社会、接触社会提供了便利，能够使学生放眼世界，为他们开拓了一个无限的求知空间。但是，网络是积极和消极两面共存的。青少年“网络成瘾，为网废学”的现象常有发生，青少年受网络侵害的案件不断见诸报端，因此，引导青少年形成健康的网络意识，已成为刻不容缓的大事。为了能够给学生营造一个健康的上网环境，学校从以下几方面做了引导：

1. 引导学生正确认识网络，让网络为我所用

为了让学生能够正确利用网络、远离网络危害，学校建起了“三位一体”的网络防火墙。

(1) 学校防火墙：信息技术课上，教师讲解使用计算机和上网的基本操作，教给学生正确上网的方法。教师将网络素养教育加入到授课内容中，传授给学生网络知识，消除学生对网络的神秘感。同时告诉学生一些健康上网和保护自己的常识，让学生知道：网络功能是强大的，可以为我们开拓求知求学的广阔空间，通过网络我们可以搜集身边的信息来了解社会、接触社会，放眼世界，最大程度地满足了我们对各种知识的需求。网络的开放性、交互性、实时性，又为我们提供了方便快捷的社会交往机会。在网际交往过程中，我们打开了与世界沟通的窗户，逐渐形成一种独立意识、开放意识、全球意识，为成长和发展打下一个良好的社会基础。教育的网络化、现代化也为我们提供了崭新的教育平台，由于信息的快速传播，我们可以方便快捷地获取知识、学习技能，提高学习能力。而网络又是可怕的。部分小学生深陷网络中，上网占用了他们学习、休息的时间，以至于在日常生活中，他们也常常想着上网，造成了精神不集中等情况，不仅影响了学业，而且对心理健康也有一定的危害。

学校定期举行健康上网引导活动。小学生利用网络最多的就是查找资料，但有时这些资料良莠不齐，对于他们来说，怎么样进行有效的筛选成了需要解决的难题。班主任协同各科教师一起，举例子、树榜样，让学生知道哪些资料可以用、哪些资料可以摘选、哪些资料不可以抄袭。另外，学校还引导学生利用网络关注身边大事，要求每个班级每天下午放学前 5 分钟，教师引导学生在网络上关注每天的一件大事，并谈谈感受。

电影对挖掘学生潜能、积累信息、调节情绪、转变学习态度和提高思想品德素养与思维能力等多方面起着积极的作用，为此，学校开设了电影课程，从故事片、纪录片和动画片中，分别为不同年级筛选出适合的电影，供学生观看，将学生的注意力引向健康的一面。

2013 年清明节到来之际，学校开展了以“缅革命先烈、树低碳理念”为主题的祭奠英烈活动，主要活动方式是网上祭英烈。学校利用计算机室、乡村少年宫及家庭电脑，组织学生积极参加由中国文明网主办的“网上祭先烈”互动平台，进行网上祭奠、发表祭奠感言，积极推广倡导文明祭奠方式。点击祭奠平台，鲜花和留言就定格在屏幕上，借助现代网络寄托“绿色”思念。活动中，同学们怀着对烈士无限敬仰的心情在网上献花、默哀、留言，寄托对先烈深切的哀思和崇高的敬仰。学生表示，虽然没有直接去烈士陵园，但能在网上祭奠革命先烈，不但可以给英雄烈士们献花和留言，还可以从中认识更多的革命先烈，进一步了解他们的英雄事迹，更好地学习革命先烈们的爱国精神，同样意义重大。

下面是学校开展绿色上网活动中的学生感言：

绿色上网　健康成长

六年级（2）班　苏越

21世纪是网络的世纪，在这个网络时代里，电脑让我们可以了解更多的知识。可任何事物都有两面性，不恰当地使用网络也会给我们的生活带来困扰，所以，我们要绿色上网、健康上网。

使用电脑有数不胜数的好处：它似乎把庞大的地球缩小了，我们生活的地球就像一个“地球村”，这样，虽然朋友远在天涯，却让人感到近在咫尺。通过上网，我们可以了解各种知识、各类信息，我们可以在电脑上读新闻、听音乐、看电影；可以上网查资料，向国内外专家请教；可以在家里上班、开会，甚至可以足不出户逛“网上商场”，用“电子钱包”付款，让商店把东西送到家中；有时还可以玩游戏放松心情……

可以说，有了这张“网”，我们的生活更加快捷方便、丰富多彩。可大家可曾想过上网的坏处？上网会使有些人入迷，甚至荒废学业，有些人不绿色上网，如浏览黄色、暴力网站；上网还可能传播计算机病毒等破坏性的程序；上网还可能使人沉迷于虚拟时空，令人难以自拔；上网还会导致视力下降。网上交友有时也是不可靠的，如果交友不慎，就会步入“陷阱”。

网络不是一方净土。垃圾信息、暴力游戏、黄色陷阱等往往会使我们走上犯罪的道路，所以，国家颁布了《中华人民共和国青少年网络文明公约》，公约内容如下：要善于网上学习，不浏览不良信息；要诚实友好交流，不侮辱欺诈他人；要增强自护意识，不随意约会网友；要维护网络安全，不破坏网络秩序；要有益身心健康，不沉溺于虚拟时空。

但在生活中，还是有不少这样的例子：

有一个小学生，家长给他买了台电脑，他便经常玩游戏，晚上趁家长睡着后，又爬起来玩游戏，所以，白天他不是想着晚上玩的游戏，就是趴在桌子上呼呼大睡，很快，他的成绩直线下降，由班上前五名变成了倒数第三名。

有个16岁少年，将同学连砍3刀致死，当警察问他为什么要砍同学时，他说：“游戏中就是这样的，砍死了一会儿还能站起来。”可见，正是玩暴力游戏而影响了他人格的正常发展，使人产生暴力倾向。

绿色上网，健康成长。使用网络虽然有好处，但对我们也是有危害的，所以，我们更应该从保护自己做起，健康上网，真正做到绿色上网。

沉迷于网络对我们带来的伤害实在太大了，所以，我提出以下建议：

1. 上网时要提高辨别是非的能力，以免受到不良信息、游戏的干扰；

2. 上网前先定好时间，到时间就要停止；

3. 上网一段时间要休息一会儿，放松眼睛；

4. 不要因为上网而影响学业；

5. 不要看或玩不健康的网站和游戏；

6. 要遵守国家法律法规，不散布不健康的信息；

7. 在网上与他人交流时，要使用文明友好语言，不能使用粗言秽语。

（2）家庭防火墙：只有家长掌握了现代社会信息交流的工具，提高了网络知识水平，才能增强家长与孩子之间的了解，从而更好地、更直接地指导孩子上网，加强对孩子上网的监督。学校利用网络给家长授课，让家长了解网络信息，了解网络文化的弊与利，了解孩子对待网络的态度，回家后有针对性地指导孩子上网学习。另外，家长要成为孩子的榜样。家长是孩子的模仿对象，作为家长必须正确上网。一个整天沉迷于网络游戏中的家长，孩子必然会去模仿。因此，家长必须规范自己的网络行为，提升自己的网络文化素质，用网络文明提升自己的言行，让网络正能量在自己身上闪烁，只有这样，孩子才会在耳濡目染中正确上网，发现并利用好网络，自觉抵制网络负能量。

（3）社会防火墙：学校组织社会力量，邀请专家来校广泛宣传积极文明的网络文化，利用媒体的力量呼吁全社会积极建设健康的网络道德，严格规范文化市场，净化网吧环境，优化网络资源，形成贯穿各个层级、覆盖各个领域的强大合力，为学生提供丰富、健康、益智的信息空间。

2. 教师成为学生上网的指导者

如今的小学生谈论更多的是上什么网站、玩什么网络游戏、和谁网上聊天等等，“版主”“灌水”等一系列网络名词也走进了学生的生活之中。如果教师是网盲的话，就会游离于学生的世界，和学生之间有了代沟，也就不会了解学生上网到底是为了什么。为此，学校每年会利用暑假培训班期间，对所有的教师进行网络知识培训，让他们了解网络信息、学习使用网络查找资料的方法以及杜绝网络犯罪的一些常识，从而成为学生上网的有力指导者。

学校电教小组定期组织教师进行电教知识培训。组织教师大练教学基本功，做到人人灵活掌握好“五机一幕”的使用方法和多媒体投影的正确使用方法。

3. **向学生推荐优秀网站**

对于刚刚学会上网的学生和家长来说，学生上网最初带有盲目性，所以我们向学生推荐一些健康、文明、有趣的适合少年儿童进入的网站，如“中华少儿网”，是国家青少年上网工程少儿网站，包括少儿科普、少儿故事、在线漫画、少儿小说阅读、少儿笑话、脑筋急转弯等内容，还有“中国少年雏鹰网”“中国小学生网”“少先队小干部网”“小学教育网”“春苗网”等，这些网站都为学生提供了很好的学习空间。同时鼓励学生利用教育网站寻找资源，进行自主学习，如引导学生利用网站进行课程预习、查找相关资料、进行网上阅读等等。

4. **开发聊天功能，发挥学生的主体能动作用**

学校在学生和学生之间、教师和学生之间建立了班级 QQ 群。在群里，师生或生生之间可以用真名、网名进行沟通，讨论学习上的问题，交流思想上的看法，提出自己的观点，通过充分的研讨，达到求同存异之效；可以对学校工作进行讨论，指出存在的不足，提出好的建议。这样既缩短了老师与学生间的距离，又增进了师生间的感情。

教师和学生建立个人主页，开通个人博客，师生在自己的博客和网页上，晒自己的活动图片、晒自己的思想、晒自己的生活，彼此留言，彼此交流，其乐融融。

5. **适度设防，引导学生正确上网**

为了让家长更好地配合学校的工作，引导孩子在家正确上网，学校利用家长会针对学生上网给家长提出一些建议和方法指导。

网络已经成为现代社会必不可少的信息交流工具，没必要谈“网”色变，如果孩子要上网，家长要给他充分的权利，消除他对网络的神秘感。小学生好奇心强，求知欲望高，自控能力差，面对游戏和花花绿绿的虚拟世界，常常缺乏冷静和客观的态度，家长对沉迷于网络不能自拔的学生，一定要强加管制。另外，学校指导家长通过安装一些软件以能掌控孩子的上网时间，了解孩子的上网内容，杜绝孩子浏览不健康网站。对于一些已经开始迷恋网络的孩子，学校会让家长配合学校的心理咨询教师，对学生进行一些心理辅导，让家长带着孩子旅游、阅读、体育锻炼，多抽出一些时间陪孩子，培养孩子的业余爱好和高尚的道德情操，转移孩子对网络的着迷。

节假日期间，学校以书信的形式，告知家长引导学生正确上网的内容，配合学校教育工作。告诉学生认真完成家庭作业后才能上网，并对学生上网的时间和内容做出明确的规定，让学生以记录表的形式自行监督，并由家长签字，开学后带回学校。教师在放假期间，也会用飞信和家长沟通或进行家访，帮助家长解决一些困难学生的教育问题。

电脑及网络对青少年来说，是一把双刃剑，关键是看我们如何抑弊扬利、趋利避害，这对家庭、学校、社会都是一个不容回避的现实问题。我们应认真面对小学生对待网络的态度，认真研究他们的网络行为，从多方面入手，帮助他们树立正确的网络观念，规范他们的道德行为，为他们创造广泛的社会实践活动机会，使他们在更加健康的网络天空中翱翔。

附　录

让生命在幸福快乐中绽放

山东省诸城市实验小学坐落在恐龙之乡、舜帝故里，是山东省首批规范化学校、教学示范学校。近几年，在谢建伟校长的引领下，学校以“幸福快乐教育”为办学理念，构建了精神文化、环境文化、制度文化、课程文化、行为文化、网络文化六大文化体系，为每位师生的成长和幸福奠基，打造了学校发展的核心竞争力。2013 年 3 月 30～31 日，全国小学学校文化建设和特色办学现场会在学校成功举办，学校的“幸福快乐教育”受到了各级领导及与会代表的高度赞赏。2013 年 4 月 18～19 日，山东省小学习作教学优秀成果观摩研讨会议在该校召开，该校的主题习作及课程开发的典型做法又一次引起了关注。会上，陶继新先生应邀作了《近“道”写作，开启审美人生之门》的专题报告。会后，陶继新先生和谢建伟校长围绕学校的“幸福快乐教育”进行了一次对话，现将部分内容刊载如下。

幸福快乐——教育最高境界

谢建伟：苏霍姆林斯基曾说过，理想的教育是培养真正的人，让每一个受教育的人都能幸福地度过一生，这也是教育追求的恒久性、终极性价值。从这一终极价值入手，我们确立并倡导实施了“幸福快乐教育”，为每一位孩子的成长和幸福奠基。所谓幸福快乐教育，就是在教育的过程中，教师能感受到育人的幸福和美好的期待，学生能享受到学习的乐趣并得到幸福的体验。幸福快乐教育不仅要给予学生快乐的校园生活，还要为他们今后的幸福人生奠定基础。

陶继新：衡量一所学校的教育教学水平，尽管与考试分数有关，但是，更重要的是师生的幸福指数。幸福指数的高低，更多地体现在精神与心灵层面。所以，要想让师生幸福，就要让他们精神成长与心理快乐。教师有了幸福的感觉，才会在日常工作中将这种幸福的心境传递给学生；学生有了幸福的心境，不但会提高学习的效率，更能形成健康的心智。从这个意义上说，你们实施的“幸福快乐教育”，不但有益于师生的当下，也会对他们的未来发展产生深远的影响。

谢建伟：所以，我们从宏观上把握住幸福快乐的核心理念，并将其融于全面、系统、持续的文化建设中，一切便会自然而然。学校先后打造了六大文化体系：精神文化、环境文化、制度文化、课程文化、行为文化、网络文化。2013年3月底，全国小学学校文化建设与特色办学现场会议在学校召开，学校的“幸福快乐”学校文化建设受到了各级领导及与会代表的高度赞赏，学校被评为全国文化名校。“幸福快乐教育”作为学校的品牌，已深入人心，成为师生追求的目标。

陶继新：所谓文化，简而言之，就是以文“化”人。你们之所以构建六大文化体系，就是希望从不同的层面慢慢地去“化”人。让教师更有思想人格，更有学术水平；让学生身心健康，养成良好的习惯。文化有着巨大的能量，可以这样说，文化建设，当是学校发展的魂兮所系。有了学校文化之“化”，“幸福快乐教育”就不会只是一个理念，而变成一种令人欣慰的现实。

特色课程——拓宽教育天地

谢建伟：学校将幸福快乐作为课程改革的起点，确定了基本的思路——整合三级课程资源，实施三级建模，积极构建校本课程体系，尽最大限度地满足学生的发展需要，让学生幸福快乐地成长。校本课程可以补充、丰富国家课程，促进学生的个性发展。我们依据学校实际和学生的学习经验，构建了学科实践、文明礼仪、书法艺术、社团活动、重大节日、地方特色等10大课程体系。例如，地方特色课程是学校依据诸城地域特色而构建的，诸城自古钟灵毓秀，人才辈出，是恐龙之乡、舜帝故里，有着厚重的历史积淀和传统文化。我们从地方特色出发，开发了校本课程，包括虞舜文化、恐龙文化、超然文化三大部分，让学生深入、系统地了解家乡文化，汲取先人智慧。

陶继新：丰富的校本课程，不但可以让学生从中获取知识的营养，也会让他们体验到实践的收获与快乐，最终升华成热爱家乡的美好情操。诸城是文化名城，有着丰富的文化遗产，这为构建富有地方特色的校本课程提供了可能。你们有天时地利之便，又有人和之美，所以，构建校本课程就有了丰厚的内涵。在教师的引领下，学生“学而时习之”，自然也就有了别样的收获。

谢建伟：虞舜文化是我国原始社会发展到鼎盛时期文明的综合代表，

是远古社会人类明德的集大成者。太史公在《五帝本纪》中言："天下明德皆自虞帝始。"后来在《史记卷三十七·卫康叔世家第七》中说："舜之德可谓至矣。"舜的"忠、孝、礼、仁、智、爱"等优秀品德，对后世产生了巨大的影响。我们充分发挥舜帝故里的地域优势，开发和实施以"虞舜文化"为特色的系列校本课程，纳入课程管理。

陶继新：是啊！舜"德为圣人，尊为天子，富有四海之内，宗庙飨之，子孙保之"，虽历经千年，依然英名长在。他向人们昭示一个真理："大德者必受命。"你们在开发这种课程的时候，教师和学生就会感到，人之为人，当以立德为本，本立才能道生。这样的校本课程，因与诸城有关，会让学生有"接地气"的感觉，学习的时候，更容易进入状态，比如，舜的"好问而好察迩言，隐恶而扬善"的品质，以及大孝的美德，直到今天，仍然有着巨大的意义与价值。

谢建伟：基于这种考虑，我们按年级、分项目，使虞舜文化课程主题化、系列化。一年级重在"忠"，二年级重在"孝"，三年级重在"礼"，四年级重在"仁"，五年级重在"智"，六年级重在"爱"。我们开展虞舜文化的探究学习活动，利用节假日，让学生通过各种方式搜集整理虞舜故事；每年的四月被确立为"感恩教育月"，弘扬孝道，崇尚感恩；成立了以虞舜文化为主体的各类社团，带领学生深入社区，传播虞舜文化，带动社区居民了解虞舜的"孝道、感恩"故事，受到了群众的一致好评，促进了家庭稳定与社区和谐。

陶继新："忠"的重要内涵，是做任何事情，都要尽其力，当然，也有对人不能虚假应付，而应真诚相待的意思。"孝"似乎有点"落伍"，其实不然，现在没有孝敬之心的人比比皆是。如果连自己的父母都不孝的话，未来对老人、对上级，就不可能尊敬。是否有"礼"，当是衡量一个人有无文明修养的重要标尺。社会越是发达，就越是重视礼仪。孔子之所以主张"依于仁"，是因为"仁"更多地归依于内心，它是一种美好的情感，更是一种高尚的品质。"智"是超越知识的，而且是只有"好学"才能"近乎智"。正是因为有了智慧，才能"不惑"，才能如孔子所言："智者乐。"爱是教育的真谛，没有爱，就没有教育。舜是大爱之人，他爱对自己不好的父亲、继母和弟弟，也爱普天下的众生。这种大爱之心，当是最高之德。从小让学生学习这种品质，才能更好地为生命成长奠基。

谢建伟：超然台，是苏东坡任密州知州时居住、会友、喝茶、聊天、饮酒、观景、赏月的地方，历代文人名士在此留下了诸多佳篇名句，千古流芳的《水调歌头·明月几时有》便出自于此。为深入了解和挖掘超然文化，培养学生的儒雅风范，我们组织编写了校本课程——《超然诗词》《超然故事》。开展“诵东坡诗词，讲东坡故事，学东坡精神”活动，在超然台举办“超然诗词朗诵会”“中秋文化节”等活动，从充满哲理的人生故事和豪放的诗词中汲取营养，让学生们成为有品位的经典中国人。

陶继新：苏东坡是一位儒、释、道三家兼济的文人，他在仕时的为民做事、与失意时的达观精神，都值得我们学习。我甚至认为，他是中国乐观文化的代表性人物，是中国古代经典文化的一个符号。诸城有幸，曾是苏东坡就任知州时的地方。真是人杰地灵也。你们通过校本教材，让学生领略这位旷世奇才的豁达、仁智与乐观，会让学生以他为学习的榜样，做一个既有益于社会，又一生豁达的人。

谢建伟：诸城是世界著名的恐龙化石宝库，全市目前已发现30多处恐龙化石点，世界上最大的鸭嘴龙化石就出土并陈列于此，被誉为中国北方的“恐龙之乡”。学校围绕“知龙乡”“品龙城”“做龙人”三大主题进行实践活动。

知龙乡。通过开展了解龙乡概况、搜集龙乡传说、探求龙乡之最、发现龙乡奇观等一系列实践活动，向学生普及恐龙科普知识。

品龙城。把了解家乡恐龙拓展到了解家乡之美，通过开展品龙城习俗、品龙城曲艺、品龙城歌谣、品龙城古迹、品龙城特产、品龙城游艺、品龙城名人、品龙城发展“八品”活动，让更多的学生发现和体验家乡之美，从而激发学生热爱家乡、建设家乡而努力学习的志向。

做龙人。结合上述活动，给学生创造展示自我的舞台，让学生融进家乡发展。到龙骨涧参观、宣传、做小导游；成立“龙”文化广播站，宣传龙城文化；设计龙文化（龙校、龙乡、龙城）图标；举办“最美龙城”摄影展；到社区服务，参与社区公益活动等等，让学生成为真正的龙乡人。

陶继新：我游览过诸城恐龙博物馆，为其神奇、大气而惊叹。开发这样的校本课程，是诸城人的骄傲，也是孩子们的最爱，他们在学习这样的课程时，一定会很感兴趣。而学生做小导游时，他们会更加深入地研究恐龙文化，就会更加爱上这一课程，并自然而然地有了对家乡热爱的情怀。于是，远古的恐龙就与现代的学生有了一种内在的链接。只有爱，才能学得更好；而不断的研究，让学生增长知识的同时，也会让他们有越来越浓的兴趣。“知之者不如好之者，好之者不如乐之者。”当学生对学习与研究课程乐此不疲时，学习效率也就高了，质量也就好了。而这种良好的学习品质，还可以迁移到其他方面的学习中，从而提升他们整体学习的品质。

魅力书法——追求完美人生

谢建伟：书法是中国文化的标志、中华文明的精髓。新课标中也有这样的目标概述："认识中华文化的丰厚博大，汲取民族文化智慧。关心当代文化生活，尊重多样文化，吸收人类优秀文化的营养，提高文化品位。"从某种意义上说，写字是小学语文的半壁江山，是语文教育的应有之义。只有抓好写字教学，才能抓住小学语文教学的根本，使语文教育正本清源、返璞归真。

从另一个方面说，人能写字，反过来字也能"写"人。要想把字写好，就得全神贯注、凝神静气，仔细观察字形结构，不仅需要揣摩笔画的呼应、避让、穿插等，还要脑、眼、手并用，准确控制运笔的轻重缓急。久而久之，学生将字写正确、结构比例恰当，达到整齐、清楚、美观的要求后，便形成了认真细心的学习态度及良好的意志品格。

陶继新：目前，大学生写起字来龙飞凤舞甚至自己写的字都不认识者已经不是少数，可是，这种"飞舞"的背后，也让他们的心灵喧嚣起来了。没有了定性，没有了耐心，做其他事情的时候，也会如此。而这一问题的形成，追溯起来，有些也与小学没有好好地练字有关。因为练字也是在练人。人们常说："文如其人。"其实，我们也可以说："字如其人。"即您所说的人能写字，字也能"写"人。写一手好字，不但给人一种外在美，还会让人在心理上产生愉悦感。而且，写字的过程，也是修炼心性的过程。

谢建伟：所以，我们秉承把写字作为重中之重的优良传统，在全体师生中营造了"规规矩矩写字，堂堂正正做人"的书法教育氛围，走出了一条"书法立人"的特色发展之路。学校从环境设置、课时开设、师资队伍、课程编写、名师指导、课外活动、课题研究等方面做了全方位落实。国家教育行政学院副院长牛文起来学校调研，高度评价我们学校"有灵气"，整个学校就是一本"活的教科书"。

陶继新：上次去你们学校采访的时候，为你们师生写得那么好的书法作品而感叹，它让我想到了："冰冻三尺，非一日之寒也。"其实，做任何事情都一样，不付出努力，都是不可能有好的收获的。同时，这也让大家明白一个道理：没有做不好的事情，关键是有没有恒心、有没有志向。看来，学生收获的还不只是写好了字，还体悟到了生命的哲理。当一个又一个的学生都在坚持不懈练字的时候，也自然而然地影响到其他学生，从而让更多的学生也有了这种品质。此之谓人能改变环境也。同理，环境也在改变人，当越来越多的学生有了这种写字状态时，又反过来激励大家更加认真地练字、更加认真地做人。可以说，这已经成了一种奠基人生的教育，也成了你们学校一道绚丽的文化风景。

谢建伟：我们开发了系列软硬笔校本课程《书法艺术伴我成长》，提出了“教师人人都是书法指导者，师生动笔即是书法练习”的口号，充分利用校内有书法专长的教师担任专（兼）职写字课教学。聘请了中国美术家协会理事、中国孔子国际书画研究院秘书长姚乐光先生等6位省市乃至全国知名书画家为书法教育顾问，聘请了诸城市书法家协会主席高金新等8位老师为校外辅导员，加强师资培训与学生课外辅导。我们努力做到“面向全体，三字并举”。面向全体，指的是让每个学生都能得到写字方面良好训练。“三字并举”，是指小学低、中、高年级分别重点抓好铅笔字和钢笔字以及毛笔字的书写。

陶继新：“教师人人都是书法指导者”是一个高要求，又有其道理。要想让学生写出好字来，教师就要率先垂范。况且，教师把字写好了，也就等于为自己积蓄了一笔做一名好教师的资本，且为学生树立一个好的榜样。聘请那么多知名人士担任专（兼）职写字课教师，当是师生写字水平快速提升的一个重要因素。俗话说：“名师出高徒。”没有名师的指导，学生即使下了很大的功夫，也有可能写不太好。因为写字除了修内功之外，同样也需要技巧。而且，教师不但有写好字的技术，也有写好字的经历与感受，这也会在教学中传递给师生，让大家少走弯路，有的还会因其精神激励而形成一种正能量，让写字成为锻造品质的有效载体。

谢建伟：每年五月份是学校的书法艺术节，我们举办“书法笔会”“讲书法故事”“演书法小品”“赏书法作品”等丰富多彩的活动。设立书法课堂开放日，邀请专家、领导和家长走进课堂，和学生一起上书法课，参观教师、学生的书法作品并进行现场展示。学校承担了教育部重点课题“非物质文化遗产校园传承研究”子课题“书法教育校园传承研究”。在第四届星光校园“全国中小学音乐舞蹈优秀获奖作品会演”中，学校有18名学生参加，其中的书法作品也全部获得金奖，学校因此被授予“全国青少年艺术人才培训基地”。

陶继新：有了成果便期待展示，这是一般人的共同心理，学生尤其需要这种展示的舞台。正是在这种展示中，他们的作品得到了更多人的欣赏与称赞。这在无形之中会在学生的心理积淀下一笔自信的精神资本。他们有了自信之后，不但会更加认真地练字，将字写得更好，而且还会将这种自信迁移到学习其他课程中，从而增强学习的兴趣，特别是增强学好的信心。当更多的学生形成一种自信心后，还会在整个学校里、班级里形成一种自信的场域，身处其中的学生，也都会被这种自信情绪所感染，于是，越来越多的学生也就有了自信。一个自信的团体，是不可能不快速成长的，也是不可能不取得骄人成绩的。

走班社团——开启能力天窗

谢建伟：为丰富校园文化生活、适应学生个性发展的兴趣和需求，我们实行了"走班社团"教学。首先，向广大家长、学生及教师分别发放了调查问卷，就学习内容和活动方式，多方听取意见。然后，在充分尊重学生意愿的基础上，开设了内容与形式丰富多彩的60多个活动社团，既有传统的合唱、书法社团，又有体现特色的电声乐队、轮滑社团；既有动手操作的电脑绘画、剪纸社团，又有锻炼口语的美文诵读、小记者团；既有富有激情和活力的篮球社团，又有展现优美身姿的舞蹈社团……学生自愿申报，也可根据自己兴趣和学习情况进行二次"走班"。

为展示活动效果，学校积极为学生搭建舞台，定期举办"走班"教学成果展评活动。成立了集知识性、探究性、实践性、活动性等功能于一体的主题活动场所"四院"：少年书画院、少年文学院、少年科学院、少年健体院，成为各项活动的主阵地。设立学生素质发展"四节"：四月——体育节，五月——艺术节，十月——科技节，十一月——读书节。每一个节日都设计安排一系列内容丰富多彩的主题活动，学生人人参与展示，人人体验成功的快乐。

陶继新：在小学进行"走班社团"教学，比诸中学，会有一定的难度，可是，你们却探索出了一条行之有效的路径。其他学校之所以不敢迈出这一步的原因尽管很多，而其中一条重要的原因，就是不能真正相信学生。其实，有很多时候，我们小看了学生的能力，他们有自我选择的能力，也能在这种选择中乐其所学、取其所得。由于是自己选择的喜爱的社团、自己爱好的项目，所以，在这里活动时，学生的心灵是自由的，才智也得到了充分的发挥。学校又为其提供展示才能的机会，就更让他们有了参与社团的积极性。当学生的快乐心境与才能的发挥和谐为一的时候，多能产生很好的效果。您前面所说的快乐幸福，也就真真正正地实现了。

在社团里，学生还锻炼了自己的组织能力与合作意识。组建一个社团，固然要有教师的指导，有时还需要家长的参与，可是，当社团越办越好的时候，教师就要放手，就要更多地让学生自己说了算。不管是社团的组建，还是社团的内部管理，都要由学生来决定，久而久之，学生就具备了社团管理能力。同时，由于是自由组合，有的时候社团还可能出现人员流动的现象，所以，人与人之间的相处，则成为一门不小的学问。这在有意无意间，培养了学生的合作意识，如果学生没有好的合作意识，就不可能在其所在的社团里存在与发展。在幼年时期形成的管理能力以及合作精神，还会为未来走向社会奠定一定的发展基础。所谓的“面向未来”的教育，就在这种社团教学中实现了。

谢建伟：指导教师是各活动团队的核心和关键。学校首先利用好校内关心学生个性成长、具备相当专长的教师，其次是广泛挖掘社会上的专业人才担任团队辅导员。目前，共有90余名校内教师成为各活动团队的指导教师，其中外聘10名。要求指导教师针对调查中学生个体需求和团队性质，知识性和趣味性并重，艺术性和操作性兼顾，以活动为核心，以实践作支撑，制订活动方案，开发活动课程。学校“走班制”活动课程领导小组层层把关、审核，形成了系列化、特色化、有一定深度和广度的校本活动课程。在活动中，老师们从严、从细、从实训练，做好每一次的活动记录，确保每一次的活动效率。

陶继新：大一统的课程，自然有其合理的一面，可是，如果所有的课程或者绝大多数的课程都是固定的，有些学生的个性就很难得到张扬。尽管我们说学生是学校的主人，可是，在很大程度上，他们是学校的弱势群体，他们没有选择老师的权利，也没有主宰自己学其所好的权利，长此以往，就埋没了一些学生的创造性思维，以至于让他们对于这种固化的教育有了思维上的认同。其实，任何好的教育，需要共性，也需要个性，需要统一的教材，也需要个性化的教材，有教师说了算的事，也应当有学生说了算的事。你们的走班教学，让我们看到了一线曙光。

“草根”教研——小课题大智慧

谢建伟：我们知道，只有幸福的老师才能培育出幸福的学生。想让教师体验到职业生活的幸福，就必须从促进教师专业发展入手。教师的发展是一种自主的发展、一种内在的发展；教师发展的土壤，就是自己的日常教学实践；教师发展的条件，就是对“自己的日常教学实践”有一种洞察与思考，就是有很强的问题意识；而教师课题研究的范式，当然也就是基于自己实际教学问题解决的“小课题研究”。

陶继新：“小课题研究”是一种草根性的研究，有着极强的生命力。

正是因为草根，才有其生长发展的根基。因为教师在平时的教学中，会经常遇到这样那样的问题，而小课题研究，恰恰是解决这些问题的有效形式。老师们通过研究这些问题、解决这些问题，才能有效地提高教学效率。在这种研究的过程中，老师们的研究意识与课题意识增强了，自然而然地，教学的水平也就“水涨船高”了。这会给教师一种很大的自信，让他们感到，所谓的课题研究，并不是那么遥远，也不是那么神秘，而是就在自己身边，自己或与同事一起研究就可以解决。当教师从这种研究与发展中体验到幸福的时候，所谓的教师职业倦怠也就烟消云散了。

谢建伟：我们的教学工作每天都要面临大量的问题，到底选什么样的课题进行研究呢？我送给老师三把钥匙——“近”“实”“小”。“近”就是贴近教育，贴近现实，贴近学科学习背景。“实”就是实在，课题实实在在，研究实实在在，结论实实在在。“小”就是切口小，从小事、小现象、小问题入手，对小主题，深探究。在这一原则的指导下，老师们根据自身实际，选取了自己的小课题研究题目，人人申报市级或校级课题。

陶继新：您送给老师们的三把钥匙非常好。不贴近学科学习背景，即使理论再高深，也不能起到好的效果。任何人的理论研究，如果没有了实践研究，脱离了“地气”，都不可能成功。相反，结合教育教学实际，解决实际问题，却可以提高研究的能力。尽管问题不一定大，可是，它与教育教学紧密联系在一起。其实，很多大问题，也是由小问题积聚起来的。老子说：“天下难事，必做于易；天下大事，必做于细。”易的问题解决了，难的问题也多能解决；小的问题解决了，大的问题也多能解决。

谢建伟：近年来，学校坚持以“学校为主导，教师为主体”，让“大课题搭台，小课题唱戏”，强力推进小课题研究实践活动。

学校的主导作用体现在制度导向和业务引领两个方面。制度导向就是建立一整套能够较好地激活学校课题研究活动的管理机制，使小课题研究的各个环节有据可依、有据可循。业务引领就是为教师提供小课题研究知识的指导与服务。我们成立了学术指导委员会，通过讲座和培训等向教师传授如选题方法、反思技术、“问题台账”建设、研究报告的撰写等方面的知识。采取典型带动的战略，推广部分教师较成熟的做法，邀请省级专家亲临指导、点评、鉴定，促进了小课题研究的整体提高。

陶继新：学校的主导作用非常重要，领导关注什么，教师多会关注什么。你们学校领导关注教育教学研究，教师也就自然关注教育教学研究。教师看清了方向，有了目标，有了学校的支持，研究自然也就有了成果。

其实，开始的时候，对于课题研究，不少教师是心有余悸的。可是，你们的典型带动战略，则让一部分老师的大胆尝试取得了成功，更让大多数老师感到自己的研究不至于败走麦城。当更多教师的小课题研究出了成果且得到领导肯定的时候，整个研究氛围也就形成了。而这种研究的持续高涨，必然带来教学水平的提升，而最为受益的，则是学生。

谢建伟：学校在规划与引导教师开展课题研究时，让“大课题搭台，小课题唱戏”，大小联动，上承下接，整体推进，较好地实现了学校课题研究工作和谐、有序、高效开展。2011年申请立项了省级课题“小学生责任心的培养与研究”，在随后几年的课题研究中，不少教师在这一大课题的引领下确立了与之相关的小课题，均收到了很好的研究实效，为大课题的研究提供了动力。以这样的课题研究为抓手，将一批骨干教师团结在一起，共同学习，共同研究，共同提高，这样聚合一批人，带动一批人，培养一批人，推出一批人，有效推动了学校名师团队的建设。

陶继新：好的学校一定是教师持续发展的精神领地，因为只有教师发展了，学生才能更好地成长，只有师生发展了，学校才能成为真正意义上的名校。而要想让教师群体发展，就要为其创造一个群体发展的平台。用课题研究凝聚教师，当是一种很好的方法。每一个教师都有发展的需求，也有发展的潜力，你们不但满足了教师的发展需求，而且想方设法为他们的发展搭建平台，所以，老师们才有了群体发展的积极性。而当绝大多数老师都想发展的时候，学校也就形成了一种正能量，也就会蒸蒸日上。

谢建伟：小课题研究让老师体味到“眼前一亮”“心头一喜”的愉悦，因此越来越受老师们的欢迎。它不仅让老师们有了脚踏实地的情怀，更有了仰望星空的视野，引领教师走上了幸福发展的研究道路，有效地促进了教师的专业成长和教育教学改革。小课题研究也成为学校教育教学工作的一个新亮点，42项小课题研究成果被诸城市教科所作为样板在全市进行了推介。

陶继新：出现这种形式多样、风格丰盈的结果是必然的。因为教师在这种研究中有了成功的喜悦，有了一个做优秀教师的快乐。而研究的成果被推介，也是水到渠成的事情。其实，这种推介还不止于诸城市，还会向更大范围内延伸。这是对老师们的更大的鼓舞，也正是在这种鼓舞下，他们也会步入“更上一层楼”的境界。

江苏教育出版社
《行知工程》系列丛书目录

系列	序号	书　　名	主编	定价
教育探索者系列	1	《让每个学生都幸福——最能润泽生命的学校文化建设》	谢建伟　张新喜	30.00
高效能教学系列	2	《让作文落地生根——提高写作实效的教学策略》	黄桂林	30.00
	3	《高效能作文教学5项修炼》	陈步华	30.00
	4	《高效能校长的10个好习惯》	张　勤	30.00
	5	《高效能教师的10个好习惯》	谢　英	30.00
	6	《高效能语文教学5项修炼》	王其华	30.00
教师必读系列	7	《成为好教师的7项修炼》	王福强　李维华	30.00
	8	《如何让学生会学习》	龙　冰	30.00
	9	《如何让学生爱学习》	周震宇　许小燕	30.00
	10	《教师不可不知的教育心理效应》	孙　媛	30.00
	11	《校长不可不知的管理效应》	谢申刚　张金豹	30.00
幼师成长系列	12	《幼儿行为背后——教师如何读懂幼儿的心思》	吴亚英	30.00
	13	《最具教育力的22种幼儿教育思想》	杨　达	30.00
	14	《幼儿教师必知的安全应急措施》	杨　达	30.00
	15	《幼儿教师必备的教育技能》	李　玲	30.00
	16	《卓越园长21条幼儿园管理策略》	周　丹　江东秋	30.00
教学全手册系列	17	《小学习作教学全手册》	郭家海	30.00
	18	《中学写作教学全手册》	郭家海	30.00
	19	《情境教学操作全手册》	冯卫东	35.00
	20	《合作教学操作全手册》	李春华	35.00
	21	《探究教学操作全手册》	周新桂	35.00
	22	《自主教学操作全手册》	诸葛彪	35.00
	23	《创新教学操作全手册》	王　玮	35.00
	24	《班主任工作全手册》	刘沛华	35.00
	25	《新教师工作全手册》	周震宇	35.00
	26	《学生心里健康教育全手册》	刘海莉　刘春杰	35.00
	27	《高效教学操作全手册》	马友平	35.00
核心教学主张系列	28	《新生代语文名师核心教学主张》	许友兰	30.00

系列	序号	书名	主编	定价
名师感悟系列	29	《让心灵伴着歌声成长——22位音乐名师的教育智慧》	陈　璞	30.00
	30	《超越自我的教师——32位名师的成长感悟》	李卫东　李秀伟	35.00
	31	《心灵的守护者——19位名班主任的教育智慧》	王晓松　曲文弘	30.00
	32	《名师感悟班主任有效工作艺术90例》	符礼科	30.00
	33	《名师感悟有效教学90例》	林高明　徐玉烟	30.00
教育求索系列	34	《思政教学的人文力量》	戴晓华	30.00
	35	《师道新说——给教育者的30条箴言》	徐　卫	30.00
行思讲坛系列	36	《成为高度自觉的教育者——写给后课标时代的数学教师》	许卫兵	30.00
	37	《哲思数学课》	刘全祥	30.00
	38	《把学生教聪明》	严育洪	30.00
	39	《教师最应该规避的教育误区》	杨坤道	30.00
	40	《用语文的方式教语文——潘文彬教学主张与实践智慧》	潘文彬	30.00
	41	《跨越式实现高效课堂——信息技术与课程整合高效教学方案评析》	陈　玲　刘　禹	30.00
	42	《怎样让阅读教学更有效——提升教学能力的十种读诵模式》	汪秀梅	28.00
	43	《让生命在润泽中起舞——当代小学生最需要的主题班会》	吴联星　罗　琳　冯卫东	30.00
	44	《让生命欢快拔节——当代中学生最需要的主题班会》	冯卫东　吴联星	30.00
	45	《课堂因生成而精彩——高效教学的生成智慧》	张文质	30.00
	46	《回到每一个人的生命化教育——张文质二甲中学教育行动录》	张文质	30.00
	47	《智慧数学课——黄爱华教学思维的实践策略》	黄爱华	30.00
创新教学思想系列	48	《“大问题”教学的形与神》	黄爱华　张文质	30.00
新思维系列	49	《教育中的“不一定”——打破教育的19种思维惯式》	严育洪	30.00
教育漫笔系列	50	《课堂，诗意地栖居》	吴书华	30.00
校长领导力系列	51	《高品质学校生长要素》	王益民	30.00
	52	《校长高校教学领导力提升策略》	徐世贵　郭文奇	30.00
校本研修系列	53	《特色校本课程开发范例解读》	刘永平　李秀伟　张雪梅	30.00
	54	《高效校本研修模型构建艺术》	刘素雁	30.00

系列	序号	书　　名	主编	定价
教学提升系列	55	《有思想地教阅读——让学生学会品读文字真意》	王学东	30.00
创新教学探索系列	56	《写中学——让学习更有效的学科写作教学》	钟传祎	30.00
	57	《小学科学实验总动员——大科学课堂有效提升学生创新力》	江美华	30.00
	58	《小学语文单元整体课程实施与评价》	李怀源	30.00
	59	《小学英语单元整体课程实施与评价》	李怀源	30.00
	60	《小学数学单元整体课程实施与评价》	李怀源	30.00
教育艺术提升系列	61	《藏在师生体态语言里的教学智慧》	张　宇　廖生波	30.00
创新人才培养系列	62	《创新人才培养校园科普精品课程开发与指导——人大附中创新人才培养》	罗　滨	30.00
	63	《创新人才培养特色校本课程开发与创新人才培养——清华附中"国际安全下的科学技术"课程构建与实施》	王殿军　方　研　赵宏雁	30.00
	64	《创新人才培养：学校实验室建设与管理》	刘克文　杨发丽　杨　平	30.00
	65	《创新人才培养：数学探究活动开发与指导》	马云朋　韩继伟	30.00
	66	《创新人才培养：化学研究活动开发与指导》	王　磊	30.00
	67	《创新人才培养：物理探究活动开发与指导》	廖伯琴	30.00
	68	《创新人才培养：地理探究活动开发与指导》	张建珍　陈　澄	30.00
	69	《创新人才培养：生物探究活动开发与指导》	张迎春	30.00
	70	《创新人才培养：理念探索与思维突破》	王晶莹	30.00
教育思想者系列	71	《教育，一切从孩子出发》	黄　俭	30.00
新生代通派名师系列	72	《简约数学教学》	许卫兵	30.00
	73	《语文教学的本真——情意课堂展现母语之美》	吴建英	30.00
	74	《语文课堂的理想追求——欢快达成三维目标》	董一红	30.00
	75	《阅读教学的真髓——意象构建读出文学的真美》	祝　禧	30.00
	76	《美术教育的真谛——审美人生教育让生命绚丽成长》	陈铁梅	30.00
	77	《语文教学的理想境界——无痕教学润泽生命》	李　凤	30.00
	78	《儿童作文的本义——嬉乐作文让儿童乐并成长着》	王笑梅	30.00
	79	《名师是怎样炼成的》	王建明　王笑君	35.00

系列	序号	书　　名	主编	定价
中国教育变革之路丛书	80	《百年树人师何为——教师队伍建设困顿与出路》	将丽珠　李玉向	30.00
	81	《入园何时不再难——学前教育困惑与抉择》	曾晓东 范　昕　周　慧	30.00
	82	《三尺书桌何处寻——流动人口子女教育困难与破解》	范先佐	30.00
	83	《苦旅何以得纾解——高考改革困境与突破》	郑若玲	30.00
	84	《择校纠结何时了——择校问题困局与治理》	曾晓东　周文海 曾娅琴	30.00